O ESQUECIMENTO DE UMA ARTE

Retórica, educação e filosofia no século 21

Edgar Lyra

O ESQUECIMENTO DE UMA ARTE

Retórica, educação e filosofia no século 21

70

O ESQUECIMENTO DE UMA ARTE
RETÓRICA, EDUCAÇÃO E FILOSOFIA NO SÉCULO 21
© ALMEDINA, 2021

AUTOR: Edgar Lyra

DIRETOR ALMEDINA BRASIL: Rodrigo Mentz
EDITOR DE CIÊNCIAS SOCIAIS E HUMANAS: Marco Pace
ASSISTENTES EDITORIAIS: Isabela Leite e Larissa Nogueira

REVISÃO: Marian Gabani
DIAGRAMAÇÃO: Almedina
DESIGN DE CAPA: Roberta Bassanetto

ISBN: 9786586618327
Abril, 2021

Dados Internacionais de Catalogação na Publicação (CIP)
(Câmara Brasileira do Livro, SP, Brasil)

Lyra, Edgar
O esquecimento de uma arte: retórica, educação e filosofia
no Século 21 / Edgar Lyra. – 1. ed.
São Paulo: Edições 70, 2021.

ISBN 978-65-86618-32-7

1. Aristóteles – Retórica 2. Ciências – Filosofia
3. Dialética 4. Educação 5. Educação – Filosofia
6. Filosofia 7. Pedagogia 8. Retórica I. Título.

21-55704   CDD-370.1

Índices para catálogo sistemático:

1. Educação: Filosofia 370.1

Maria Alice Ferreira – Bibliotecária – CRB-8/7964

Este livro segue as regras do novo Acordo Ortográfico da Língua Portuguesa (1990).

Todos os direitos reservados. Nenhuma parte deste livro, protegido por copyright, pode ser reproduzida, armazenada ou transmitida de alguma forma ou por algum meio, seja eletrônico ou mecânico, inclusive fotocópia, gravação ou qualquer sistema de armazenagem de informações, sem a permissão expressa e por escrito da editora.

EDITORA: Almedina Brasil
Rua José Maria Lisboa, 860, Conj. 131 e 132, Jardim Paulista | 01423-001 São Paulo | Brasil
editora@almedina.com.br
www.almedina.com.br

Todo discurso é discurso sobre certo assunto, dirigido a determinado público, em dada circunstância e por determinado orador, capaz de mobilizar certo repertório para a consumação de certos propósitos.

PREFÁCIO

Pode a retórica aristotélica indicar caminhos de lida filosófica com os desafios deste século 21? Pergunta que pontualmente origina este livro, sua resposta flerta com o cultivo de pensamentos capazes de publicamente interrogar o atual mundo tecnologicamente hegemônico. Atravessado por transformações muito aceleradas, de noções tão estruturais quando as de humanidade e natureza, verdade e formação de opinião, conhecimento, memória e aprendizado, a tarefa de viver neste tempo é das mais complexas, precisando também a filosofia nele se reinventar.

A aposta é de que o acervo de métodos e problemas filosóficos, precisamente em e por sua problematicidade, ainda se configura como trilha melhor de enfrentamento dos presentes desafios. E justo nessa reapropriação reside a face mais ousada da investigação, mesmo que sua tese central não seja exatamente original: a de que a hoje muito discutida aurora grega da filosofia se desenhou como resposta a descaminhos políticos e discursivos, paradigmaticamente simbolizados pela condenação à morte de Sócrates em julgamento processualmente justo. Tal cenário seria palco, para o bem ou para o mal, do advento da verdade como termo último de conhecimento e justiça, capaz de evitar o prevalecimento de uma hipotética "lei do mais eloquente", a que a retórica, caricatamente entendida como "sofística", irresponsavelmente daria sustentação.

A questão é que essa narrativa esconde outro possível entendimento da retórica: o de uma lida com o pensamento pautada pelas tópicas do provável, do verossímil, do coerente e do plausível, e descolada da obsessão pela persuasão pela qual é mais habitualmente lembrada no imaginário contemporâneo.

Fato é que hoje convivemos, em tempos de algoritmos e mídias sociais, com uma algaravia de fazer inveja aos mais tagarelas e demagógicos dos gregos. Pior, não se nos oferece como alternativa nenhuma nova metafísica ou reinvenção da verdade capaz de domesticar o direito à opinião e pôr termo à pandêmica proliferação de fake news. Mesmo repensada sem pretensões de constituir-se como luz ou verdade suprema, e sim mais modestamente, como lugar da simples pergunta pelo sentido do atual estado planetário de coisas, a filosofia precisa de voz convincente, digna de atenção. Precisa de cuidados retóricos, no sentido esquecido que aqui se busca recuperar.

A tarefa se radica, em suma, na necessidade de fazer frente à falência discursiva que hoje destrói nosso tecido político, senão mesmo nossa relação mais ampla com o mundo e seus possíveis sentidos. Bem entendido, o problema não é o da defesa de uma nova identidade ou sobrevida retórica para a filosofia, mas o da reconstrução da nossa existência coletiva em bases minimamente inteligíveis e discutíveis.

Mais pontualmente falando, estas reflexões tiveram origem em necessidades didáticas ligadas ao ensino formal de filosofia. Remontam ao momento em que se começava a falar de ensino a distância e tecnologias de sala de aula, como o computador e os projetores multimídia, quando começava a se disseminar entre os estudantes o uso de smartphones e internet, assim como a sofisticarem-se os games hospedados nesses ambientes. Tudo apontava para novos hábitos discentes e para uma radicalmente nova economia do conhecimento e da atenção, convidando professoras e professores a repensarem suas práticas. Claro, em se tratando de ensinar filosofia, era aconselhável não apenas embarcar tecnologia em sala de aula, mas convidar, sóbria e articuladamente, a se pensar as transformações em curso, de dentro do enquadramento tecnológico que cada vez mais as caracterizava e que, então, começava a atravessar as paredes das salas de aula. E isso demandava habilidades retóricas.

Essas transformações, por sua vez, em lugar de tornarem anacrônica a releitura da Retórica de Aristóteles, texto do século 4 a.C., acabaram por ressaltar a persistência dos ensinamentos a ela ligados, mesmo em estudos voltados para a digitalização do mundo. Tal cenário de mudanças, a bem dizer, não fez senão aguçar a paráfrase estruturante desta pesquisa: a de que "todo discurso é discurso sobre certo assunto, dirigido a determinado público, em dada circunstância e por determinado orador, capaz de mobilizar certo repertório para a consumação de certos propósitos". Mudam as interfaces, as circunstâncias, os repertórios, os

PREFÁCIO

fins, e têm, por tudo isso, que mudar também os professores e suas relações com suas alunas e alunos. Mas a paráfrase continua válida, talvez mais do que nunca.

Não obstante não ter sido escrita com propósitos pedagógicos, a *Retórica* aristotélica contém ensinamentos de grande valia para as práticas pedagógicas em geral, não sendo exceção aquela dos professores de filosofia. Compreendidos em perspectiva hermenêutica, a ser no curso do livro gradativamente explicitada e aprofundada, seus conceitos revestem-se de impressionante relevância formativa, não obstante incompatível com usos mais imediatos e irrefletidamente persuasivos.

O principal *deslocamento tópico* operado para descortinar usos didático-pedagógicos da retórica foi, enfim, a revisão da noção de *pistis*, conceito estrutural usualmente traduzido por persuasão e sugestivo de entendimento, já definido como restritivo, de que a retórica tem por finalidade principal, senão única, fazer com que as pessoas com quem conversamos abandonem suas opiniões para assumirem outras que, por qualquer motivo, nos são caras ou convenientes.

A opção de tradução do termo pistis por "convincência", autorizada tanto pelo texto aristotélico quanto pela polissemia do termo original, permite enxergar finalidades mais amplas, de construção de discursos convincentes, dignos de atenção, independentemente de provocarem ou não efetiva mudança de opinião no público.

Ainda um segundo deslocamento conceitual singulariza o livro: a reconsideração da noção de *topos*, conceito titânico que atravessa o corpus aristotélico sem ser cabalmente definido. Sua acepção retórica transcende a ideia de esquematização argumentativa que estrutura o quarto livro do *Órganon – Tópicos –*, e justo na medida em que precisa considerar as dimensões mundanas que distinguem a retórica da dialética. A presente perspectiva hermenêutica de leitura da *Retórica* flerta, nesse sentido, com o ganho de visão das linhas de força que constituem cada contexto discursivo, numa trama de opiniões, hábitos, reputações, afetos e outros múltiplos fios. A capacidade de elaborar discursos convincentes, adequados a cada caso, estará por tudo isso essencialmente ligada a um investimento na compreensão da noção retórica de *topos* e concomitantes topologias discursivas.

O convite à reflexão feito por Aristóteles na *Retórica* é aqui compreendido, em suma, como investigação sobre as condições de efetiva e

9

qualitativa interação discursiva, visando a amplo leque de possibilidades: elogiar, aconselhar, convidar à crítica, renegociar distâncias, mapear diferenças e, por que não, formular e reformular opiniões, gostos, desgostos e juízos. Esse convite pode ser derradeiramente atualizado e resumido numa crucial pergunta: como repensar os nexos que nos ligam discursivamente ao mundo tecnológico contemporâneo, de modo que ele possa ser objeto de questionamento público, compartilhado com os que conosco o habitam, especialmente nossas alunas e alunos?

Mais, é registrar que, durante o tempo de redação deste livro, sobreveio a pandemia viral conhecida como Covid-19, e com ela o recrudescimento de algumas das questões tecnológicas, pedagógicas e discursivas que o originaram. Especialmente seu último capítulo acabou sendo repensado e reescrito para dar conta desse importante acontecimento e de seus desdobramentos, sobretudo de fenômenos como o ensino não presencial síncrono, que se ofereceu com alternativa ao isolamento social em muitos contextos pedagógicos. Muito longe de uma inclusão meramente fortuita, a leitura retórica desses recentíssimos fenômenos corrobora a elasticidade dos conceitos trabalhados. Seja como for, todo o livro está voltado para a tomada de consciência do ambiente digital em que hoje nos movemos e que nos condiciona de formas cada vez mais ubíquas e carentes de problematização. Que o leitor avalie por si mesmo se a presente reinterpretação da retórica pode nos ajudar nesse sentido.

SUMÁRIO

INTRODUÇÃO.. 13

CAPÍTULO 1 – BREVE HISTÓRIA DA RETÓRICA 21
  1.1. Proêmio 21
  1.2. Sócrates, Platão e Aristóteles 24
  1.3. O Helenismo e a Idade Média......................... 34
  1.4. A modernidade filosófica.............................. 42
  1.5. Diáspora e renascimento contemporâneo da retórica..... 46

CAPÍTULO 2 – PLANO DA *RETÓRICA* E RELEITURA DOS SEUS
CONCEITOS FUNDAMENTAIS 57
  2.1. Proêmio 57
  2.2. Os três livros da *Retórica*............................ 58
    2.2.1. Livro I....................................... 61
    2.2.2. Livro II...................................... 65
    2.2.3. Livro III 68
  2.3. Releitura de algumas noções retóricas pedagogicamente
     relevantes.. 70
    2.3.1. A retórica como contraparte da dialética 70
    2.3.2. O *logos* como *pistis*........................... 78
      2.3.2.1. Silogismo e entimema 80
      2.3.2.2. Indução................................ 85
      2.3.2.3. Uma racionalidade de fato ampliada 87
      2.3.2.4. A força do exemplo..................... 90
      2.3.2.5. Uso de máximas 90
      2.3.2.6. Os *topoi* ou lugares retóricos............. 92
      2.3.2.7. Falácias e refutações 101
      2.3.2.8. *Topos* e *logos*........................ 103

O ESQUECIMENTO DE UMA ARTE

2.3.3. As outras duas dimensões da convincência:
pathos e *ethos* 104

    2.3.3.1. *Pathos* como disposição afetiva........... 105

    2.3.3.2. *Ethos* como reputação e credibilidade 120

2.3.4. *Topos*, estrutura e momentos discursivos.......... 124

2.3.5. *Estilo*, metáfora e força retórica 133

    2.3.5.1. Colocar diante dos olhos............... 135

    2.3.5.2. Medida, clareza, correção, adequação
    entre forma e assunto, e ritmo 141

2.4. Retórica, *pistis* e *topos* 146

CAPÍTULO 3 – A RETÓRICA E AS NOVAS TECNOLOGIAS............ 149

3.1. Proêmio 149

3.2. A sala de aula do século 21 151

    3.2.1. Isolamento social e sala de aula................ 151

    3.2.2. A retórica aristotélica como fio interpretativo...... 152

    3.2.3. Do "cuspe e giz" ao ensino sem professor 158

    3.2.4. Docência e dignidades discursivas............... 159

3.3. Mundo digital e educação informal.................... 162

    3.3.1. O ambiente digital 162

    3.3.2. Hackeabilidade e falência discursiva............. 171

    3.3.3. Análises e encaminhamentos retóricos............ 179

        3.3.3.1. Interdisciplinaridade.................... 179

        3.3.3.2. Explicabilidade de algoritmos 183

        3.3.3.3. Deseducação informal e reeducação retórica 190

EPÍLOGO 207

REFERÊNCIAS... 211

ÍNDICE REMISSIVO 219

INTRODUÇÃO

Seu título já diz, o assunto deste livro é a retórica e sua reapropriação perspectivada por questões pedagógicas, principalmente ligadas ao ensino de filosofia num tempo de hegemonia tecnológica. As razões e contornos dessa apropriação precisam ser todavia esclarecidas, sobretudo num momento em que a antiga arte de encontrar os caminhos de persuasão adequados a cada caso se mostra simultaneamente onipresente e objeto de difusa desconfiança.

Com uma longa e ramificada história, iniciada com o apreço grego pela palavra pública e disputada, a retórica teve papéis mais ou menos importantes e distintos através das épocas, ora ligada ao desenvolvimento da persuasão, da eloquência, da busca do estilo, ora voltando-se para análises de discurso e estudos linguísticos, ora, ainda, alimentando teorias da comunicação e da propaganda. Serviu a professores, pregadores religiosos, legisladores, advogados e formadores de opinião de toda a espécie, tendo mais recentemente se falado de retóricas algorítmicas ou digitais.

Tampouco é suficiente definir a *Retórica* de Aristóteles como referência principal do livro. O que hoje temos em mãos como tratado aristotélico é de arqueologia capciosa e interpretação não consensual, o que não impede que funcione como uma espécie de ancoradouro a que remetem os desenvolvimentos retóricos posteriores.[1] Com longa sina e vasta literatura a ela relacionada, são muitas as possíveis apropriações do tratado e de seus conceitos, algumas inclusive ligadas ao âmbito educativo. É sabido, por exemplo, que a retórica chegou a compor com a gramática e a dialética o trivial de certo ideal clássico de educação,

---

[1] Para uma história da constituição do texto aristotélico, ver BRANDES, Paul: *A History of Aristotle's Rhetoric* (1989).

o *Trivium,* que encontra sua expressão maior em Alcuíno de York, na Renascença Carolíngia do século 8,[2] sendo necessário identificar que influência teve a *Retórica* aristotélica propriamente dita nesse corpo de ensinamentos.

A releitura filosófico-pedagógica da *Retórica* aqui levada a termo, conquanto não se alheie dessa formidável história, precisa, contudo, renunciar a exegeses e restituições mais detalhadas desses debates para perseguir seus reais propósitos de zelar pela sobrevivência de um pensamento capaz de cobrar do mundo algum sentido neste início de século 21.

Semelhante viés e conjunto de prioridades ajudam também a precisar o público a que mais amplamente se dirige este livro. Mesmo que não se tenha e não se possa ter em mira, mesmo por questões de coerência epigráfica, o "auditório universal" discutido e problematizado por Perelman e Tyteca no já clássico *Tratado de argumentação,* de 1958, é razoável imaginar que estas reflexões interessem a um público mais amplo que aquele que pontualmente as inspira, por exemplo, a professores outros que os de filosofia e, ainda mais amplamente, a toda e qualquer pessoa preocupada com o problema da qualidade dialógica e com a busca compartilhada de sentido num mundo contemporâneo acelerado e polifônico, cacofônico se deixarmos de lado os eufemismos.

Embora meus estudos de retórica e seu aproveitamento pedagógico datem de bem antes, a ideia de um livro propriamente dito começou a ser gestada em 2013, por ocasião de um colóquio organizado na PUC do Rio de Janeiro com o título de *Para quem fala a filosofia?* Foram seis as suas seções, identificadas pelos potenciais públicos do discurso filosófico: alunos do ensino médio; estudantes de graduação de cursos outros que não o de filosofia; o grande público midiático; diletantes interessados em cursos introdutórios de filosofia; acadêmicos de outras áreas, a demandar diálogo interdisciplinar; enfim, pares filosóficos: alunos, professores e pesquisadores. Embora esse seminal evento não tenha deixado atas ou registros escritos, é certo que intensificou a reflexão sobre o papel, o lugar e as chances de sobrevivência da filosofia no século 21.

---

[2] O *Trivium* era composto por gramática (literatura), retórica (oratória) e dialética (lógica). Ver JOSEPH, Miriam: *O Trivium – as artes liberais da lógica, da gramática e da retórica* (2018).

INTRODUÇÃO

Uma dessas reflexões é a seguinte: dar aulas ou apresentar trabalhos para pós-graduandos ou colegas das nossas áreas de pesquisa é atividade em que a competência teórica costuma bastar-se. Mas tal não é o caso quando a circunstância discursiva envolve círculos mais amplos de interlocutores, por exemplo, intervenções em mídias sociais ou entrevistas em meios de comunicação tradicionais. Mesmo dentro da universidade não é fácil a conversa com colegas e estudantes de outras áreas. Enfim, que o digam os professores de filosofia que lecionam no ensino médio brasileiro, não é tranquila ou trivial a lida com juventudes a que, no mais das vezes, sequer foram dadas a compreender por que devem estudar filosofia.

A releitura da *Retórica* de Aristóteles que motiva estas linhas tem, em suma, o propósito de manter à vista o fato de que todo discurso retórico é discurso no mundo, em contexto; não só isso, de que é preciso buscar caminhos de adequação do discurso filosófico às situações mundanas em que ele precisa se fazer, com especial atenção à atividade docente.

Fique claro, todavia, para evitar falsas expectativas, que este trabalho nem tangencialmente visa à construção de atalhos para compreensões e usos puramente instrumentais, sobretudo manualescos, dos ensinamentos retóricos. Fiel ao que nos parece ser o espírito da *Retórica* aristotélica – quanto mais não seja, à forma como aqui a entendemos –, trata-se de convidar o leitor a refletir sobre a natureza dos plexos significativos, a demorar-se na revisão das suas competências retóricas e das responsabilidades envolvidas no uso dos seus poderes discursivos.

Pode-se, com razão, objetar que a *Retórica* não é um livro sobre didática ou pedagogia, muito menos sobre ensino de filosofia. Daí resultam algumas das singularidades que marcam os capítulos que se seguem. Bem entendido, o problema não surge tão diretamente do escopo do tratado aristotélico, posto que este abrange o discurso em geral, mesmo que se detenha nos três grandes âmbitos discursivos – o judicial, o deliberativo e o cerimonial ou epidíctico – e tenha especial atenção ao primeiro gênero.

O entrave maior surge do fato de as práticas docentes não serem necessariamente persuasivas, sobretudo quando é a filosofia que está em jogo. Não é razoável imaginar, pelo menos nos dias de hoje, que um professor de filosofia com real formação teórica busque convencer seus alunos de que Deus existe ou não existe, e de que tem tais ou quais atributos; ou de que a liberdade é ou não um bem maior que a igualdade ou a segurança. Sem aprofundar discussões sobre as finalidades do ensino de filosofia, é bem mais razoável que seus docentes se contentem em convidar seus públicos a reflexões capazes de elevá-los da mera opinião à opinião sóbria e pacientemente examinada.

Como seja, esse distanciamento em relação à acepção mais corriqueira da retórica produz a primeira singularidade desta interpretação. O foco nas práticas filosófico-pedagógicas nos obriga a rever a compreensão usual do termo *pistis* e sua tradução por persuasão. O conceito é central no tratado aristotélico, e sua tradução corrente é concomitante com a ideia, no mais das vezes pejorativa ou suspeita, de que a retórica tem por finalidade principal, senão única, fazer com que as pessoas com quem conversamos abandonem suas opiniões para assumirem outras que, por qualquer motivo, nos são caras ou convenientes. Nas palavras do historiador Marc Fumaroli, no artigo com que prefacia o seu *Histoire de la Rhétorique dans Europe Moderne,* de 1999, o sentido único aderido à palavra retórica a partir do século 19 é o de "verborragia calculada para ocultar a verdade dos sentimentos do falante ou distorcer a realidade dos fatos que ele afirma dominar".[3] E esse é com certeza o principal nó a desatar, sobretudo na medida em que, como já foi enfatizado, nem de longe aqui se trabalha com a instrumentalização de quem ou do que quer que seja, muito menos de alunos e professores.

Já os fins do orador ciceroniano – *docere, delectare et movere* – ou a bifurcação histórica entre a retórica em sentido estilístico-literário e a retórica em sentido argumentativo deveriam nos fazer estranhar esse estreitamento persuasivo da retórica. Fato é que respiramos historicamente essa divisão, a ponto de, muito recentemente, o belga Michel Meyer pretender reunificar a retórica sobre novas bases, interrogativas ou "problematológicas".[4]

Tudo isso para dizer que neste livro nos afastamos decididamente da acepção persuasiva que ainda acompanha a retórica. E mais ainda na medida em que temos em especial conta a leitura que fez o alemão Martin Heidegger da *Retórica* aristotélica num curso ministrado na Universidade de Marburgo em 1924. A retórica é, então,

---

[3] FUMAROLI 1999: "[...] verbiage calculé pour voiler la vérité des sentiments de celui qui parle ou à déformer la réalité des faits dont il prétend faire état.", p.1. Tradução minha.

[4] MEYER, Michel: *What is Rhetoric?* (2017)

INTRODUÇÃO

surpreendentemente entendida como uma hermenêutica da existência cotidiana, ou seja, como uma interpretação da essencial imbricação entre ser e linguagem que caracteriza a existência de seres enfaticamente discursivos como eram os gregos dos tempos de Aristóteles e, muito especialmente, as professoras e professores de hoje. Heidégger chega a dizer, na sua costumeira originalidade interpretativa, que "o sentido da retórica há muito desapareceu".[5]

Fato é que a ênfase na persuasão se alojou também no divórcio entre retórica e filosofia, constituindo-se por aí uma segunda objeção à perspectiva que anima este livro. Se persuadir for tudo o que realmente importa, a retórica resulta empurrada em direção a caricaturas sofísticas, gerando ora volúpias instrumentais, ora pudores, desconfianças e receios, em especial naqueles que seguem pensando a filosofia a partir do compromisso com a verdade, não importando qual seja a ideia de verdade capaz de resistir a estes tempos de "pós-verdade".

Ocupamo-nos, por tudo isto, de repensar e retraduzir o termo *pistis*, que, em termos amplos, tem os múltiplos sentidos de crença, fé, persuasão e prova, este último sentido perfazendo um arco que vai das provas judiciais às matemáticas.[6]

A opção foi a de traduzir *pistis* por convincência e, concomitantemente, pensar a retórica como capacidade de construção de discursos convincentes, dignos de atenção, porque adequados a cada circunstância discursiva, independentemente de provocarem ou não efetiva mudança de opinião no público. Sem detalhar e aprofundar já as razões dessa escolha, importa enfatizar que o deslocamento tópico por ela produzido abre especial passagem para trabalhar a retórica como elemento de formação docente. Trata-se, afinal, para o professor de filosofia – e para os professores em geral, pelo menos nas acepções pedagógicas contemporâneas –, de fazer das suas aulas e demais situações de ensino-aprendizagem momentos dignos de atenção, e não de transmissão de verdades a serem unilateralmente assimiladas pelos estudantes.

Muito importante é não reaproximar a convincência ora colocada no centro desta reinterpretação da *Retórica* das noções de convicção

---

[5] HEIDEGGER, Martin: *Grundbegriffe der Aristotelischen Philosophie* (GA18, 2002), p. 110.

[6] Ver o correspondente verbete em MONTANARI, Franco: *The Brill Dictionary of Ancient Greek* (2015).

e convencimento, apenas ligeiramente diferenciados da persuasão, por exemplo, por Perelman e Tyteca no parágrafo 6 do seu *A Nova Retórica – tratado de argumentação,* de 1958. Insistindo, a convincência se refere aqui à produção de discursos dignos de atenção, independente da persuasão ou convencimento efetivamente levado a termo.

A título de ilustração preliminar dos ganhos dessa tradução para os fins perseguidos, mesmo a mais elementar consciência dos três modos de convincência (*pisteis*) sequencialmente elencados por Aristóteles no Livro II da *Retórica* – *pathos, ethos* e *logos* – mostra-se muito desejável quando se deparam os professores com públicos não devidamente convencidos do valor intrínseco dos saberes que professam.

É bem conhecido, mas pouco explorado para fins de formação docente, que *logos* se refere à palavra articulada; *ethos*, à confiança dos ouvintes na pessoa do orador; e *pathos*, às disposições afetivas que permeiam toda e qualquer situação discursiva, estando essas três dimensões da convincência assimetricamente combinadas e entrelaçadas nas situações discursivas concretas. Da sua adequada combinação, sempre considerando a circunstância discursiva, se originará a atenção dedicada ao orador-professor pelo seu público.

O que frequentemente acontece em âmbitos acadêmicos é que problemas agudos surgem por simples falta de atenção aos componentes patológicos e éticos necessários, inclusive, para que o *logos* possa encontrar adequada escuta e recepção. É desconcertantemente frequente ouvir professores, inclusive muito ciosos de sua cultura filosófica, das suas competências hermenêuticas e analíticas, queixarem-se da baixa conta em que públicos exteriores à academia e círculos próximos via de regra os têm. Importa pontuar que muito raramente é uma questão de ter ou não ter conseguido persuadir o público de ideias ou teses, mas de explícita falta de interesse, de falta de atenção por parte da audiência. Uma ideia seriamente discutida, mesmo atacada pelo público, não gera esse tipo de queixas.

Além da noção de *pistis*, também a de *topos* representou eixo importante de reapropriação da Retórica aristotélica para os fins postos. Como foi sinalizado no prefácio, ela atravessa o corpus aristotélico sem ser cabalmente definida. Sua compreensão retórica é na verdade chave para o que aqui se empreendeu. Na medida em que todo discurso é discurso sobre certo assunto, dirigido a determinado público, em dada circunstância e por determinado orador, capaz de mobilizar certo

INTRODUÇÃO

repertório para a consumação de certos propósitos, faz-se necessário ao orador enxergar, em sua real plasticidade, os lugares discursivos que precisa em cada caso habitar, disso dependendo sua capacidade de ser convincente.

Fato é que o primeiro dos momentos retóricos elencados por Aristóteles, a *dynasthai theorein*, entendida pelos romanos como *inventio*, relaciona-se muito estreitamente como uma compreensão topológica da discursividade mundana, envolvendo assuntos de interesse, linhas de costumes e afetos, repertórios mobilizáveis, propósitos exequíveis e por aí afora. Inesgotável, a busca de compreensão da noção retórico-hermenêutica de *topos* perpassa todo o livro, que tem, além desta introdução, três capítulos e uma conclusão.

Trata-se primeiramente de reconstituir uma pequena história da retórica, marcando panoramicamente as suas apropriações ao longo dos séculos, bem como seus interesses recentes. Do solo grego às atuais retóricas digitais e algorítmicas, o rio fez muitas curvas e constituiu, com seus afluentes, uma bacia hidrográfica densa de consequências para o atual momento político e pedagógico. É importante ter diante dos olhos essa reconstrução, por incompleta que inevitavelmente seja, para nela situar esta apreensão pedagógica do tratado aristotélico e a hermenêutica que a caracteriza.

O segundo capítulo tem por tarefa expor o plano geral da *Retórica*, acompanhado de uma releitura dos seus conceitos fundamentais. É o capítulo mais longo do livro. A interpretação aberta com um sumário dos três livros segue com a distinção entre retórica e dialética, com o desenvolvimento da ideia de convincência retórica, e com o entendimento do tratado como uma hermenêutica da cotidianidade discursiva. As considerações topológicas atravessam todo o capítulo e os diversos conceitos são ilustrados em geral com anedotário pedagógico, mas também com exemplos da vida comum. As ilustrações visam presentificar a retórica numa acepção mais ampla e complexa que a dos âmbitos argumentativos, num escopo que inclui o gesto e o corpo, as espacialidades e as temporalidades, os costumes e os afetos envolvidos na experiência geral de ser no mundo com outros seres dotados de fala.

O terceiro capítulo é reservado à indicação da relevância dos saberes retóricos para a era tecnológica. Busca-se examinar, com a lente produzida, sobretudo a intersecção das novas tecnologias com as práticas pedagógicas, discutindo as consequências para a educação formal da cotidianidade tecnicamente condicionada em que hoje vivem mesmo os alunos mais pobres. Aposta-se que esse olhar seja capaz de fomentar posturas e dinâmicas diferenciadas, mesmo inovadoras, desenvolvidas em diálogo lúcido e crítico com o cenário geral de transformações que caracteriza o século 21. Ainda mais amplamente falando, espera-se, assim, abrir caminhos para que a filosofia possa ressituar-se no seu tempo e efetivamente convidar a repensá-lo para além das ubíquas instrumentalidades.

Pode, inclusive, acontecer de alguns leitores se sentirem tentados a ir direto ao terceiro capítulo para verificar a real atualidade das análises nele levadas a termo. O que se espera é que essa leitura remeta, em seguida, ao início o livro, isto é, que seja convicente quanto à relevância dos conceitos retóricos para a lida com o atual estado de coisas. Seja como for, o epílogo contém o balanço do que foi realizado nos demais momentos do livro e sinaliza com necessidades e possibilidades de futura exploração da trilha ora aberta.

Cabe, enfim, fazer um agradecimento especial aos estudantes e professores com quem tenho convivido desde que abracei o ofício docente. A *Retórica* entrou definitivamente no meu universo de leituras no ano de 2007, e, de lá para cá, grande parte dos meus progressos interpretativos se deu a partir do diálogo com esses interlocutores, em classe e em seminários para os quais fui convidado, na ANPOF, na UFRGS e no Colégio Pedro II.

Agradeço também aos colegas dos meus grupos de discussão na PUC-Rio, nomeadamente o Grupo de Estudos e Pesquisas em Filosofia da Tecnologia (CNPq), Grupo de Pesquisas em Filosofia e Computação, grupo de Ética e Mediação de Processos Sociais (EMAPS), e Grupo de Pesquisas em Educação e Tecnologia, financiado este último pelo IAEHU/PUC-Rio, cuja verba permitiu a compra de alguns dos livros que constituem a bibliografia trabalhada.

Ainda mais pontualmente, agradeço as leituras e contribuições de Ovídio Abreu, Marcelo Cattan, Waldyr Delgado e Paulo Malafaia, além da interlocução de Clarisse Sieckenius de Souza principalmente no escopo do terceiro capítulo do livro.

Agradeço, finalmente, à minha companheira de vida e luta, que se dispôs a escutar e comentar as leituras dos capítulos que hoje constituem este livro.

Capítulo 1

BREVE HISTÓRIA DA RETÓRICA

1.1. PROÊMIO

Foi do entusiasmo grego pela fala publicamente articulada e discutida, pela negociação dialogada de dissensos, enfim, com o tempestivo advento da teorização sobre as coisas do *cosmos* e da *polis,* que nasceu a filosofia ocidental. Ainda que a narrativa do "milagre grego" seja hoje problematizada por diversos vieses e razões – ou talvez por isso mesmo –, permanece aberta a possibilidade de releitura também da *Retórica* aristotélica, originada dessa mesma tradição.

O momento grego de ascensão do *logos* filosófico foi afinal também o dos sofistas e do aparecimento dos primeiros textos sobre as artes do discurso, dentre os quais os escritos hoje perdidos de Córax e Tísias, opúsculos como *Contra os Sofistas,* de Isócrates, diálogos de Platão como o *Górgias,* o *Fedro* e o *Sofista,* enfim, a *Retórica* de Aristóteles.

Digeridas mais tarde pelos romanos, paradigmaticamente por Cícero e Quintiliano, as lições retóricas gregas atravessaram sinuosamente o tempo e chegaram aos nossos dias numa verdadeira diáspora. Aproveitadas nos cânones da comunicação de massa, convertidas em análises de estilo e discurso ou em teorias da argumentação (de interesse no mais das vezes jurídico), presentes na atual lógica informal ou pragmática lógica,[7] protagonistas, ainda, de recentes projetos de superação da metafísica[8] ou redescobertas como necessárias à construção

---

[7] Ver, por exemplo, WALTON 2012, pp. 1-4, ou FOGELIN 2005, p.3, referência, esta última, que me foi indicada por Luiz Carlos Pereira.

[8] Ver MEYER, Michel, Prefácio a PERELMAN & OLBRECHTS-TYTECA 2005, p. XX: "A retórica é esse espaço de razão onde a renúncia ao fundamento, tal como a concebeu a tradição, não se identificará forçosamente à desrazão. Uma filosofia sem metafísica deve ser possível, porquanto de agora em diante não há outra alternativa."

das retóricas digitais[9], fato é que essas lições não têm no âmbito das presentes práticas didático-pedagógicas a importância que tiveram na aurora grega do Ocidente.[10]

Excurso necessário, são decerto possíveis narrativas disputadas sobre a origem da filosofia e questionamentos referentes ao milagre grego. A remissão ao momento de elaboração das primeiras teorizações sobre a arte retórica não deve aqui se confundir com nenhum elogio do Ocidente, especialmente com reivindicações chauvinistas de supremacia da mentalidade ocidental sobre alteridades orientais, africanas, ameríndias, animais ou quaisquer outras enumeráveis.

O pano de fundo da interpretação ora levada a termo passa, ao contrário, pela necessidade de se pensar criticamente o caminho que nos trouxe ao atual momento civilizacional-planetário – caminho do qual faz parte a saga retórica. A ideia é compreender as atuais hegemonias e desafios, atrás de formas de existência ativa e responsável no interior do imbróglio que é o século 21.

O assunto é vasto, complexo e importante demais. O custo de tratá-lo com a devida atenção seria o desvio dos propósitos principais deste texto. Cabe, por isso, apenas assinalar que a presente apropriação da retórica, bem como o deslocamento tópico que visa fazê-la aparecer sobre outra luz, ganha especial sentido no cenário acima descrito.

É ilustrativa nesse sentido a já mencionada tradução de *pistis* por convincência, que tem, entre as razões já parcialmente declinadas, também a de acolher circunstâncias discursivas que envolvam negociação de distâncias e dissensos em todas as suas formas e finalidades, sejam convites à reflexão, indagações, reformulação de opiniões, deliberações coletivas, disputas de narrativas e símbolos, enfim, toda uma gama de negociações que não encontram adequada sintonia com a ideia de persuasão tal qual mais estritamente a entendemos. Fato é que o atual momento civilizacional precisa ser convincentemente questionado em sua conturbada assertividade, quanto mais não seja porque disso depende não só a sobrevivência dos homens brancos, europeus

---

[9] Ver BROOKE, Collin Gifford: *Lingua Fracta – towards a rhetoric of new media* (2009).

[10] Manuel Alexandre Júnior chega a dizer, no seu Prefácio à tradução portuguesa do tratado aristotélico, que "a retórica está na moda [...] em praticamente todos as áreas do saber humano" (ARISTÓTELES 2005, p. 9). Mas não, certamente, no âmbito da formação docente.

e norte-americanos, mas de todas as espécies que habitam a terra. A retórica aqui repensada pode, com sorte, ajudar nesse esforço.

Pondo fim às prolepses que marcam este excurso, é preciso falar ainda da visão que Aristóteles tinha da escravidão e dos "bárbaros", textual na *Política*[11] e presente de forma mais discreta em outros momentos de sua obra. O primeiro ponto a reiterar, na mesma direção desta reconstrução da história ocidental da retórica, é que a eleição da *Retórica* aristotélica como ponto de partida e apoio deste livro não se radica em admiração irrestrita, incondicional e acrítica do filósofo grego ou do seu pensamento. A *Retórica* da qual nos ocupamos é muito mais um lugar de sedimentação de direções e tensões presentes na vida antiga – cujos paralelos com os dias de hoje podem ser explorados –, do que a obra ou criação de um homem cuja cultura e caráter possam ser em qualquer sentido condenáveis.

Não nos ateremos, por isso, a nenhumas tentativas de contextualização dos ditos políticos de Aristóteles visando redimi-lo ou absolvê-lo moralmente, o que quer que isso possa significar depois de mais de dois milênios. Tampouco pensamos estar sub-repticiamente contribuindo para o fortalecimento de referência teórica nociva, posto que moral e politicamente condenável. É que nem de longe reivindicamos para o corpus ou para a *Retórica* aristotélica papéis doutrinários, menos ainda a revitalização de algum cânone em sentido forte. Na exata contramão desses delírios, trata-se de reler ao mesmo tempo livremente e com intenções definidas, filosófico-pedagógicas, um texto que chegou até nós repleto de tensões arqueológicas e hermenêuticas. Aplica-se bem aqui o conceito de clássico trabalhado por Italo Calvino em seu *Por que ler os clássicos*, do qual pinçamos duas formulações: "Um clássico é um livro que nunca terminou de dizer aquilo que tinha para dizer" e "Os clássicos são livros que, quanto mais pensamos conhecer por ouvir dizer, quando são lidos de fato mais se revelam novos, inesperados, inéditos".[12]

Seria inclusive uma contradição tentar persuadir o leitor da "correção" da presente interpretação, em vez de convidá-lo a refletir, partindo da densidade do texto original de que efetivamente dispomos, isto é, de suas traduções e retraduções, sobre nossas atuais práticas discursivas

---

[11] Ver ARISTÓTELES, *Política*, Livro I, 1253b et seq.

[12] CALVINO 2018, p. 11 e 12.

O ESQUECIMENTO DE UMA ARTE

pedagógicas, acadêmicas e políticas, marcadamente as que confinam a filosofia e seu ensino a ambientes restritos ou a experiências pedagogicamente empobrecidas.

1.2. SÓCRATES, PLATÃO E ARISTÓTELES

São várias as razões para que a retórica não seja efetivamente explorada como elemento de formação docente e suporte pedagógico. A primeira delas remete ao seu contexto de nascimento e à desconfiança que ainda hoje paira sobre os sofistas, a despeito de recentes e oportunas releituras.[13] Ainda que Sócrates e Platão fossem eles mesmos mestres do discurso, e que o segundo especulasse, no *Fedro*, que a retórica possa chegar com certos cuidados a bem "conduzir as almas"[14] e a "agradar os deuses",[15] o que prevaleceu foi a imagem do discurso frívolo e oportunista, sem compromisso como a verdade e a justiça. O próprio Aristóteles já precisaria defender-se contra essa desconfiança em passagem da *Retórica* que merecerá mais adiante especial atenção.[16]

A citação e o comentário de algumas passagens do *Górgias* e do *Fedro* podem ser ilustrativos. Um primeiro ponto a assinalar é o poder que Platão parecia enxergar na retórica. A passagem abaixo é incisiva nesse sentido:

> GÓRGIAS: Sim, tentarei, Sócrates, desvelar claramente todo o poder da retórica, pois tu mesmo indicaste bem o caminho. Decerto sabes que esses estaleiros e essas muralhas de Atenas e o aparelhamento dos portos são fruto do conselho de Temístocles, em parte do conselho de Péricles, e não dos artífices.

---

[13] Ver, p. ex., CASSIN, Barbara: *O Efeito Sofístico* (2005); McCOY, Marina: *Platão e a Retórica de Filósofos e Sofistas* (2010); e UNTERSTEINER, Mario: *A Obra dos Sofistas – uma interpretação filosófica* (2012).

[14] PLATÃO: *Fedro*, ver *psychagogia*: 271d et seq.

[15] Idem, 273e-274b: *tou theois kekharismena*. As transliterações do grego doravante feitas visam apenas permitir o identificação dos termos originais e não têm preocupações com a acentuação. As letras gregas sem correpondência em português adotam as seguintes transliterações: o θ (theta), para se distinguir do τ (tau), será grafado como th. O χ (khi), para se distinguir do κ (kapa), será grafado como kh. E o φ (fi) será grafado simplesmente como f, não como ph, como se observa nas transliterações para o inglês e o francês.

[16] ARISTÓTELES, *Retórica, 1355 a22-b22*.

SÓCRATES: É o que se fala, Górgias, sobre Temístocles; quanto a Péricles, eu mesmo o ouvi quando nos aconselhou sobre as muralhas medianas.

GÓRGIAS: E quando houver alguma eleição concernente àquelas coisas por ti referidas há pouco, Sócrates, vês que são os rétores os que aconselham e fazem prevalecer as suas deliberações sobre o assunto.

SÓCRATES: Por admirar isso, Górgias, há tempos pergunto qual é o poder da retórica. Pois quando examino a sua magnitude por esse prisma, ele se mostra quase divino.

GÓRGIAS: Ah! Se soubesses de tudo, Sócrates: todos os poderes, por assim dizer, ela os mantém sob sua égide. Vou te contar uma grande prova disso: muitas vezes eu me dirigi, em companhia do meu irmão e de outros médicos, a um doente que não queria tomar remédio nem permitir ao médico que lhe cortasse ou cauterizasse algo; sendo o médico incapaz de persuadi-lo, eu enfim o persuadi por meio de nenhuma outra arte senão a da retórica. E digo mais: se um rétor e um médico se dirigirem a qualquer cidade que quiseres, e lá se requerer uma disputa entre eles mediante o discurso, na Assembleia ou em qualquer outra reunião, sobre quem deve ser eleito como médico, quem *triunfará* jamais será o médico, mas será eleito aquele que tenha o poder de falar, se assim ele o quiser. E se disputasse com qualquer outro artífice, o rétor, ao invés de qualquer um deles, persuadiria as pessoas a elegerem-no; pois não há nada sobre o que o rétor não seja mais persuasivo do que qualquer outro artífice em meio à multidão. É esse o tamanho e o tipo de poder dessa arte.[17]

Não bastasse a afirmação de que são os melhores oradores que decidem em última instância quais as prioridades da cidade, inclusive o triunfo nas eleições, e, por aí, quais obras serão levadas a termo pelos homens de ofício, Platão sugere ainda, pela boca de Sócrates, que um rétor levaria vantagem sobre um médico em matéria de saúde se ambos tivessem de defender seus pontos de vista diante de públicos não especializados. Essa sugestão, que à primeira vista soa hiperbólica, encontra hoje, em tempos de internet, inúmeras ilustrações possíveis.

Não é difícil imaginar um jantar de família onde o tio alergista seja contestado pelo cunhado diletante sobre um caso de urticária, a partir de leitura tempestiva, na tela do *smartphone*, de matéria sobre o assunto assinada por pesquisadores japoneses. Não sendo o alergista ele

---

[17] PLATÃO: Górgias, trad. Daniel Lopes, bilíngue, 455 e – 456 d. O itálico corresponde a uma modificação na tradução.

mesmo retoricamente hábil para desmontar o recurso do interlocutor ao suposto argumento de autoridade, é muito plausível que a contestação do cunhado encontre simpatias e adesões. Essa ilustração pode, enfim, ser extrapolada quase que irrestritamente nestes tempos de irrefreável direito à opinião, tempos assolados por uma espécie de *falência discursiva,* qualificação a que mais tarde voltaremos.

Como seja, a passagem e sua sequência são eloquentes no que concerne aos temores de Platão quanto ao ensino da retórica. Usada de forma espúria, por pessoas não comprometidas com a Justiça, o Bem e a Verdade, não seria pequeno o potencial de estrago político das competências retóricas. Sócrates chega a considerar, no que concerne ao poder da retórica, que ele seja quase divino.

Ainda no mesmo diálogo, instado por Polo e autorizado por Górgias a dizer o que pensa da retórica, Sócrates afirma:

> SÓCRATES: Que não seja rude demais falar a verdade! Pois hesito em dizê-la por causa de Górgias, com medo de que julgue que eu comedie a sua própria atividade. Se essa, porém, é a retórica praticada por Górgias, eu não sei – aliás, da discussão precedente nada se esclareceu sobre o que ele pensa – mas eu chamo de retórica parte de certa coisa que em nada é bela.
> GÓRGIAS: De que coisa, Sócrates? Fala! Não te envergonhes por minha causa.
> SÓCRATES: Pois bem, Górgias, ela me parece ser uma atividade que não é arte [...] O seu cerne, eu o denomino lisonja (*kolakeia*). Dessa atividade, presumo que haja inúmero *tipos*, e uma delas é a culinária, que parece ser arte, mas, conforme o meu argumento não é arte, mas experiência e rotina (*empeiria kai tribe*).[18]

A retórica a que Sócrates se refere, alegando não saber se é a mesma praticada por Górgias, nada tem de arte ou técnica (*tekhne)* no sentido do real conhecimento de causas prefigurado por Platão. Afigura-se, em vez disso, um saber adquirido pelo hábito e pela experiência, quem sabe dependente de algum talento, mas, de qualquer modo, pautado pelo recurso à lisonja ou à adulação, em outras palavras, pela percepção, na prática, de que as pessoas tendem a aceitar mais facilmente aquilo que lhes agrada e convém. A verdade, segundo Sócrates, via de regra se divorcia do que é agradável, sendo este o motivo pelo qual o cozinheiro

---

[18] Idem 463 a-c. O itálico corresponde a uma modificação na tradução.

BREVE HISTÓRIA DA RETÓRICA

se sai melhor na prescrição das dietas que o médico, que tem em vista a saúde como bem do corpo, e não o agrado do paladar.

Bem disseminada no senso comum, essa acepção da retórica estende-se ainda hoje ao âmbito do ensino. Professores cujas aulas entusiasmam os alunos são suspeitos de nada ensinar de mais importante ou verdadeiro, mas de fazer-lhes agrados e concessões tendo em vista a camaradagem e o aplauso. O verdadeiro ensino residiria em fazer avançar no conhecimento aprofundado dos assuntos, com o esforço que isso requer, e não no adorno retórico de que pode se revestir o processo de sua transmissão.

Ainda que em tempos recentes muito se conteste a ideia de ensino como transmissão de conteúdo, é igualmente certo que isso não resgatou a retórica como possível elemento de formação docente, sendo justo esse tipo de esquecimento que este livro tenta contornar. O esvaziamento do "conteudismo" se deu pela atenção à didática, bem recentemente às metodologias ativas, todavia nunca relacionadas à retórica em seus fundamentos, seja em função da busca da respeitabilidade científica almejada pela pedagogia, seja pela percepção ainda dominantemente pejorativa da retórica a que aqui reiteradamente nos referimos.

Também em relação a este senso comum, o diálogo *Górgias* nos fornece subsídios para discussão. É a seguinte a passagem:

SÓCRATES: Creio que também tu, Górgias, és experiente em inúmeras discussões e já observaste nelas o seguinte: não é fácil que os homens consigam encerrar seus encontros depois de terem definido entre si o assunto a respeito do qual intentam dialogar, aprendendo e ensinando mutuamente; pelo contrário, se houver controvérsia em algum ponto e um deles disser que o outro não se coloca de forma correta ou clara, eles se enfurecem e presumem que o outro discute com eles por malevolência, almejando antes a vitória do que investigar o que se propuseram a discutir; alguns inclusive se separam depois de dar cabo aos mais vergonhosos atos, e, em meio a ultrajes, falam e escutam um do outro coisas tais que até os ali presentes se enervam consigo mesmos, *por terem achado* digno ouvir homens como esses. Em vista de que digo isso? Porque o que me dizes agora não me parece conforme nem consonante ao que primeiro dissestes sobre a retórica; temo te refutar de modo a supores que eu, almejando a vitória, não fale para esclarecer o assunto em questão, mas para te atacar. Se, então, também tu és um homem do mesmo tipo que eu, terei prazer em te interpelar; caso contrário, deixarei de lado. Mas que tipo de homem sou eu? Aquele que

O ESQUECIMENTO DE UMA ARTE

se compraz em ser refutado quando não digo a verdade, e se compraz em refutar quando alguém não diz a verdade, e deveras aquele que não menos se compraz em ser refutado do que refutar; pois considero ser refutado precisamente um bem maior, tanto quanto se livrar do maior mal é um bem maior do que livrar alguém dele. Pois não há para o homem, julgo eu, tamanho mal quanto a opinião falsa sobre o assunto da nossa discussão. Se então também tu afirmares ser um homem desse tipo, continuaremos a dialogar, contudo se achares que devemos deixá-la de lado, despeçamo-nos agora e encerremos a discussão.

GÓRGIAS: Mas ao menos eu, Sócrates, afirmo ser um homem do tipo ao qual aludiste; mas talvez devêssemos pensar também na situação dos aqui presentes. Pois, muito antes de vós chegardes, eu já havia lhes exibido inúmeras coisas, e talvez agora nos estendamos em demasia, se continuarmos a dialogar. Assim, devemos averiguar também a situação dessas pessoas, a fim de que não nos surpreendamos se parte delas queira fazer alguma outra coisa.[19]

Sócrates cobra de Górgias nesse momento do diálogo o esclarecimento de sua postura quanto ao que é mais importante numa conversação ou discussão. Caracteriza primeiramente uma situação, que podemos chamar de erística, em que há disputa sobre opiniões e pontos de vista, a ponto de disso resultarem insultos capazes de envergonharem quem assiste à contenda. Opõe a esse quadro, logo em seguida, uma espécie de despojamento que considera mais vantajoso ser refutado que refutar, posto que isso significa ver-se livre das inverdades. Reside aí, talvez, o sentido primeiro da dialética platônica, na medida em que se trata, essencialmente, da elevação da alma na direção do Bem que governa todas as coisas.[20]

A oposição posta por Platão serve de base para analisarmos situações cotidianas em geral e situações pedagógicas em particular. É de fato fácil, corriqueiro, lembrar situações em que os interlocutores saem em apegada defesa de suas opiniões, muitas vezes se aferrando a elas aos limites da desonestidade. É bastante rara, em contrapartida, a memória de conversas em que os interlocutores estão conscientes da complexidade do assunto sobre o qual conversam e se ajudam mutuamente a

---

[19] Idem 457 c – 458 c. O itálico corresponde a uma modificação na tradução.

[20] A ideia de dialética é central para Platão e sua discussão está explicitamente presente em outros momentos do corpus, por exemplo, no *Fedro* 266 c et seq.

BREVE HISTÓRIA DA RETÓRICA

reformular suas opiniões, de modo a elevar o nível da conversa e da investigação.

É decerto comum no plano da docência ainda um terceiro quadro, em que os alunos não têm opinião formada sobre determinado assunto, sendo tão assimétrica a distância entre eles e seus professores que não há propriamente discussão, disputada ou cooperativa, quando muito pedidos de esclarecimento dos estudantes, aos quais espera-se que os bons professores possam atender convicentemente.

As aulas de filosofia, todavia, desde que não se resumam à apresentação de biografias e conceitografias de filósofos, costumam envolver dissensos que precisam ser adequadamente mediados, sendo a formação retórica, como se pretende mostrar, um recurso precioso nessas mediações. Comum é que os alunos, quando sensibilizados para a relevância de um problema filosófico, ponham-se em defesa de opiniões pessoais de forma um tanto caótica, sendo tarefa dos professores educá-los para ouvirem-se uns aos outros, perceberem a real envergadura da questão em discussão e ajudarem-se mutuamente no seu adequado enfrentamento.

Mesmo Platão, não obstante sua reserva com a retórica, consente em diá*logos* como o já citado *Fedro,* que possa haver usos filosóficos da retórica. Marina Mc Coy, por exemplo, no seu livro *Platão e a Retórica de Filósofos e Sofistas,* resgata algumas competências declinadas nesse diálogo platônico, que permitem pensar a retórica como psicagogia: visão do todo, capacidade de separar e reunir, harmonia entre estilo e conteúdo, capacidade de identificar o entendimento que o público já tem sobre o assunto, habilidade de tornar o discurso vigoroso e energizante, conhecimento da alma própria e dos ouvintes, percepção do *kairos.*[21]

Platão, de fato, diferentemente do sofista Górgias descrito em seu diálogo, tem em primeira conta o conhecimento do assunto sobre o qual se discorre, discute ou pretende ensinar. Segundo a passagem do *Fedro* abaixo transcrita, contudo, a comunicação desse conhecimento tampouco pode prescindir de cuidados retóricos.

SÓCRATES: Enquanto não se conhecer a verdade da constituição de cada coisa de que se fala ou escreve e não se puder definir cada uma por si

---

[21] Mc COY, Marina, 2010.

O ESQUECIMENTO DE UMA ARTE

mesma, e, depois de definida, dividi-la em espécies até atingir o indivisível; enquanto não se conhecer a natureza da alma e puder determinar que espécie de discurso convém a cada natureza, adornando-os de acordo com esse critério, para oferecer a uma alma complexa discursos também complexos e de variadas harmonias, e para almas simples discursos também simples, não se ficará em condições de manejar a arte da oratória com a perfeição exigida pela natureza desse gênero de composição, não só para ensinar como para convencer, conforme o demonstrou nossa argumentação anterior.

FEDRO: Perfeitamente; foi isso mesmo que nos pareceu.[22]

Essa passagem do *Fedro* afina-se bem, na verdade, com a paráfrase estrutural deste livro, de que "todo discurso é discurso sobre certo assunto, dirigido a determinado público, em dada circunstância e por determinado orador, capaz de mobilizar certo repertório para a consumação de certos propósitos". Seu breve resgate, em contraste com as passagens do *Górgias,* tem o intuito de mostrar que, lida com atenção, a obra de Platão aborda a retórica na sua real complexidade, ficando por pensar como prevaleceu a identificação dessa arte, a partir dele, com uma sofística caricata, que responde em grande parte pelas suspeições que ainda hoje pairam sobre a retórica.

Não se trata aqui, bem entendido, de sugerir que apenas posteriormente esse sentido caricato e suspeito tenha se sedimentado. Aristóteles parece, inclusive, reportar-se aos platônicos da Academia ao fazer sua defesa do ensino da retórica que levava a termo no Liceu. Dividimos essa defesa, apresentada em texto corrido na *Retórica,* em seis argumentos.[23] O primeiro deles é o seguinte:

---

[22] PLATÃO: *Fedro,* trad. Carlos Alberto Nunes, 277 b – d

[23] ARISTÓTELES: *Retórica,* 1355 a 20 – b 21. Todas as passagens da *Retórica* doravante citadas têm tradução de minha responsabilidade, produzidas a partir do cotejamento com o texto grego de duas traduções para o português e duas traduções para o inglês. São elas: *Retórica,* trad. Manuel Alexandre Junior, Paulo Farmhouse Alberto e Abel do Nascimento Pena, Lisboa, Imprensa Nacional, 2006; *Retórica,* trad. Edson Bini, São Paulo, Edipro, 2011; *Art of Rhetoric,* bilingual, trad. J. H. Freese, Massachusetts, Harvard Press, 2006; e *Rhetoric,* trad. W. Rhys Roberts, in The Complete Works of Aristotle, Princeton Press, 1995. A edição grega tomada como referência é a estabelecida por Rudolphus Kassel, *Ars Rhetorica,* Berlin, Walter de Gruyter, 1976. A referência às passagens gregas passa nesses casos a ser feita logo após a citação, no corpo do próprio texto e seguindo princípio de economia.

A retórica é útil porque as coisas que são verdadeiras e justas têm tendência natural a prevalecer sobre as que lhe são opostas, de modo que, se as decisões dos juízes não são aquelas que deveriam ser, a falha deve ser atribuída aos próprios oradores, a quem deve caber a culpa. (1355 a 20-23)

Deixando de lado a fundamentação metafísica da afirmação de que as coisas verdadeiras e justas têm tendência natural a prevalecer sobre as falsas e injustas, o que por si só daria origem a um livro, é importante notar que a retórica é reivindicada por Aristóteles como necessária à formação de oradores capazes de defender as primeiras. Está posto o compromisso do ensino da retórica, como Aristóteles o pensa, com fins filosóficos. Pode-se imaginar, extrapolando o que é dito na passagem, que os alunos do Liceu estariam em grande desvantagem em relação aos alunos dos sofistas se não fossem instruídos na retórica, seja na defesa das suas convicções e razões para permanecer no Liceu, seja na luta pelo que é verdadeiro e justo, nas ocasiões em que isso se fizesse necessário. O risco de mau uso dessa instrução Aristóteles discute mais adiante.

Ele pondera na imediata sequência, na forma de um segundo argumento:

Além do mais, diante de algumas audiências nem mesmo a posse dos conhecimentos mais exatos é capaz de facilitar a produção de convicção pelo discurso. Pois o discurso científico é baseado na instrução (*didaskalia*) e a instrução pode não estar disponível em certas circunstâncias. Nesse casos, portanto, temos nos valer de *formas de convincência* (*pisteis*) e argumentação (*logos*) vulgarmente aceitas, assim como observamos nos *Tópicos,* ao considerar a forma de lidar com audiências populares. (a 23-29)[24]

Esse segundo argumento corrobora o que Platão diz no *Fedro.* O conhecimento precisa da retórica para atingir círculos mais amplos que o das pessoas instruídas nos assuntos em discussão, círculo caracterizado genericamente como o das "audiências populares". Para soar

___

[24] A *didaskalia* tem a ver com o conjunto de instruções e com o ensino que instrui. Por isso, o primeiro sentido a inferir da frase é a alusão a pessoas por um motivo ou por outro sem instrução. A tradução de *pisteis* por "formas de convincência" segue o que vem sendo discutido desde o início do livro.

O ESQUECIMENTO DE UMA ARTE

convincente, o orador deve buscar lugares-comuns discursivos adequados ao seu público.

Ainda que só mais adiante nos ocupemos em mais detalhe da importante noção retórica de lugar comum discursivo *(topos)*, é possível já aqui traçar paralelos com situações escolares e acadêmicas. É comum ouvir estudantes dizerem que tal professor "sabe muito", mas infelizmente não sabe ensinar. É igualmente comum encontrar bons pesquisadores em dificuldades ao se deparar com o público em geral, por exemplo, em cursos de extensão. Também no sentido da interdisciplinaridade, pode-se perceber a necessidade de busca de lugares-comuns adequados a cada troca, se é o caso de dar-se uma comunicação produtiva entre conhecedores de âmbitos diferentes do saber.

O terceiro argumento de Aristóteles ajuda a estender essas considerações:

> Ademais, temos que estar aptos a lidar de forma convincente, como acontece no silogismo dialético, como os lados opostos de uma questão, não de modo a empregá-los na prática em prol de direções antagônicas (posto que não se trata de confundir a mente das pessoas), mas de modo que possamos ver claramente quais são os fatos e, se alguém argumentar insatisfatoriamente, sermos capazes de refutá-lo. Nenhuma outra técnica é capaz de produzir conclusões opostas: apenas a dialética e a retórica podem fazê-lo. E devem fazê-lo ambas de modo imparcial. Os fatos fundamentais, não obstante, não se prestam igualmente a perspectivas contrárias. Não. As coisas que são verdadeiras e melhores, pela sua própria natureza, são na prática mais fáceis de provar e mais persuasivas. (a29 – a 38)

Deixando para mais tarde a distinção entre dialética e retórica em Aristóteles, assim como o significado de silogismo dialético, nos deparamos nesta passagem com a tópica das múltiplas perspectivas pelas quais uma questão pode ser abordada e da escolha dos caminhos a tomar numa discussão. Aristóteles pondera que não se trata de confundir os interlocutores, mas de ter atenção aos argumentos, de modo a refutá-los se assim se fizer necessário.

Essa indicação se faz ainda mais importante para professores de filosofia que, frequentemente, lidam com equipolências e necessidade de categorização das possíveis posições teóricas em relação a um mesmo assunto. O rigor exige mesmo que todas as posições filosoficamente plausíveis sejam consideradas, de modo a não trivializar os problemas ao justificar uma possível tomada de posição, que, do contrário, resultaria em mera opinião. Trata-se, ainda, e Aristóteles reivindica isso abertamente no quarto argumento, de desenvolver a capacidade de defender-se de assédios discursivos. Diz ele:

> Ainda, é absurdo sustentar que um homem deva se envergonhar por ser incapaz de se defender com seus braços e pernas, mas não de ser incapaz de defender a si mesmo valendo-se do discurso racional, quando o uso da razão é mais distintivo dos seres humanos que o uso dos seus membros. (a38 – b2)

A passagem aponta para uma retórica defensiva. A discussão sobre o caráter mais ou menos defensivo da *Retórica* aristotélica perde, todavia, um pouco do seu sentido em face do alargamento da noção de *pistis* já em curso. É Aristóteles quem diz, trata-se de encontrar os meios de persuasão (ou convincência) adequados a cada caso ou situação, não sendo difícil imaginar situações em que seja necessário atacar posições alheias a bem da defesa do que é justo e certo. A questão principal, em se tratando de retórica, é se o plano adotado em cada situação é ou não adequado ou convincente. Esse problema leva a um quinto argumento, que toca diretamente nos receios platônicos já aqui identificados. A formulação é a seguinte:

> E, diante da objeção de que uma pessoa que usa o poder do discurso injustamente pode causar um grande dano, deve-se observar que essa é uma ameaça que pesa contra todas as coisas boas, exceto a virtude em si mesma, em especial sobre as coisas mais úteis, como a força, a saúde, a prosperidade e o talento militar. Um homem pode gerar os maiores benefícios com um uso correto destas últimas, assim como pode infligir a maior das injúrias ao usá-las indevidamente. (1355 b2-8)

Aristóteles assume o risco recusado por Platão. De fato, não há como garantir que, uma vez ensinada, a retórica será sempre bem ou idealmente usada. Pode-se, com razão, aduzir, na esteira do que diz Górgias a Sócrates sobre o poder da retórica, que seu mau uso pode de fato causar dano imenso, não sendo, inclusive, essa experiência exatamente estranha aos habitantes do atual mundo das mídias, tradicionais ou digitais, fenômeno de que nos ocuparemos no terceiro capítulo deste livro. Resta saber como se defender de um uso nocivo da retórica – presencial, televisiva ou algorítmica –, senão com competência discursiva maior e propósitos excelentes.

Pesa em favor de Aristóteles o fato de que a *Retórica* nem de longe se estrutura como manual de pronto e fácil uso. O tratado propõe um convite à compreensão dos processos de formação e reformulação de opinião que caracterizam nossa coexistência no mundo. Se vale uma comparação com tópica recorrente em filmes de artes marciais de cunho filosófico-moral, não se trata de instruir lutadores para ganhar campeonatos, fama ou poder bruto, mas de formar corpos e espíritos cientes de suas potências, espaços, tempos e movimentos, corpos que, se a vida assim lhes impuser, saibam mobilizar seus segredos para defender-se e defender os que sozinhos não sejam capazes de fazê-lo.

Ainda assim, não se pode efetivamente garantir que o mergulho nos mistérios dos nexos discursivos implique a elevação da alma e o desenvolvimento das virtudes morais e intelectuais. Talvez por isso Aristóteles precise acrescentar um sexto argumento à série, um argumento de reconstrução mais difícil na sua íntegra, do qual transcrevemos agora apenas a conclusão: "O que faz de um homem um sofista não são suas habilidades, mas suas escolhas" (b 20-21).

1.3. O HELENISMO E A IDADE MÉDIA

Conquanto seja intrincado o percurso do escrito aristotélico após sua morte, ele é considerado hoje, um tanto repetida e irrefletidamente, o texto referencial quando se fala de retórica. Cabe saber o que isso significa e acarreta para a apropriação aqui levada a termo, sobretudo de modo a seguir precisando seus contornos e, muito mais que defender algum acerto, direito ou privilégio interpretativo, indicar possibilidades de estudos que possam futuramente se revelar profícuas.

Problema relevante a ser levado em conta é o da composição, preservação e sedimentação do escrito que hoje conhecemos como *Retórica*, problema que, aliás, diz respeito a todo o corpus aristotélico. Aqui não há lugar para uma restituição detida dessa história, mas algumas de suas características têm particular interesse para os propósitos deste livro. A primeira delas é a tese defendida por Paul Brandes (1989), na esteira de Richard Shute (1888) e outros autores pesquisados por Brandes, de que o que hoje conhecemos como *Retórica* é, na verdade, um conjunto de notas produzidas durante período longo que Aristóteles usava em suas lições no Liceu, portanto acrescidas de explicações e desenvolvimentos de aula. Isso explicaria o caráter por vezes lacunar e a estrutura singular do texto. Brandes alega, além disso, que muito poucos escritos de Aristóteles circularam mais amplamente durante sua vida ou imediatamente após sua morte, e que a *Retórica* certamente não se conta entre esses escritos, sendo impossível saber ao certo quanto neles intervieram os sucessores que deles se valeram para lecionar após a morte do mestre.[25]

Fato é que os manuscritos percorreram sinuoso caminho até a Roma de Andrônico e Cícero, e também posteriormente, com discussões ainda vivas sobre rotas, cópias e reconstituições, sendo tudo isso muito facilmente deixado de lado nas discussões mais recentes sobre a *Retórica* aristotélica. O manuscrito mais antigo hoje conhecido nos chegou pela rota greco-romana. Data do século 10 (Parisinus 1741) e está arquivado na Biblioteca Nacional de Paris. O que se conhece de mais antigo da rota árabe-hebraica, o Parisinus 2346, até onde aqui foi possível pesquisar, carece ainda de trabalho hermenêutico-arqueológico.[26]

Fato é que tudo isso é muito facilmente esquecido quando se tem o atual texto diante dos olhos. Temos pelo menos desde Immanuel Bekker um texto estabelecido, estável, tendo os novos acréscimos arqueológicos escasso interesse filosófico. Como seja, a consulta a estudos recentes ajuda a reter dessa saga o que mais de perto nos interessa. Dizem, por exemplo o historiador Gilbert Dahan e a filósofa Irène Rosier-Catach, no prefácio ao livro *La Rhétorique d'Aristote – traditions et commentaires de l'antiquité au XVIIe siècle*:

> A retórica, cujo renascimento hoje parece espetacular, se compraz em reconhecer na *Retórica* de Aristóteles, não certamente sua origem absoluta, posto que seus três livros recapitulam e moralizam o ensinamento dos sofistas, mas sua referência maior, cuja autoridade inconteste, da antiguidade

---

[25] Ver BRANDES 1989, p.5, e SHUTE 1988/2018, p. 26 e 33.
[26] Ver BRANDES 1989, p. 8-9.

aos nossos dias, atravessou os séculos sem impedimentos significativos: a *Retórica* de Aristóteles ofereceria, assim, o raro exemplo de um livro sem história.[27]

Conjugado no futuro do pretérito, o verbo oferecer condensa os propósitos da coletânea frente ao que seus organizadores consideram a prevalência de uma visão demasiado esquemática. Eles buscam, por razões múltiplas, restituir as veredas históricas pelas quais a *Retórica* chegou até nós.

Conjunto ainda mais recente de textos foi reunido por Frédérique Woerther, com o título de *Commenting on Aristotle's Rhetoric, from Antiquity to the Present*.[28] Assina o artigo de conclusão, espécie de sinopse da obra, o pesquisador do CNRS Jean-Baptiste Gourinat, cuja preocupação principal é esclarecer por que apenas tão tarde aparecem os primeiros comentários propriamente ditos à *Retórica* de Aristóteles, na verdade somente entre os bizantinos, por volta do século 12, e, mesmo assim, com muita parcimônia.[29] A questão a ser elucidada é por que a *Retórica* não seguiu a tradição das obras maiores de Aristóteles, cuja recepção atenta remonta a Andrônico de Rodes (século 1 a.C.) e passa por Alexandre de Afrodísia (séculos 2-3 d.C.) em seu caminho para a cristandade medieval.

São muitas as hipóteses levantadas para explicar o singular percurso, aqui tendo atenção maior a dificuldade de situar a *Retórica* no corpus aristotélico. Responderia por essa dificuldade principalmente o caráter ambíguo do tratado, cindido entre pretensões filosóficas e político-pragmáticas.

> Os filósofos, a começar por Aristóteles, anexaram a retórica a ponto de fazer dela uma parte da filosofia, notadamente os estoicos, que a transformaram numa subdivisão da lógica. No mundo latino, Cícero foi ao mesmo tempo autor de tratados filosóficos e de retórica. Paralelamente, a retórica dos rétores [professores de retórica] e daqueles que daí em diante se chamariam retóricos [ou oradores] é uma disciplina técnica, não filosófica, que navega entre a assimilação e a oposição à retórica dos filósofos.

---

[27] DAHAN e ROSIER-CATACH 1998, p. 7. O livro me foi presenteado por Luisa Buarque de Holanda.

[28] WOERTHER 2018.

[29] GOURINAT: Tradition et atypisme dans les commentaires de la *Rhétorique*, in WOERTHER, 2018.

Técnicas evoluem e tratados antigos se tornam parcialmente caducos. No mundo latino, em particular, os tratados suplantaram Aristóteles e os latinos medievais tiveram de se haver com o problema da articulação entre a grande tradição latina e Aristóteles: nessa perspectiva, Aristóteles faz pálida figura ao lado de Cícero e Quintiliano.[30]

Gourinat chama atenção para a muito frequente citação pelos comentadores posteriores da passagem da *Retórica* em que Aristóteles diz que "a retórica é como um ramo (*parafues*) da dialética e daquele saber prático que é justo chamar de política" (1356 a 25-27).

Mesmo que não resida exatamente aí a divisão entre as pretensões filosóficas e pragmáticas do tratado, o problema desse duplo pertencimento é agudo: do ponto de vista lógico-dialético, a *Retórica* teve, e tem ainda hoje, interesse menor frente aos escritos do *Órganon*; do ponto de vista político, não teria sido páreo para os desenvolvimentos posteriores paradigmaticamente representados pelas obras de Cícero (106 – 43 a.C.) e Quintiliano (35 – 96 d.C.).

Cícero, por exemplo, diz-se que conhecia alguma das versões da *Retórica* que circulavam por Roma no tempo em que Andrônico organizou o corpus.[31] Mas suas inspirações são sobretudo platônicas e muito fixadas nas características do orador ideal, figura da qual se ocupa desde o *De Oratore* até o *Orator*. Demóstenes (384 a.C. – 322 a.C) seria seu termo concreto de excelência.

Cícero expõe pela boca de Antonio, no *De Oratore,* que do orador ideal "é preciso exigir a agudeza dos dialéticos, os pensamentos dos filósofos, as palavras, praticamente, dos poetas, a memória dos jurisconsultos, a voz dos atores trágicos, como que os gestos dos grandes atores".[32] Mais adiante no mesmo texto, a voz de Crasso acrescenta que "é preciso aprender a fundo o direito civil, conhecer as leis, estudar toda a história antiga; conhecer a praxe senatorial, a organização da República, os juramentos dos aliados, os tratados, os pactos, os interesses do Império".[33] Bem entendido, o que verdadeiramente definia a qualidade do orador era sua atuação política e tudo que pudesse para

---

[30] GOURINAT, in WOERTHER 2018, p. 266. Seria Michel de Éfeso o primeiro comentador.

[31] Ver BRANDES 1989, p. 5

[32] *De Oratore,* §128. Trad. de SCATOLIN, Adriano 2018.

[33] Idem, § 159.

isso contribuir era importante. Mas, embora o conhecimento da dialética fosse entendido como imprescindível nessa formação, Cícero não se ocupou desse campo a não ser na obra tardia *Topica*, escrita a pedido de um amigo, o jurista Trebatius.

Outro nome maior ligado à retórica em Roma foi Quintiliano (35-95 d. C.). Influenciado por Cícero, visava também à formação do orador pleno, conquanto tivesse em mira menos o grande orador e mais a educação do cidadão-orador, que devia não apenas reunir técnicas retóricas, mas sólida formação moral.[34] A *Institutio Oratoria,* obra que reúne o seu legado, foi elaborada e publicada apenas ao final da sua vida, depois de muitos anos advogando e ensinando em Roma. É uma obra monumental, com 12 volumes atentos a uma educação integral, da primeira idade à vida adulta. A retórica assim pensada teria sido por ele posta inclusive em patamar acima da filosofia.

Ainda outro nome a considerar entre os romanos é o do cético Sexto Empírico, de anos de nascimento e morte incertos, mas certamente atuante entre os séculos 2 e 3 d.C. Seu livro *Contra os Retóricos* ataca os "artífices das palavras" de muitos modos, negando repetidamente que a retórica seja uma arte (*tekhne*). Sobre os retóricos pesa todo tipo de vícios, políticos e epistemológicos. Trata-se de gente dada ao pedantismo, a formas prolixas, floreadas e inconsistentes de falar, formas em tudo distantes da dialética e detestada em todos os lugares.[35] Aristóteles é mencionado no texto com alguma consideração,[36] mas não chega a merecer maior atenção entre os muitos nomes evocados: Córax, Platão, Isócrates, Xenócrates, Demóstenes, Aríston, Hermágoras e Ateneu. Não deixa de ser digna de registro a ausência igualmente de Cicero e Quintiliano.

Sem perder de vista a cisão entre dialética e política, real atenção à primeira dedicaria mais tarde Porfírio (234-305), principal neoplatônico romano de destaque nos estudos sobre a linguagem, conhecido como autor do *Isagoge.* A motivação desse escrito está, na verdade, mais ligada a questões lógicas e metafísicas do que a um âmbito ainda passível de ser pensado como retórico. Seria esse o ponto de passagem para, já na Idade Média, pela voz do também neoplatônico Boécio (480-525) – que

---

[34] Ver HERRICK, Janes: *The History and Theory of Rhetoric* (2008), p. 107

[35] Ver SEXTO EMPÍRICO 2013, trad. Rodrigo Brito e André Hugenin, p. 11.

[36] Idem p. 7

BREVE HISTÓRIA DA RETÓRICA

traduziu o *Isagoge* para o latim –, originar-se a chamada "querela dos universais". O livro de Porfírio é, afinal, uma introdução ao tratado das *Categorias* de Aristóteles, sendo nele discutidas noções importantes para uma teoria da linguagem como as de gênero, espécie, diferença específica, próprio e acidente, mas de menor interesse para a retórica. Diz-se que no âmbito propriamente retórico Porfírio teria se interessado mais por Hermógenes (160-225 d. C.) do que por Aristóteles.

Outra vertente importante de recepção da retórica no medievo foi o interesse eclesiástico, presente inicialmente em Agostinho de Hipona (354-430) e perpetuado por outros intelectuais cristãos. A *Doutrina Cristã* é retoricamente inspirada em Cícero e na sua formação do orador ideal, mas tem em São Paulo a referência maior, compreensivelmente em face do interesse na interpretação das Escrituras e na promoção político-pedagógica da revelação cristã.[37]

Mais um momento emblemático para a história medieval da retórica foi a sedimentação do *Trivium*, que, junto com o *Quadrivium*,[38] teve em Alcuíno de York (735-804), como diretor da Escola Palatina de Carlos Magno, sua expressão máxima. A retórica compõe com a gramática e a dialética o trivial de certo ideal clássico de educação que teve repercussões bastantes longevas. Reconhecido o valor dos ensinamentos linguísticos pagãos na formação das lideranças ocidentais cristãs, as artes que compõem o *Trivium* e o *Quadrivium* eram definidas como artes liberais, gozando de boa autonomia em relação às finalidades doutrinárias. Conjectura-se que o modelo pedagógico palatino teria forte atenção às individualidades, valendo conferir qual a contribuição efetiva da *Retórica* aristotélica nesse projeto em meio aos demais saberes e referências que o compunham. Especula-se que Cícero seria a referência maior.[39]

O *Trivium* teve inclusive um *revival* no início do século 20, sob inspiração do filósofo norte-americano Mortimer Adler (1902-2001), movimento que tem como referência principal o livro da religiosa Miriam Joseph, *O Trivium – as artes liberais da lógica, da gramática e*

---

[37] Ver GONÇALVES, Soraia: Contributos para a Definição do Orador Ideal – estudo e tradução do *ORATOR*, de Cícero (2017), p. 42

[38] Aritmética, música, geometria e astronomia.

[39] Ver KENNEDY, George: *A New History of Classical Rhetoric* (1994), p. 282.

da retórica,[40] publicado pela primeira vez em 1937. O livro tem atenção incomparavelmente maior aos escritos que compõem o *Órganon* do que à *Retórica,* que, aqui e ali parafraseada pela autora, merece apenas uma única citação literal,[41] assim mesmo avizinhada a questões presentes na *Ética a Nicômaco.*

São Tomás de Aquino (1225-1274), por fim, pai do tomismo e referência maior na reinterpretação cristã de Aristóteles, pouca atenção dedicou à *Retórica,* concentrando seus esforços de compatibilização do legado grego com o cristão principalmente na exegese da *Metafísica* e, no plano da linguagem, em textos do *Órganon,* como o *Da Interpretação* e as *Categorias.*

Finalizando esse pequeno inventário medieval de apropriações da *Retórica,* vale registar a atenção pontual ao texto aristotélico dedicadas pelos árabes. Al-Farabi (872-951) e Avicena (980-1037) discutiram pontualmente o que conhecemos como Livro I, e Averróis (1126-1198) deteve-se sobre os três livros que compõem a obra.[42]

O comentário de Al Farabi sobre o Livro I é mais livre e restrito às ideias de persuasão, opinião, certeza e seus graus, tendo particular interesse para exame futuro no que concerne à educação e ao ensino, especialmente o ensino de filosofia. São ao mesmo tempo óbvias e instigantes frases como: "Tudo o que persuade e tem em si lugar para oposição, interrogação ou investigação é mais apropriado à retórica".[43] O comentário de Avicena é mais completo e colado ao texto do Livro I que o de Al Farabi; e o de Averróis volta a ser um pouco mais distante, estendendo-se, todavia, aos três livros.[44]

Tudo isso para dizer que foram muitas as formas de entendimento e apropriação do legado retórico grego por aqueles que se seguiram a Aristóteles, mais imediatamente ou no período medieval, e que, no mais das vezes, a *Retórica* de que aqui nos ocupamos não é central nessa apropriação.

---

[40] JOSEPH 2018.

[41] Obra citada, p. 139, repetida à página 202. A passagem transcrita da *Retórica* sai do Livro I, capítulo 10, item II.

[42] Ver https://plato.stanford.edu/entries/al-farabi/#Lang e, especialmente, EZZAHER, Lahcen E.: *Three Arabic Treatises on Aristotle's "Rhetoric"* (translation, introduction, & notes), 2015.

[43] Al Farabi's: *The Book of Rhetoric,* 266 a, tradução minha do inglês.

[44] AVICENA: *Philosophical Treatise on the Meanings of the Book of Rhetoric;* e AVERRÓIS: *Middle Comentary on the Book of Rhetoric.* In: EZZAHER, obra citada.

BREVE HISTÓRIA DA RETÓRICA

Importante é aproveitar essa resumida reconstrução para seguir delineando os contornos e intenções da apropriação que no capítulo seguinte será desenvolvida. A julgar pelos historiadores consultados, a *Retórica* de Aristóteles não é um tratado elaborado para publicação, com o objetivo de preparar futuros grandes oradores. Assemelha-se mais a um conjunto de notas visando à instrução dos alunos dos Liceu para a lida com uma sociedade fortemente retórica, com a qual precisavam lidar a bem da promoção da verdade e da justiça.

Mesmo considerando a possibilidade de terem sido modificados após a morte do seu autor, a aposta aqui feita é que os escritos que nos chegaram servem bem como ponto de partida e apoio para reflexões de fôlego sobre os processos gerais de constituição e reconstituição de opiniões, coisa que de perto deveria interessar aos professores de filosofia e à atual sociedade midiática em geral. A dupla relação da retórica com a dialética e com a política é estruturante, e jamais motivo de depreciação do escrito. Trata-se para o professor de dirigir-se a um mundo no qual há hábitos vigentes, lugares-comuns discursivos e formas de negociação de dissensos, sendo a ele necessário empenho e formação para reconhecer a topologia discursiva do mundo e a situação na qual já se encontra sempre inserido: onde tem que elaborar seus planos e argumentos, escolher seu léxico e dosar sua performance para fazer-se convincente.

A dialética aristotélica, por fim, da qual a retórica seria a contraparte (*antistrofos*), tem contornos muito próprios, que serão explorados mais adiante. Ela não versa sobre o âmbito demonstrativo, das verdades insofismáveis. Ocupa-se de "opiniões de aceitação geral [...], que se baseiam no que pensam todos, a maioria ou os sábios, isto é, a totalidade dos sábios, ou a maioria deles, ou os mais renomados e ilustres entre eles".[45] Ocupa-se, enfim, do correto uso dessas tópicas em situações específicas, atravessadas de um modo ou de outro pelos costumes da *polis*. Já a diferença entre silogismo e entimema, seminal no texto da *Retórica*, tem particular interesse na produção de discursos convincentes e será devidamente explorada contra fundo de experiências pedagógicas.

A apropriação da *Retórica* aqui feita é, em suma, uma apropriação reflexiva e especialmente atenta às singularidades do conjunto de escritos que a constitui, sobretudo sem pretensões de sistematicidade ou

---

[45] ARISTÓTELES: *Tópicos*, 100 b20, trad. Edson Bini.

compromisso com a formação de oradores formidáveis. Não obstante sua diferenciação em relação à maior parte das acepções retóricas helenísticas ou medievais, ela não se fecha sobre si mesma ou exclui o estudo das outras diversas leituras em busca de enriquecimento. Algumas referências são naturalmente mais promissoras que outras, mas todas elas foram aqui elencadas justo para que se façam visíveis para futuras possíveis reconsiderações.

1.4. A MODERNIDADE FILOSÓFICA

É difícil definir um início cronológico exato para o Renascimento, que constitui uma espécie de aurora da modernidade. Autores como Georgius Trapezuntius (1395- c.1480), John Monfasani (1466-1536), Rodolfo Agricola (1443-1485), Erasmo de Rotterdam (1466-1536), Jean Louis Vivès (1493-1540), Jean Sturm (1507-1589), Philippe Mélanchton (1497-1560) e Petrus Ramus (1515-1572) têm seus nomes ligados de maneiras diversas à *Retórica* de Aristóteles. Embora nenhum desses autores tenha adquirido maior expressão no que concerne à interpretação do texto grego,[46] três pontuações são incontornáveis em relação ao período. A primeira é a proliferação, depois de Guilhermo de Moerbocke (1215-1286), de traduções de Aristóteles para o latim. Dentre as traduções da *Retórica,* tem particular importância a de Trapezuntius e sua sedimentação da divisão do texto em capítulos, divisão que, embora já ensaiada antes dele, tornou-se então canônica e vem sendo replicada até nossos dias. O terceiro fato a registrar é o surgimento das primeiras edições impressas dos textos aristotélicos e de suas traduções.

Sobre a modernidade propriamente dita, é central a discussão, de escopo bastante amplo, sobre o declínio do interesse pela retórica em geral, que teria seu apogeu no século 19. Entre as razões mais visíveis desse declínio estaria a reação humanística ao teocentrismo medieval, característica do Renascimento, junto com a busca de uma racionalidade mais rígida ou perfeita que a grega, posto que baseada em método rigoroso, depurado e seguramente fundamentado.

---

[46] Ver a esse respeito MEERHOFF, Kees: À la Renaissance – rhétorique, éthique et politique, in DAHAN et ROSIER-CATACH 1998.

René Descartes (1596–1650) é emblemático nesse sentido. Sua exigência de certeza como critério de verdade desqualificava mesmo a dialética aristotélica, dadas as pretensões da dialética de argumentação baseada na opinião da maioria ou dos mais sábios. E que dizer da retórica, se mesmo a dialética é epistemologicamente rejeitada? É como se o cartesianismo promovesse uma formidável dilatação do campo da evidência, da apodicidade, da demonstrabilidade, claramente distinguido do campo da dialética por Aristóteles no início dos *Tópicos*.[47] Não por acaso, o parâmetro de confiabilidade passa a ser a matemática.

Fato é que a pretensão de radical objetividade se espalha pela filosofia moderna em geral, racionalista ou empirista. Pilar do empirismo, Francis Bacon (1561-1626) persegue com a identificação dos seus "ídolos"[48] formas de precaução contra os erros que até então estorvavam a ciência, com o cultivo de ideais de criticidade, neutralidade, univocidade descritiva e isenção ideológica. Sobretudo os "ídolos do foro" preveem o acautelamento contra a retórica, pois "as palavras forçam o intelecto e o perturbam por completo".[49] Nomes modernos importantes como John Locke (1632-1704) e Immanuel Kant (1724-1804), este último em busca do "caminho seguro da ciência",[50] nenhum deles se mostra confortável com o meramente plausível ou verossímil. Locke é inclusive muito contundente na suas críticas à retórica, no capítulo X do Livro III do seu *Essay Concerning Human Understanding* (1690), que tem como título "Do abuso das palavras".

O problema dessa busca de uma racionalidade sem espaço para imprecisões e interpretações foi, entretanto, a indesejada geração do que Kant chamou na primeira edição da *Crítica da Razão Pura* (1781) de teatro de infindáveis disputas.[51] Precisamente a falência da credibilidade de um projeto filosófico com tais pretensões o levou à necessidade de demarcar limites para nossas pretensões de objetividade e de buscar estratégias formais para que as questões morais e políticas pudessem seguir reivindicando tratamento racional. Posto que não se mostrava possível fundamentar objetivamente questões de foro moral e político,

---

[47] Ver *Tópicos* 100 a18 et seq
[48] Escolhos do intelecto humano em sua busca da verdade.
[49] BACON, *Novum Órganon*, aforismo L XLIII.
[50] KANT, Immanuel: *Crítica da Razão Pura*, 1994, B VII.
[51] Idem, A VIII.

como evitar a reedição da lei do mais eloquente, ou mesmo, como reação, a restauração de dogmatismos apresentados como preferíveis ao relativismo e ao caos?

Fato é que não encontramos, posteriormente a Kant, em Hegel, entre os românticos, em Marx e Engels, ou no positivismo, atenções mais proeminentes à retórica, a não ser negativas, desconfiadas, críticas. Apenas Friedrich Nietzsche (1844-1900), não casualmente ao final da modernidade, protagonizaria um movimento de absolvição da retórica, arte que diagnostica como sendo tratada com desprezo.[52] O grande Ocidente padeceria de apreço exagerado à verdade e sua objetivação metódico-moral, afinal uma covardia diante da nossa existência precária e finita. Seu *Curso de Retórica,* supostamente de 1874, ainda na Universidade da Basileia, contém uma leitura bastante atenta dos clássicos, inclusive da *Retórica* de Aristóteles. Percebe-se forte interesse filológico, particular atenção a *lexis* ou *elocutio,* ou seja, aos aspectos estilísticos dos discursos, o que não é de surpreender, tendo em vista os rumos futuros da sua filosofia. A verdade repensada como "exército de metáforas"[53] demandaria, enfim, liberdade criativa mais próxima da literatura que da retórica nos termos aqui pensados.

É claro, à margem da meta narrativa centrada na busca do fundamento e do método científico há outros escritos de interesse sobre retórica na modernidade, cada um deles com sua própria história e maior ou menor importância filosófica. São exemplos de nomes em alguma medida relacionáveis à retórica Thomas Hobbes (1588-1679), Giambattista Vico (1688-1744),[54] David Hume (1711-1776) e Jean-Jacques Rousseau (1712-1778), além de Arthur Schopenhauer (1788-1860),[55] antes de Nietzsche.

---

[52] NIETZSCHE: *Curso de Retórica,* 1999, p. 29.

[53] NIETZSCHE: *Sobre a verdade e a mentira no sentido extra-moral,* 2007, p. 36.

[54] Thomas Miller, no verbete "Eighteenth-century rhetoric" da *Encyclopedia of Rhetoric* (2007), esclarece que "Giambattista Vico (1688–1744) se tornou hoje o escritor sobre retórica mais estudado do século dezoito. Enquanto serviu como professor de retórica na Universidade de Nápoles, de 1699 a 1741, Vico publicou diversas trabalhos que respondiam ao desdém cartesiano pelas meras probabilidades. *Ciência Nova* (1725) e *Sobre os Métodos de Estudo do nosso Tempo* (1709) são os textos principalmente referidos.

[55] Circulam no Brasil dois textos de Schopenhauer relacionados à retórica. O primeiro sai dos escritos póstumos e ganha em português o provocativo título de *Como Vencer um Debate sem Precisar ter Razão em 38 Estratagemas – dialética erística.* Registre-se que, no espólio, o conjunto de notas responde pelo título simples de *Eristik,* de todo apropriado ao

BREVE HISTÓRIA DA RETÓRICA

Merece, ainda, pontual registro um desdobramento moderno originado no âmbito religioso, posterior à Reforma Protestante (1517), à Contrarreforma (1545) e à Reforma Católica (1560). Trata-se da *Ratio Studiorum*, elaborada e publicada pelos jesuítas em 1599 para melhor administrar a rede de instituições de ensino que começava a tornar-se numerosa e que teve importância longeva.[56] Lê-se na versão original do plano pedagógico (que teve uma segunda versão pouco modificada no século 19) que, "embora os preceitos possam ser estudados em muitos autores, a preleção diária deve estar restrita aos trabalhos sobre oratória de Cícero, à *Retórica* de Aristóteles e, se desejado, à sua *Poética*". O texto esclarece em seguida que "Cícero há de ser o modelo estilístico".[57]

Mas se encontra, fora desse âmbito curricular, todo um envolvimento dos jesuítas com a retórica, particularmente com a retórica aristotélica. Ainda que "nenhum deles tenha se aventurado no estabelecimento, comentário ou tradução do texto da *Retórica* de Aristóteles",[58] esclarece a gramática Françoise Douay-Soublin que "a obra retórica dos jesuítas foi pouco traduzida nas línguas modernas, [mas] conta com uma centena de títulos publicados entre 1540 e 1773".[59] Marc Fumaroli enxerga nas linhas gerais dessa atenção um empenho em tomar "Aristóteles como escudeiro de Cícero",[60] afastando a *Retórica* ao mesmo tempo do rigor dos ramistas e hiperlogicistas e, de outra parte, de possíveis alforrias político-literárias.[61]

Tudo isso para dizer que a reconstituição histórico-filosófica de um Ocidente que, em seu período moderno, pouca atenção concedeu à retórica em geral, e à *Retórica* de Aristóteles em particular, não tem como corolário que não haja textos a pesquisar e lições a aprender desse período, a respeito de uma possível apropriação filosófico-pedagógica da retórica.

---

escrito. Já *A Arte de Insultar* é uma antologia organizada por Franco Volpi. Ambos têm a ver, na verdade, mais com a relação polêmica do autor com o mundo em que vivia do que uma contribuição sobre retórica à altura do restante da sua filosofia.

[56] Inclusive no Brasil, onde o Padre Leonel Franca lhe dedicou em 1952 o livro *O Método Pedagógico dos Jesuítas*.

[57] *Ratio Studiorum*, p. 72-73, tradução minha.

[58] DOUAY-SOUBLIN, in DAHAN et CATACH, p. 332.

[59] Idem, p. 333.

[60] FUMAROLI, apud idem, p. 334-335: «bouclier de Cicéron»

[61] DOUAY-SOUBLIN, p. 338.

1.5. DIÁSPORA E RENASCIMENTO CONTEMPORÂNEO DA RETÓRICA

É lugar comum que o século 20 abrigou um renascimento da retórica que até hoje se prolonga, mas os contornos desse renascimento estão longe de se mostrarem claros e distintos. O filósofo da educação Olivier Reboul chega a falar de uma retórica estilhaçada.[62] O crítico literário Wayne Booth, no capítulo 2 de *The Rhetoric of RHETORIC* (2004), chega a apresentar números para marcar o aumento de publicações acadêmicas sobre retórica desde 1950,[63] ao mesmo tempo em que pondera que muito do preconceito do século 19 ainda paira sobre essa arte.

Pelo seu empenho em salvar a retórica desses preconceitos, Booth merece a primeira atenção mais detida desta seção. Esse empenho o levou a cunhar termos como *rhetrickery, listening-rhetoric* e *rhetorology*, traduzíveis, com a devida licença, por trapaça retórica, retórica de escuta e retorologia, visando distinguir claramente os usos espúrios daqueles que o levaram a lutar por um renascimento contemporâneo da retórica.[64]

A verdade é que a retórica, em sentido alargado, infiltrou-se em todas as dimensões da experiência contemporânea, entranhada nos fenômenos da comunicação de massa e, mais recentemente, nas mídias sociais e seus algoritmos. Essa ubiquidade decerto despertou atenções filosóficas, entre as mais proeminentes as protagonizadas pela Escola de Frankfurt, paradigmaticamente representada pela *Dialética do Esclarecimento* (1947), de Theodor Adorno (1903-1969) e Max Horkheimer (1895-1973), e seu ensaio mais conhecido, "A indústria cultural". Mas, por razões a discutir em outra ocasião, não foi propriamente a retórica, em nenhuma das acepções aqui resgatadas, que veio para o centro da cena, prática ou teórica.

Livres de quaisquer pudores, as lições clássicas ganharam outras e decididas apropriações, por exemplo, na sofística performada pelas teorias e práticas de propaganda e marketing, com seu invulgar poder de informação, formação e deformação da opinião pública. O que se viu

---

[62] REBOUL 2004, p. 82.

[63] BOOTH 2004, p. 25.

[64] *The Rhetoric of the RHETORIC – the quest for effective communication* é o termo final de uma obra vasta, que tem outros títulos de interesse com *Rhetoric of Fiction* (1961), *Rhetoric of Irony* (1974) e *The Vocation of a Teacher: Rhetorical Occasions – 1967-1988* (1988), livro, este último, que teria sido aqui examinado com atenção, dada sua afinidade com as teses aqui defendidas, não fosse o conhecimento do autor me ter chegado tão tardiamente, a partir de indicação feita por Clarisse de Souza.

foi a renúncia a toda complexidade filosófica em prol do turbinamento da eficiência persuasiva, em outras palavras, uma impressionante diversificação dos repertórios retóricos com a incorporação não apenas da imagem, mas de todo um aparato semiótico desconhecido dos antigos.

O fim da modernidade trouxe consigo, num outro leito, novas relações filosóficas com a linguagem reunidas sob o nome amplo de filosofias analíticas da linguagem. Ludwig Wittgenstein (1889-1951) foi sua expressão maior no estabelecimento dos limites do que pode ser dito não exatamente com pretensões de verdade, mas de sentido. A aproximação maior dessa obra à retórica se dá pela ideia estrutural das *Investigações Filosóficas*, obra do "segundo Wittgenstein", de que "o significado é dado na maioria dos casos pelo uso".[65]

Ainda entre os contrapontos teóricos desenvolveu-se a linguística, em grande medida alinhada com exigências de cientificidade e trazendo toda uma nova conceitografia consigo. Não resta dúvida quanto à riqueza desses desenvolvimentos, mesmo que pareçam renunciar à unidade retórica aristotélica para especializar-se em análises de estilo e discurso ou em tentativas de compreensão empírica das estruturas das linguagens ou da linguagem. Não custa insistir, não se trata aqui de sugerir que sejam sem interesse contribuições como as de Ferdinand Saussure (1857-1913), Charles Peirce (1839-1914), Roman Jakobson (1896-1982), Rolland Barthes (1915-1980) ou Noam Chomsky (1928-), mas de frisar que, não obstante seus interesses antropológicos, filológicos, gramaticais, artísticos, psicossociais, semióticos ou neurocientíficos, essas contribuições apenas tangencialmente dialogaram com a retórica no sentido aqui perseguido. Um possível diálogo será de todo modo sinalizado no capítulo final deste livro.

É nesse sentido que se pode dizer que renascimento e estilhaçamento da retórica se pertencem. É retórica, em sentido muito amplo, toda uma gama de estudos que se relaciona com a linguagem, sem que isso signifique alguma revitalização dos estudos filosóficos sobre a capacidade de encontrar os meios de persuasão adequados à cada caso. A bem dizer, a retórica resiste, em sentido mais estrito, em teorias da argumentação de interesse no mais da vezes jurídico e na atual lógica informal ou

---

[65] WITTGENSTEIN 1995, § 43.

pragmática lógica.[66] Muito recentemente, vem sendo redescoberta no âmbito digital,[67] em sentidos que vão da otimização de algoritmos visando à maximização de vendas, adesões políticas e condicionamento geral de hábitos, a reações que, no nível da linguagem de programação e das interações humano-computador (HCI), visam zelar por uma ética aplicável às tecnologias de informação.

Discutiremos no último capítulo deste livro alguns aspectos do atual momento cibernético, com interesse sobretudo na contribuição que a retórica, em sentido filosófico-pedagógico, pode oferecer na lida com os imbróglios ético-políticos que o caracterizam. Seja por ora enfatizada a preocupação maior do presente capítulo: o fato de a retórica não ter no leque das presentes práticas didático-pedagógicas sombra da importância que teve na aurora grega do Ocidente. Não obstante a recente ampliação do escopo do ensino da filosofia em países como o Brasil – já novamente em retrocesso – e de tentativas, aqui e ali, de dignificação da docência, a arte retórica permanece pouco explorada com elemento de formação de professores. Mesmo em países como os EUA, onde a cultura do debate tem lugar de destaque desde a *high school,* não são finalidades precipuamente filosóficas ou pedagógicas que mantêm vivo o apreço pela retórica.

Feita essa digressão, vale ainda, no interesse mais imediato do capítulo que se seguirá, examinar mais de perto alguns interesses filosóficos pontuais pela retórica, especialmente pela *Retórica* aristotélica. O primeiro deles concerne à Escola de Bruxelas e ao seu expoente, o filósofo do direito Chaïm Perelman (1912-1984), que não foi propriamente um comentador de Aristóteles, mas uma espécie de Quintiliano contemporâneo. Tem explícita importância filosófica a sua obra mais conhecida, o *Tratado de Argumentação,* de subtítulo *A Nova Retórica,* publicado em coautoria com Lucie Olbrechts-Tyteca (1900-1987) em 1958.

Michel Meyer, expoente da geração seguinte da mesma escola, fez questão de enfatizar essa importância em seu prefácio à reedição de 1988 do *Tratado*: "A retórica é esse espaço de razão, onde a renúncia ao fundamento, tal como o concebeu a tradição não se identificará forçosamente à desrazão. Uma *filosofia sem metafísica* deve ser possível,

---

[66] Ver, por exemplo, WALTON 2012, p. 1-4, ou FOGELIN 2005, p. 3.

[67] Ver p. ex. BROOKE, Collin Gifford: *Lingua Fracta – towards a rhetoric of new media,* 2009.

porquanto de agora em diante não há outra alternativa."[68] Meyer situa a empresa de Perelman, em síntese, no movimento de superação da metafísica, da crise de fundamentos e de autoridade que caracteriza a filosofia contemporânea. Editou, inclusive, em 1986, em comemoração à morte de Perelman (1984), com título *Da Metafísica à Retórica*,[69] livro que reúne ensaios de Paul Ricouer, Jean Ladrière, Olivier Reboul e, entre outros, dele próprio.

Michel Meyer tem ele mesmo reconhecida importância no resgate contemporâneo da retórica. Se "o pensamento contemporâneo [...] quase não ouviu o que Perelman propunha", encarrega-se ele mesmo de levar adiante o legado de Bruxelas, com obras que vão dos primeiros ensaios de problematologia, também pelo ano de 1986, até a recente publicação de *What is Rhetoric?* (2017). Têm interesse para a apropriação aqui empreendida duas pistas: a ideia de que "a retórica é a negociação da distância entre protagonistas sobre uma questão dada";[70] e a tese, forte e central, de que toda a linguagem se funda, essencialmente falando, na interrogação.

Mas deixemos Meyer por um instante para voltar a Perelman, que, de fato, inaugura um movimento de reabilitação filosófica do verossímil, do plausível, do possível, do razoável. Particularmente relevante é sua atenção ao fato das mudanças de opinião e adesão a novas teses se fazerem com intensidade variável, o que abre espaço para uma pedagogia que, mais que a transmissão, consolidação e absorção cumulativa de conhecimentos pelos alunos, lide com o fato de que suas almas estão em perpétua e matizada reorganização, mesmo que admitamos que certas experiências discursivas e cognitivas possam ser mais decisivas ou ter mais peso que outras. Todo esse movimento de Perelman por certo dialoga com o que aqui buscamos mostrar, mas, como diz o título da sua obra magna, seu foco está na argumentação. Seu tratado se identificaria, talvez, mais com uma releitura da dialética aristotélica, desenvolvida nos *Tópicos*, do que com a *Retórica* propriamente dita.[71] É importante ouvi-lo dizer:

---

[68] MEYER, in PERELMAN-TYTECA 2005, Prefácio, p. XX. Grifo meu.

[69] O título corresponde, segundo o autor, a projeto que o homenageado tinha em curso. Ver MEYER 1986, p.7.

[70] MEYER, 2017, p. xviii

[71] PERELMAN & TYTECA 2005, p. 5

O ESQUECIMENTO DE UMA ARTE

Um dos fatores essenciais da propaganda, tal como ela se desenvolveu sobretudo no século 20, mas cujo uso era bem conhecido desde a Antiguidade e que a Igreja católica aproveitou com incomparável maestria, é o condicionamento do auditório mercê de numerosas e variadas técnicas que utilizam tudo quanto pode influenciar o comportamento. Essas técnicas exercem um efeito inegável para preparar o auditório, para torná-lo mais acessível aos argumentos que se lhe apresentarão. Esse é mais um ponto de vista que nossa análise deixará de lado: trataremos apenas do condicionamento do auditório mediante o discurso, do que resultam considerações sobre a ordem em que os argumentos podem ser apresentados para exercer maior efeito.[72]

"Discurso", nesse contexto, é discurso argumentativo. Mas não transcrevemos essa passagem para apontar lacunas em Perelman, e sim para seguir demarcando as singularidades da nossa apropriação de Aristóteles.

Para o professor é fundamental – muitas vezes até por questão de saúde – "preparar o auditório, para torná-lo mais acessível aos argumentos que se lhe apresentarão". Essa preparação, que envolve elementos afetivos e contextuais dos mais diversos, não precisa e não tem por que ser olhada com desconfiança. O que se quer é, partindo da *Retórica* aristotélica, justamente restituir as potencialidades filosóficas das dimensões do *ethos* e do *pathos* em busca de seus desdobramentos cognitivos, pedagógicos e didáticos. Trata-se, em suma, de convidar professores a ampliarem seu repertório a partir de uma raiz que nenhum tributo deve às práticas instrumentais que, nobres ou vis, hoje se servem à farta dos afetos e fatores extralógicos em geral.

Uma palavra mais sobre Meyer. Ele dá seguimento ao legado de Perelman trazendo de volta, em seu livro mais recente, *pathos* e *ethos* para o centro da cena. Busca reunificar a retórica através deste e de outros expedientes, ou seja, remeter a uma mesma raiz os dois grandes troncos da diáspora teórica contemporânea: argumentativo e artístico-literário. Sobretudo interessante é sua postulação de que a linguagem – não apenas a persuasiva – é essencialmente interrogativa. Afirmar que alguém é absolutamente honesto, por exemplo, só teria sentido sobre algum fundo de desconfiança ou dúvida a esse respeito. Segundo

---

[72] Idem, p. 9

o autor, isso significa que toda enunciação oculta, num plano mais fundamental, algum tipo de questão que a motiva. Isso valeria tanto para questões filosóficas quanto jurídicas e artísticas, podendo a questão oculta ser ou não explicitada nessas conversas.[73]

A noção de interrogação capaz de sustentar a postulação de Meyer se afigura, por sua vez, de enorme amplitude, chegando a confundir-se com questão, assunto ou objeto de interesse – no extremo, com a intencionalidade fenomenológica. Não apenas para não nos perdermos num excurso longo, elegemos Heidegger, e não Edmund Husserl (1859-1938) – o pai da fenomenologia –, para o esclarecimento necessário. A razão dessa escolha é também o interesse do primeiro pela *Retórica* aristotélica nos anos 1920, interesse, não custa repetir, aqui evocado para demarcar os contornos da nossa própria leitura.

Heidegger postula que estamos sempre lançados num mundo, no qual existimos e nos movemos a partir de pendências: ocupações e preocupações, questões e demandas, produtivas, práticas e teóricas. Tudo o que fazemos, dizemos e pensamos se relaciona com o mundo ao qual nos encontramos lançados, com suas linhas de sentido, limites condicionais e viabilização de possibilidades. A fala e o discurso não são exceção ou mero acidente do nosso ser no mundo, mas estruturantes das nossas existências mundanas. Não, não se trata, para Heidegger, da fala como produção de sons articulados, acrescentados a uma existência que poderia ser pensada sem ela. A mudez e o silêncio, mesmo a vida vegetativa, são possíveis como tais apenas num mundo discursivamente estruturado, cabendo-nos, mais adiante, dar contornos mais precisos à noção de "discurso" aí subjacente.

Como seja, é a partir dessa ideia de linguagem que não se descola do mundo e do ser, que Heidegger radicaliza sua relação com a *Retórica* de Aristóteles ao afirmar:

> O modo corrente de considerar a retórica é igualmente um impedimento ao entendimento da *Retórica* aristotélica. Na edição da Academia de Berlim, a *Retórica* foi colocada ao final. Eles não sabiam o que fazer com ela, então puseram no fim. É um sinal de completo desamparo. A tradição perdeu

---

[73] Ver MEYER: *What is Rhetoric?* (2017), principalmente a introdução e o capítulo 2: "The question-view of *logos*".

O ESQUECIMENTO DE UMA ARTE

há muito qualquer entendimento da retórica, posto que que ela se tornou simplesmente uma disciplina escolar já na época do Helenismo e início da Idade Média. O sentido original da retórica há muito desapareceu.[74]

Mais que discutir as implicações desse diagnóstico de esquecimento para o que foi até aqui historicamente recuperado, é importante resgatar o sentido original atribuído por Heidegger à *Retórica*. Ele afirma textualmente que ela "não é senão a explicitação do ser-aí em sua concretude, é a hermenêutica do ser-aí propriamente dito".[75] Repetindo paráfrase já feita, a retórica é, nessa sentença, surpreendentemente entendida como hermenêutica da existência cotidiana, em outras palavras, como interpretação do estrutural entrelaçamento entre ser e linguagem que caracteriza a existência de seres enfaticamente discursivos como eram os gregos dos tempos de Aristóteles e, fato relevante, as professoras e professores de hoje. Heidegger diz no mesmo texto:

> Deve-se ter plenamente presente o fato de que os gregos viviam no discurso e, a partir disso, simultaneamente considerar: se o discurso é a possibilidade própria na qual o ser-aí joga sua sorte, concretamente e no mais das vezes, então esse falar é também a possibilidade direta do ser-aí se enredar numa tendência peculiar sua de primeiro e ao sabor da moda desandar a tagarelar, e a partir daí se deixar guiar.[76]

Importante nesse escopo hermenêutico é que a retórica nele se relaciona com o grau de compreensão que, como seres no mundo, possamos adquirir das influências recíprocas que definem nossas cotidianidades, não excluída a convivência entre professores e alunos. Enfim, não é difícil perceber o quanto a aquisição dessa compreensão se relaciona

---

[74] HEIDEGGER GA18, p. 110. Heidegger provavelmente se refere à edição de Immanuel Bekker do corpus aristotélico (*Aristotelis Opera*), cujos dois volumes iniciais, que contêm os textos gregos, foram publicados pela primeira vez pela Academia de Berlim em 1831. A *Retórica* é o antepenúltimo texto do corpus, tendo depois de si apenas a *Retórica a Alexandre* e a *Poética*.

[75] Idem p. 109-110. Traduções minhas. "Ser-aí é a tradução mais usual para o termo alemão *Dasein*, central em *Ser e Tempo*, cuja primeira parte se define como uma "analítica do *Dasein*". Diz respeito ao nosso ser no mundo, à nossa existência em meio à totalidade dos outros entes. "Nosso", nesse caso, tem a ver com a tradição ocidental que, segundo Heidegger, teve sua origiem na Grécia do século 5 a.C.

[76] HEIDEGGER GA18, p. 108.

BREVE HISTÓRIA DA RETÓRICA

com uma pedagogia da autonomia,[77] ou da emancipação, num mundo digitalmente tagarela.

Decorre daí ainda mais uma estranheza da interpretação heideggeriana, que de perto nos interessa: a reivindicação de que a retórica é antes uma capacidade (*dynamis*) a desenvolver, que uma técnica (*tekhne*) a adquirir.[78] Trata-se de desenvolver a capacidade de encontrar discursos adequados a cada circunstância, portanto da formação de um ser no mundo capaz de continuamente reinventar-se, o que, inclusive, responde, na cambiante teia contemporânea de costumes, por grande parte do nosso interesse por essas lições.

Mesmo que Aristóteles se refira no texto exclusivamente à vida pública de Atenas, Heidegger enfatiza que suas lições dizem respeito à esfera ampla da cotidianidade mediana. Mais que com a formação de oradores magníficos, ocupa-se a *Retórica* de convidar os alunos do Liceu a refletir filosoficamente sobre os processos de formação e reconfiguração de opiniões.

A noção de opinião (*doxa*) é, de fato, examinada por Heidegger em muito detalhe no parágrafo 15 do curso de 1924, com remissões ao *De Anima* e à *Ética a Nicômaco*. A noção é primeiro diferenciada de investigação (*zetesis*), de conhecimento (*episteme*) e de fantasia (*fantasia*); depois, cotejada com as noções de apetite (*epithymia*), arrebatamento ou cólera (*thymos*), desejo (*boulesis*) e escolha (*proairesis*). Mais adiante, avançando para o âmbito das competências teóricas, a *doxa* é relacionada às noções de coisa dada por certa (*protasis*), problema (*problema*) e tese (*thesis*). Mesmo que por ora apenas indicadas, essas relações mostram o quanto há retoricamente a explorar ao deslocar a retórica do plano instrumental para o hermenêutico.

Resumindo, o fato de a vida privada (*oikos*) na Grécia ser realmente privada torna compreensível que os exemplos aristotélicos venham todos da *polis* e das grandes narrativas, mas isso não faz com que Heidegger compreenda esse expediente ilustrativo como compromisso

---

[77] Ver FREIRE, Paulo: *Pedagogia da Autonomia*.

[78] É possível que Heidegger reconsiderasse essa oposição tão marcada à luz do entendimento da noção de *tekhne* que expõe no opúsculo *A Questão da Técnica*, de 1953. Entende-se, de todo modo, que no texto de 1924 ele quisesse com essa distinção assinalar a dimensão dinâmica e formativa da retórica. Como seja, o termo "arte", que figura no título *O Esquecimento de uma Arte*, incluiu a dimensão dinâmica aí evidenciada, o que deverá ganhar clareza ao longo do capítulo seguinte.

com a grandiloquência oratória, como ocorre em Cícero. Há mais em jogo na *Retórica* que a formação do político profissional.

Todo esse resgate de matrizes contemporâneas é, enfim, fundamental para uma apropriação da *Retórica* ao mesmo tempo pedagógica e avessa a imediatismos instrumentais, sendo que não apenas Heidegger, mas vários dos autores resenhados contribuíram para a releitura a seguir empreendida. Uma última afirmação heideggeriana nos ajuda na ilustração dessa contribuição. Diz ele que "no tempo de Platão e Aristóteles o ser-aí estava tão tomado pela tagarelice, que isso requereu integrais esforços de ambos para encararem com seriedade a possibilidade da ciência".[79] A tese implícita, que mais tarde se transformará na reconstrução de uma história metafísica do Ocidente, é a de que a filosofia e a "paixão pelo conceito" tiveram seu advento em meio a um falatório incontrolável, vaidoso de si mesmo e perigoso em seus efeitos deliberativos e judiciais, sendo exemplo maior deste último efeito a condenação de Sócrates num julgamento processualmente justo.

Aqui entendemos, com Meyer e Perelman, que o advento do binômio metafísica-ciência como saída para o caos discursivo grego teve como contraponto o esquecimento da retórica, mais precisamente a desatenção às potencialidades que aqui tentamos recuperar. Curioso é que o próprio Heidegger, a despeito de toda sua atenção a essas potencialidades, estivesse no curso de 1924 mais preocupado em entender de que forma, em meio aos afazeres mundanos, chegamos a formular conceitos e fazer ciência. Sua releitura da retórica é, nesse sentido, caminho para a ontologia fundamental de *Ser e Tempo*, em outras palavras, para uma descrição fenomenológica do nosso ser no mundo, que, todavia, não tem explicitamente a retórica como fio condutor.

Isso, por certo, não impede que insights retóricos de 1924 sejam escavados em fases tardias da sua vasta filosofia, por exemplo em sua topologia do ser, onde é impossível ignorar ecos da noção aristotélica de *topos*. Tese fortíssima a ser explorada em outra ocasião, é possível conjecturar que também ele, Heidegger, tenha sido vítima de um "esquecimento da retórica" cuja superação poderia, à sua revelia, ser pensado como o "outro começo" de que tanto falou nos momentos mais históricos de sua obra.

---

[79] HEIDEGGER GA18, p. 109.

Já extenso, esse conjunto de indicações há de bastar tanto para sinalizar possibilidades novas de leituras da *Retórica* quanto para explicitar influências e propósitos a perseguir. Os pensadores, obras, escolas, períodos e caminhos de que nos ocupamos não foram evocados ao acaso, mas com a intenção de facilitarem o estudo futuro de quem venha a se interessar por retórica a partir da leitura destas linhas. Que a ausência neste inventário de nomes sabidamente importantes, como os dos autores ligados à teoria dos atos de fala – John Austin (1911-1960), Gilbert Ryle (1900-1976) e John Searle, ainda vivo –, e outros, como Hans-Georg Gadamer (1990-2002), Jacques Derrida (1930-2204), Paul Ricouer (1913-2005), Stephen Toulmin (1922-2009), Jürgen Habermas e Barbara Cassin, os dois últimos ainda em atividade, apenas signifiquem a impossibilidade de ser exaustivo nessa empresa.[80]

---

[80] Todos esses autores têm inegável importância filosófica e contribuições mais ou menos diretas ao renascimento contemporâneo da retórica. Muitos não perdoarão ausência de uma atenção mais pontual a Toulmin e sua contribuição para a teoria geral da argumentação dada em *The Uses of the Argument*, de 1958.

Capítulo 2

PLANO DA *RETÓRICA* E RELEITURA
DOS SEUS CONCEITOS FUNDAMENTAIS

2.1. PROÊMIO

Existem muitas perspectivas e possibilidades de leitura da *Retórica* de Aristóteles. Como há de ter ficado claro, esse escrito aristotélico tem sido lido e relido ao longo da história. Trata-se de um texto clássico, inesgotável em seus ensinamentos, pelo que nada seria menos sensato que tentar reduzi-lo a um conjunto técnico de lições.

Não fosse só isso, não é propriamente a genialidade de Aristóteles que está em questão nessas constatações, tampouco a dos discípulos que porventura tenham feito acréscimos aos manuscritos que resultaram no texto hoje estabelecido. É o tema de que trata o texto que é inesgotável, no que nos concerne como seres conviviais dotados de fala, políticos em sentido amplo, lançados a um mundo que, pelo menos desde os gregos, se organiza e se reorganiza discursivamente em narrativas, opiniões, leis, julgamentos, deliberações, elogios, críticas e reflexões.

A decisão de apresentar as linhas gerais do escrito aristotélico, convidando a redescobri-lo como manancial de lições político-pedagógicas pertinentes à contemporaneidade está, à luz dessa complexidade histórico-existencial, diretamente ligada à convicção de que a *Retórica* nem de longe se assemelha a um manual de instruções de pronto uso. O que se oferece é, em vez disso, um caminho de imersão nas dinâmicas de constituição e reconstituição de sentido, das quais dependem a transformação das almas, inclusive a do professor e dos formadores de opinião em geral.

São dois os movimentos decorrentes dessas percepções e propósitos:

1. Recuperação resumida do plano geral do livro, de modo a evidenciar sua estrutura e possibilitar uma visão de conjunto da obra.

Essa recuperação visa não apenas ajudar quem deseje lê-lo ou relê-lo, mas apresentar o contexto do qual os conceitos e questões a revitalizar extraem seu sentido;

2. Retomada, revisão e análise de algumas questões centrais do texto. A intenção é ao mesmo tempo evidenciar os conceitos mais relevantes para a reinterpretação em curso e convidar a revê-los frente ao atual desafio de ressignificação do ensino, mais amplamente ainda, da presença da filosofia na *polis* global contemporânea.

Especialmente importante é recusar disputas em torno daquilo que Aristóteles mais original e fidedignamente quis dizer. A memória da senda histórica da *Retórica* até sua contemporânea sedimentação nos entrega esse escrito não como um tratado propriamente dito, mas como um conjunto de notas tomado como base para aulas e discussões no Liceu, portanto aberto a acréscimos, extrapolações e atualizações, de pertinência a ser aferida pela sua contribuição à revitalização da retórica em geral como campo filosófico promissor.

2.2. OS TRÊS LIVROS DA *RETÓRICA*

A *Retórica* divide-se em três livros e não tem uma introdução. Sua atual divisão, respectivamente em livros de 15, 26 e 19 capítulos, remonta à já mencionada edição de Georgius Trapezuntius, do século 15.[81] O índice da tradução portuguesa de Manuel Alexandre Junior, Paulo Alberto e Abel Pena é a seguir fornecido para efeito de visualização. Nele figura não apenas a referida divisão em capítulos, mas nomes didaticamente dados a essas divisões pelos tradutores. Em vez das páginas da edição portuguesa, a indexação se faz pela paginação de Bekker (1831) e sua ratificação por Roemer (1898), Ross (1959) e Kassel (1976).[82]

---

[81] Ver seção 1.4 supra.

[82] ARISTOTELIS: *Ars Rhetorica*, edidit Adolphus Roemer. Leipsig, Teubneri, 1898; *Ars Rhetorica*, Sir David Ross. London, Oxford, 1959; *Ars Rhetorica*, edidit Rudolfus Kassel. Berlin, Walter de Gruyter, 1976.

PLANO DA *RETÓRICA* E RELEITURA DOS SEUS CONCEITOS FUNDAMENTAIS

LIVRO I

1. A natureza da retórica. 1354 a1
2. Definição da retórica e sua estrutura lógica 1355 b26
3. Os três gêneros de retórica: deliberativo, judicial e epidíctico 1358 a36
4. O gênero deliberativo 1359 a30
5. A felicidade, fim da deliberação. 1360 b5
6. Objetivo da deliberação: o bom e o conveniente. 1362 a15
7. Graus do bom e do conveniente 1363 b5
8. Sobre as formas de governo 1365 b22
9. A retórica epidíctica. 1366 a23
10. Retórica judicial: a injustiça e suas causas. 1368 b1
11. O prazer com matéria de oratória judicial. 1369 b33
12. Agentes e vítimas de injustiça 1372 a4
   - 12.1. Características dos que comentem a injustiça
   - 12.2. Características dos que sofrem a injustiça
13. Critérios de justiça e de injustiça 1373 b1
14. Critérios sobre a gravidade dos delitos 1374 b24
15. Provas não técnicas da retórica judicial. 1375 a23

LIVRO II

1. A emoção 1377 b15
2. A ira. 1378 a31
3. A calma. 1380 a5
4. A amizade e a inimizade 1380 b34
5. O temor e a confiança. 1382 a20
6. A vergonha e a desvergonha 1383 b12
7. A amabilidade 1385 a14
8. A piedade 1385 b11
9. A indignação. 1386 b9
10. A inveja. 1387 b21
11. A emulação. 1388 a31
12. O caráter do jovem 1388 b31
13. O caráter do idoso. 1389 b13
14. O caráter dos que estão no auge da vida 1390 a29

O ESQUECIMENTO DE UMA ARTE

15. Caráter e fortuna: o caráter dos nobres 1390 b13
16. O caráter dos ricos. 1390 b32
17. O caráter dos poderosos. 1391 a20
18. Estrutura lógica do raciocínio retórico: função dos tópicos
    comuns a todas as espécies de retórica 1391 b5
19. Função dos tópicos comuns a todas as espécies da retórica. . 1392 a8
20. Argumento pelo exemplo 1393 a19
21. Uso de máximas na argumentação 1394 a17
22. O uso de entimemas 1395 b21
23. O uso de entimemas: os tópicos 1397 a7
24. O uso de entimemas aparentes 1400 b35
25. O uso de entimemas: a refutação 1402 a1
26. Conclusão dos dois primeiros livros. 1403 a 16

LIVRO III

1. Introdução 1403 b6
2. Qualidades do enunciado. A clareza 1404 b1
3. A esterilidade do estilo 1405 b34
4. O uso dos símiles 1406 b20
5. A correção gramatical 1407 a19
6. A solenidade da expressão enunciativa. 1407 b26
7. Adequação do estilo ao assunto. 1408 a10
8. O ritmo 1408 b21
9. A construção da frase: o estilo periódico 1409 a22
10. A metáfora 1410 b6
11. A elegância retórica. 1411 b22
12. A expressão adequada a cada gênero 1413 b3
13. As partes do discurso 1414 a29
14. O proêmio 1414 b19
15. Tópicos de refutação. 1416 a4
16. A narração 1416 b16
17. A prova e a demonstração 1417 b21
18. A interrogação 1418 b40
19. O epílogo 1419 b10

Olhada de sobrevoo, a divisão em três livros parece dar sustentação a ideias como a de Christianus Brandis (1790-1867), colaborador direto na edição de Immanuel Bekker (1785-1871), de que a obra teria sido escrita de um só jorro (*"aus einem Güsse"*),[83] para o que a divisão em capítulos acaba colaborando. O conjunto de escritos parece criteriosa e compreensivelmente dividido, com o primeiro livro expondo as linhas gerais da arte retórica; o segundo detalhando as três *pisteis,* ou modos de convincência distintivos da retórica em relação à dialética; e o terceiro tratando da estruturação e materialização do discurso, baseadas nas formas de convincência mais adequadas a cada situação discursiva concreta. É claro, essa divisão em três livros e seu sequenciamento de lições podem ser compreendidos, em vez de fruto de uma inspiração única e original, como resultante de reorganização reiterada das notas de aula, feita durante a vida de Aristóteles e por aqueles que mais imediatamente o sucederam no Liceu.

2.2.1. Livro I

O primeiro livro começa introduzindo o leitor às noções mais centrais da arte retórica, simultaneamente à elaboração de críticas diversas às práticas e tratados da época, que pouca atenção teriam concedido ao que hoje entendemos como estrutura lógica dos discursos.

Seguem-se justificativas para o que seria o ensino filosófico, não sofístico, da retórica, justificativas que têm como pano de fundo os perigos da transmissão dessa arte a almas ainda não devidamente comprometidas com o Bem. Os receios apresentados por Platão no *Górgias,* já mencionados em seção anterior deste livro, são o provável contraponto dessas justificativas. Fato é que Aristóteles apresenta uma série de argumentos em prol da necessidade do ensino da retórica,[84] o primeiro ligado à ideia de que é por culpa de oradores retoricamente incapazes que as coisas verdadeiras e justas são às vezes superadas pelas falsas e injustas. Alude, em seguida, à necessidade de adaptar os discursos aos seus públicos e circunstâncias, bem como de considerar os assuntos em

---

[83] Ver BRANDES, Paul: *A History of Aristotle's Rhetoric* (1989), p. 3.
[84] Apresentados na seção 1.2 supra.

O ESQUECIMENTO DE UMA ARTE

pauta sob seus vários ângulos. Pondera, por fim, que qualquer técnica corre o risco de ser mal usada, não sendo a retórica exceção. "O que faz de um homem um sofista", pontua, "não são suas capacidades, mas suas escolhas". (1355 b20-21)

Entre os conceitos e definições de retórica apresentados no Livro I está, com lugar de destaque, a distinção entre *logos, ethos* e *pathos* que atravessa toda a obra e faz repensar a tradução corrente de *pistis* por persuasão. Sem grandes deslocamentos em relação aos lugares-comuns que as definem, *logos* diz respeito aos encadeamentos, articulações e rearticulações de sentido que nos são próprios como seres dotados de fala; *pathos* concerne às disposições afetivas que definem nossa permeabilidade ao mundo; e *ethos* refere-se à credibilidade que cada discurso herda da relação entre o caráter do orador que o profere e a teia de costumes na qual se insere. Cada uma dessas noções precisará, mais adiante, ser discutida em detalhe, e sua articulação compreendida como geradora de convincência discursiva. O pleito que desde o início nos anima é o de que Aristóteles não trata necessariamente de efetivas mudanças de opinião, mas das linhas de construção de discursos efetivamente dignos de atenção.

Fato é que, "contraparte (*antistrofos*) da dialética" (1354 a1),[85] a retórica dela se distingue por lidar com formas de convincência que extrapolam o plano da argumentação racional, precisando mesmo a ideia de argumentação racional ser revista na passagem do plano dialético para o retórico. Nunca há apenas *logos, ethos* ou *pathos* nas situações concretas de fala, mas sempre presença balanceada, mais ou menos proeminente, de cada um dos três modos de *pistis*. Move-se a arte retórica, em suma, em situações discursivas elásticas que têm, decerto, um pé nas estruturas silogísticas dos discursos – mesmo quando inaparentes – e o outro num terreno de interação política de escopo muito amplo.

A circunstância mundana precisa, de todo modo, ser suficientemente compreendida antes que qualquer estratégia discursiva possa ser traçada e mostrar-se exitosa. Dessa compreensão depende a centralidade dessa ou daquela forma de *pistis*. A título de ilustração, uma lágrima sincera (*pathos*), derramada sobriamente por uma filha diante de pergunta

---

[85] É bastante difícil traduzir *antistrofos*. Encontramos "outra face" (trad. portuguesa), "contraparte" (trad. brasileira), "counterpart" (trad. Freese e trad. Rhys).

PLANO DA *RETÓRICA* E RELEITURA DOS SEUS CONCEITOS FUNDAMENTAIS

incisiva a ela feita por seu pai, pode ser mais convincente e decisiva que toda uma série de explicações, álibis ou contestações do direito do pai a tal interpelação (*logos*). Condenar incisivamente o uso de mídias sociais numa turma de adolescentes (que hoje respiram esse ar) pode significar para uma professora uma total corrosão do seu *ethos,* ou seja, de sua reputação como professora capaz de real diálogo nesse segmento de ensino. Mesmo na proeminência clara da argumentação racional, é seminal a escolha do caminho mais adequado à circunstância, pois, dependendo do público, faz enorme diferença escolher exemplos e ilustrações, ou explicações longamente encadeadas na obtenção de atenção sobre um assunto em discussão. Também a combinação de provas técnicas e não técnicas (*entekhnoi* e *atekhnoi*)[86] tem importância no plano argumentativo, assim como a eleição de premissas extraídas de lugares-comuns e adequados.

Tudo isso precisará ser retomado em detalhe, com o propósito de bem caracterizar o modo como a retórica se relaciona com a política e a dialética. Por ora, entre os muitos conceitos que Aristóteles introduz no Livro I, cabe ainda preliminarmente chamar atenção, após o foco inicial nas *pisteis,* para a noção de *topos.* Esta é, de fato, uma noção presente em vários momentos da obra aristotélica, e não apenas na *Retórica,* convidando à paráfrase de que "*topos* se diz de vários modos". A acepção mais ampla é a de lugar, faltando compreender qual é a noção de lugar capaz de ligar os lugares espaciais discutidos na *Física* aos lugares-comuns discursivos da *Retórica,* passando pelas *Categorias,* pelos *Tópicos,* pela *Ética a Nicômaco* e pela *Política,* sem que uma definição propriamente dita lhe seja dada.

A aprofundada compreensão da ideia de *topos* talvez seja mesmo o que há de mais complexo no texto da *Retórica,* posto que os vários *topoi* simultaneamente se diversificam e entrelaçam, ligando-se ora aos grandes gêneros de assuntos estruturantes da *polis,* ora aos costumes e opiniões partilhadas em nichos específicos, ou, ainda, a técnicas argumentativas de uso geral e à própria compreensão do êxito a perseguir nas várias situações discursivas, no que isso possa definir as escolhas estratégicas e a consciência dos deslocamentos tópicos a realizar na condução dos discursos. Com efeito, Aristóteles retoma e realiza no

---

[86] Ver Ret. 1355 b36

O ESQUECIMENTO DE UMA ARTE

terceiro momento do Livro II uma longa enumeração de *topoi* e segue mobilizando essa noção ao longo do Livro III.

Curioso é que muitas vezes passe despercebido que a retórica não lida com o verdadeiro e o evidente, mas com o que é efetivamente problemático e, a partir daí com o plausível, o verossímil, o razoável, com o menos desvantajoso e o mais justo, como o melhor e o pior, portanto, com a necessidade de "encontrar os caminhos de persuasão adequados a cada caso" (1355 b26-27), em outras palavras, *topoi* adequados a cada situação; enfim, que, justo nessa capacidade de lidar com o que é problemático, consiste a arte retórica. Lembra Olivier Reboul em sua *Introdução à Retórica* que não lidamos propriamente com a "prova do pobre",[87] sendo Aristóteles mesmo quem nos adverte na *Ética a Nicômaco* que "é evidentemente tão tolo aceitar de um matemático argumentação provável quanto exigir de um orador provas demonstrativas" (1094 b25-30).

O primeiro livro deságua numa longa discussão sobre os grandes gêneros retóricos: o judicial, o político ou deliberativo, e o epidíctico ou cerimonial. Mais do que uma mera classificação – ou mesmo categorização – de tipos de discurso, essa discussão parece cumprir o papel de rebater as noções até então apresentadas sobre as tópicas mais centrais na *polis* grega. Previamente ilustrando, entre os lugares-comuns mais frequentes no primeiro gênero estão os do justo e do injusto; às situações políticas concernem mais geralmente as noções de melhor ou pior, de mais ou menos vantajoso; o gênero cerimonial, finalmente, tem entre seus pontos de apoio privilegiados a nobreza e a vileza, a beleza e a feiura.

Mais importante, sobretudo visando a um uso mais alargado das lições aí professadas, é perceber essas demarcações genéricas como indicativas de relevos discursivos capazes de previamente orientar os possíveis deslocamentos tópicos. É instrutivo lembrar quão diferente há de ser, no dia a dia escolar, admoestar um aluno qualificando sua ação como injusta (tópica judicial), inútil (tópica deliberativa) ou deselegante (tópica epidíctica). São campos discursivos diferentes, que envolvem diferentes afetos e relações com a formação do caráter, portanto, efeitos diferentes na reorganização (ou desorganização) dos lugares-comuns compartilhados pelos envolvidos.

---

[87] REBOUL 2004, p. 27.

64

2.2.2. Livro II

O segundo livro tem uma estrutura tripartite claramente identificável. Aristóteles trata separadamente de cada uma das três *pisteis:* primeiro do *pathos*, em seguida do *ethos* e só então do *logos.*

Vários afetos ou disposições afetivas são elencadas e discutidas nos primeiros onze capítulos do Livro II. Entre essas disposições estão algumas muito importantes para o trabalho do professor, como a ira (*orgue*),[88] com discussões finas sobre suas modulações, sobre aquilo que provoca cada uma delas e sobre as predisposições de ânimo – e consequente permeabilidade ao discurso – resultantes. O parágrafo sobre a ira será retraduzido e discutido de modo a ilustrar a potência retórica da noção de *pathos.* Por ora, registremos que Aristóteles entende haver três formas principais de menosprezo (*oligoria*) capazes de suscitar ira, todas as três infelizmente muito presentes em situações de aula: o desprezo (*kataphronesis*), a má vontade (*epereasmos*) e o ultraje ou humilhação (*hybris*).[89] De fato, um estudante cujas opiniões e presença não sejam dignas de atenção (ou desprezadas) pode desenvolver uma contrariedade ao professor e a tudo o que ele diz e representa. Também a recusa gratuita a pedidos razoáveis (característica da má vontade), mais ainda a exposição injustificada e desmedida de estudante a vexame público (o ultraje ou humilhação), podem torná-lo impermeável a qualquer proposta de troca e aprendizado vindas do professor, então indelevelmente marcado como soberbo, inflexível ou truculento.

Não por acaso, a emulação (*zelos*) é o último dos afetos tratados e faz já a passagem para a consideração dos caracteres ou reputações (*ethe*). Essencialmente diferente da inveja (*ftonos*), essa disposição concerne à presença de desejo respeitoso por aquilo que, discursando, um orador promete ou representa – coisa não trivialmente ao alcance de um professor de filosofia em um mundo avesso ao pensamento lento e paciente, sobretudo atravessado por desejos socialmente estimulados de sucesso pessoal e profissional. A emulação de que fala Aristóteles tem, em todo

---

[88] É bastante insatisfatória a tradução de *orgue* por ira, dada a sua atual proximidade semântica com a raiva e com os acessos de fúria. Aristóteles trata de mais geralmente de sentimentos de ofensa, cuja vontade de vingança que lhes corresponde pode manifestar-se de modos diversos.

[89] Essas traduções são de minha responsabilidade.

caso, a ver com o desejo de bens que o aluno julga a seu alcance e dos quais se considera digno, sendo o professor aquele que pode ajudá-lo na conquista, experiência ou usufruto desses bens. Cabe ao aluno, nesse sentido, *zelar* para que a aula seja boa, consequentemente, lugar de experiências compartilhadas que de todos torne mais próximos os bens almejados.

Bem se vê, a tradução de *zelos* por emulação não dá exata conta do que é discutido no capítulo 11 do Livro II, cabendo voltar a essa discussão mais adiante. Importante neste momento é notar que precisamente aí jaz uma boa indicação para fazer a passagem para a consideração – e ampliação – da compreensão da noção retórica de *ethos*. Traduzir *ethos* por caráter é empobrecedor. A reputação ou crédito do orador ou professor se estabelecerá, sim, a partir de traços de caráter que lhe são próprios, mas também contra a teia de costumes que a cada vez lhe serve de fundo. É relevante lembrar que, dependendo da grafia e contexto,[90] *ethos* pode significar hábito ou costume, mais que caráter, este último entendido como posse de qualidades pessoais.

Fato é que Aristóteles analisa em sequência o *ethos* do jovem, do idoso e dos que estão no auge da vida, dos nobres, dos ricos e dos poderosos; e não deve de nenhum modo passar despercebido que ele se volta mais imediatamente para o *ethos* do público, e só subsidiariamente para o do orador, que herdará sua credibilidade da consonância que com a plateia for capaz de estabelecer. Tudo isso dá ensejo a uma enorme e rica reflexão sobre a emulação ao alcance dos professores de filosofia frente a seus vários públicos.

A terceira parte do Livro II é, por fim, dedicada à argumentação. A noção é propositalmente dilatada. São discutidas estratégias argumentativas variadas, distinguindo-se aquelas que hoje chamamos de dedutivas das que procedem por indução e ilustração, estando sempre presente a questão dos lugares-comuns discursivos sobre os quais cada uma dessas estratégias pode e precisa se apoiar.

Após frisar que a retórica lida com aquilo que é problemático e pendente de discussão, Aristóteles propõe que é da enumeração dos caminhos gerais de convincência que precisa se ocupar. Apresenta uma longa lista de tópicas argumentativas, que inclui recursos muito

---

[90] Ver BAILLY 2020, verbetes com epsilon e com eta, ou TUGENDHAT, 1997, p. 35-36.

PLANO DA *RETÓRICA* E RELEITURA DOS SEUS CONCEITOS FUNDAMENTAIS

gerais ao possível e ao impossível como técnicas de discussão, passa pela cobrança de definições e uso de máximas, até a identificação de falácias formais e refutação de argumentos falaciosos informais. A enumeração chega a quase trinta técnicas de argumentação, que foram, ao longo da história, ganhando os nomes diversos pelas quais hoje as reconhecemos ou confundimos. Da exploração de exemplos dessas tópicas nos ocuparemos mais adiante.

Entre os pontos centrais da parte do Livro II dedicada ao *logos* está, enfim, a distinção entre silogismo e entimema, também conhecido como silogismo retórico. O primeiro esclarecimento tem a ver com o fato de não que usamos silogismos completos em nossos discursos, a não ser em situações excepcionais, por exemplo, quando damos aulas de lógica. Ainda que a estrutura formal do discurso seja a mesma – e possa ser identificada analiticamente – o que acontece nos discursos rotineiros é a elisão de alguns dos termos do silogismo, seja a título de praticidade, seja para ganho de força expressiva. De fato, não se começa alegando que geralmente se aceita que todos os homens são mortais, para concluir que certo homem é mortal. Toda uma variedade de entimemas pode fundamentar-se sobre essa estrutura silogística exemplar, por exemplo, quando alguém lembra a um interlocutor arrogante que, por ser homem, ele será "comido pelos vermes" ou acabará na "terra dos pés juntos". A retórica, em suma, não prescinde da lógica, mas tampouco a ela se reduz.

Ainda digno de lembrança é que Aristóteles oferece nos *Tópicos,* texto do *Órganon,* uma distinção clara entre silogismos científicos e dialéticos, sendo o último tipo definido como "aquele no qual se raciocina a partir de opiniões de aceitação geral". E esclarece na sequência: "opiniões de aceitação geral, por outro lado, são aquelas que se baseiam no que pensam todos, a maioria ou os sábios, isto é, a totalidade dos sábios ou a maioria deles, ou os mais renomados e ilustres entre eles" (100 b18-23).[91]

Professores de filosofia, é notório, deparam-se todo o tempo com a necessidade de bem escolher as opiniões de aceitação geral sobre as quais poderão edificar seus discursos, devendo, em paralelo, tornarem-se atentos às opiniões compartilhadas pelos seus alunos e a sua presença

---

[91] ARISTÓTELES: *Órganon,* 2005, trad. por Edson Bini.

implícita nos entimemas por eles despercebidamente usados. Não menos importante é cuidar da correção formal com que se articulam esses lugares-comuns, sendo sobretudo nesse sentido que a retórica depende da dialética. Tudo isso será explorado ilustrativamente, tanto a bem da necessária discussão dos conceitos envolvidos quanto da chamada de atenção para a sua potência didático-pedagógica.

2.2.3. Livro III

O terceiro livro da *Retórica* é bem conhecido como livro estilístico, ainda que esse rótulo traia seu escopo amplo e importância enorme. É nele que Aristóteles retoma e repensa os cânones retóricos da sua época, por exemplo, o sequenciamento discursivo a partir da fórmula proêmio (*prooimion*), narração (*diégesis*), confirmação (*pistis*) e epílogo (*epilogos*).

O filósofo problematiza a necessidade desse ordenamento (cap. 13, 1414 a30-1414 b19), afirmando que partes realmente essenciais a todos os gêneros discursivos são apenas a exposição do assunto (*prothesis*) e sua convincente articulação (*pistis*). Importante é assinalar que a discussão desses ordenamentos extrai sua pertinência do diálogo com os grandes momentos ou camadas da elaboração discursiva, sendo por aí que Aristóteles inicia o Livro III. Vale a pena citar:

> Em primeiro lugar, examinou-se o que por natureza primeiro se apresenta, ou seja, o conjunto de coisas a partir dos quais se obtém a convincência. Em segundo lugar vem a ordenação enunciativa (*lexei diathesthai*) desse conjunto. O terceiro dos pontos, que tem grande importância e não foi ainda tratado, é o dos aspectos referentes à performance (*hypocrisis*). (1403 b18-22)

A primeira das camadas concerne ao exame do conjunto de coisas a partir do qual se obtém a convincência. Remete ao Livro I e às definições lá presentes, onde Aristóteles se refere à capacidade de teorizar (*dynasthai theorein*, 1355 b34) retoricamente, isto é, em termos menos contaminados pelas nossas noções de teoria, à capacidade de enxergar compreensiva e abrangentemente a circunstância discursiva, e, a partir daí, definir o repertório retórico a mobilizar.

PLANO DA *RETÓRICA* E RELEITURA DOS SEUS CONCEITOS FUNDAMENTAIS

A segunda das camadas retóricas enumerada combina ordenação (*taxis*) e enunciação (*lexis*). Envolve a disposição dos elementos inventariados segundo certo plano. Exatamente aí entra o sequenciamento discursivo que vai do proêmio ao epílogo. Não é difícil antever que a escolha da melhor forma de predispor favoravelmente o público, no proêmio, aos fatos a em seguida narrar (*diegesis*) ou expor (*prothesis*), depende de uma avaliação antecipada da situação retórica, bem como o dependem a forma de dar-lhes convincência (*pistis*) e a finalização adequada do discurso (*epilogos*).

Digressão a fazer na esteira da relativização desse cânone por Aristóteles, é que, embora discursos elaborados para serem proferidos nessa ordem e sem interrupção possam rigorosamente observá-lo, nada impede que situações de improviso possam ser retoricamente pensadas. Não importando quão concisos ou prolixos sejam os participantes de um diálogo, a retomada da palavra por cada um dependerá da ratificação ou retificação do plano discursivo traçado, portanto, de uma atenção contínua ao elenco de elementos retóricos.

Como seja, a escolha do léxico, do repertório significativo a mobilizar, do estilo, se assim for preferido, dependerá tanto da síntese das circunstâncias quanto do plano discursivo a partir dela estabelecido. A piada que pode ser contada após três meses de aula provavelmente não poderia sê-lo no primeiro dia do ano. O vocabulário e as figuras de linguagem usadas têm, igualmente, que seadaptar ao público, ao tema, ao ambiente e à ocasião, pelo que mais adiante seguiremos Aristóteles de perto na consideração dos elementos figurados do discurso e no seu uso criterioso (*prepon*) e adequado às circunstâncias.

A última camada discursiva é a *hypocrisis*. Aristóteles a apresenta tecendo comparações com a arte poética e dizendo não ter ainda recebido atenção propriamente retórica. Numa enumeração mais livre, a voz, sua entonação e ritmo, o gesto facial, a indumentária e o posicionamento corporal, todos deverão dialogar com os outros momentos de modo a dar unidade ao discurso. Restringindo as ilustrações ao âmbito da docência, faz enorme diferença se o professor fala alto ou baixo, se é firme ou hesitante, se fala em pé ou sentado. A ação, encenação ou performance será em muitas ocasiões crucial para a eficácia discursiva, e não apenas naquelas em que *pathos* e *ethos* adquirem protagonismo em relação ao *logos*. A possibilidade de sustentação de uma exposição

69

oral prolongada pode muito bem depender da capacidade do orador de valer-se do seu corpo, da sua modulação de voz, enfim, de materialmente agir sobre as invisíveis linhas de força que estruturam a convivência humana concreta, não sendo exceção a sala de aula. É de fato impressionante ver professores sustentarem longas conferências acrescentando à riqueza do que têm a dizer apenas o correto ritmo, a adequada entonação, movimentos faciais expressivos, gestos, pausas, respirações e sutis interjeições. Deve estar já bem entendido, retórica aqui não tem necessariamente a ver com grandes teatralidades, mas com um repertório discursivo ao mesmo tempo vasto e seletivo.

2.3. RELEITURA DE ALGUMAS NOÇÕES RETÓRICAS PEDAGOGICAMENTE RELEVANTES

2.3.1. A retórica como contraparte da dialética

É logo no início do tratado, imediatamente após dizer que a retórica é a contraparte (*antistrofos*) da dialética, que Aristóteles chama atenção para sua relação com assuntos comuns e sua presença na lida cotidiana, dando sustentação ao pleito heideggeriano de que a retórica é primeiramente uma hermenêutica da cotidianidade e não uma disciplina escolar comprometida com a formação de oradores e debatedores exemplares. Lê-se a respeito da retórica e da dialética:

> Ambas se ocupam de questões mais ou menos ligadas aos assuntos comuns e não correspondem a nenhuma ciência em particular. Todas as pessoas de algum modo participam de uma e de outra, pois todas elas tentam em certa medida discutir e sustentar suas falas, defender-se ou acusar. (1354 a1-a6)

É, todavia, também verdade que Aristóteles aponta logo a seguir para um segundo sentido, técnico, construído a partir da compreensão do sucesso ou fracasso dos indivíduos em suas discussões. Ele afirma na sequência do texto:

> Simplesmente, na sua maioria, umas pessoas fazem-no ao acaso e outras mediante a prática que resulta do hábito. E porque os dois modos são possíveis, é óbvio que também é possível fazer a mesma coisa segundo

PLANO DA *RETÓRICA* E RELEITURA DOS SEUS CONCEITOS FUNDAMENTAIS

um método. Pois é possível estudar a razão pela qual tanto são bem sucedidos os agem por hábito quanto os que agem espontaneamente, e todos facilmente concordarão que tal assunto é tarefa de uma arte (*tekhne*). (1354 a6 – a12)[92]

Não é difícil ilustrar o que é dito na passagem. Quem nunca se deparou na juventude, ou mesmo na vida adulta, com colegas que, sem qualquer estudo específico de retórica, tinham sempre respostas "na ponta da língua", discursos prontos e capazes de monopolizar, para o bem ou para o mal, a atenção dos presentes? Isso pode se dar tanto por talento pessoal quanto pela prática constante, sendo razoável aceitar que as duas coisas se misturem. Pessoas com gosto pelas disputas tendem a tornar-se mais hábeis com as palavras, já que exercitam com frequência sua capacidade de argumentação. O que Aristóteles pondera na *Retórica* é que é possível depreender as causas pelas quais se saem bem aqueles que, por talento ou prática, triunfam nas situações coloquiais, tanto quanto as razões que motivam o fracasso dos que se saem mal. Não invalida a onipresença cotidiana da retórica, enfim, o fato de o filósofo grego buscar essa compreensão principalmente movido por assuntos jurídicos, deliberativos e cerimoniais, posto que eram precisamente esses os âmbitos em que se decidiam os destinos da *polis* grega.

A frase de abertura do livro se conta, enfim, entre as mais citadas do corpus aristotélico. William Grimaldi, em seu comentário linha a linha da *Retórica,* lembra de uma passagem do *Górgias* (465d), onde Sócrates acusa a retórica de ser "a contraparte da culinária" (*antistrofos opsopoiias*)[93]. Grimaldi entende não ser casual a escolha por Aristóteles da expressão, e sim expediente de enobrecimento da retórica. Sem dúvidas quanto a essa elevação, a comparação fornece também elementos para interpretar o uso do termo *antistrofos* de forma não muito técnica ou semanticamente rígida. A retórica depreciada no *Górgias,* equiparada à culinária e não à medicina, com seus remédios amargos, promove prazeres intelectuais imediatos, no caso a lisonja ou adulação (*kolakeia*), da mesma forma que a retórica aristotélica, objeto de elevação, promove o verdadeiro e o justo na *polis*, complementarmente, dentro do que é possível nesse âmbito aberto.

---

[92] Tradução portuguesa acolhida na íntegra.
[93] Ver GRIMALDI 1980, p. 2.

O ESQUECIMENTO DE UMA ARTE

Resta esclarecer em que a dialética se diferencia da retórica. Não é demais lembrar que a palavra dialética adquire vários sentidos na tradição filosófica e tem acepção singular em Aristóteles. É nos *Tópicos* que o filósofo trata mais detidamente da dialética, livro que divide a cena do *Órganon* com outros textos propedêuticos, alguns dos quais contendo a raiz daquilo que hoje chamamos de lógica formal, ou seja, a reflexão sobre a forma geral dos raciocínios válidos, independente das premissas que os constituem.

Encontra-se ainda no *Órganon* o que poderíamos com a devida licença chamar de epistemologia. É sabido e evidenciado que Aristóteles começa os *Tópicos* fazendo distinção entre silogismos científicos e silogismos dialéticos. Voltado para a fundamentação das ciências, esse extrato epistemológico se estende na direção da *Metafísica* e da discussão dos primeiros princípios e causas.

É, todavia, numa outra direção, que não a da lógica formal, da epistemologia ou da metafísica, que temos a retórica como antístrofos da dialética. É preciso então indagar: sendo já a dialética em seu sentido aristotélico avizinhada, apenas avizinhada, ao que hoje chamamos de lógica informal,[94] aplicada, atenta às premissas dos silogismos e à sua aceitação tópica, assim como às falácias e às técnicas argumentativas, o que sobra para a retórica?

A pista melhor talvez seja mútua e inalienável relação da retórica com a política. Deve o bom político conhecer as almas dos interlocutores, suas virtudes e vícios, a pluralidade de opiniões e circunstâncias da *polis*, como é indicado explicitamente na *Ética a Nicômaco*.[95] A retórica se diferencia da dialética, em suma, ao lidar com fatores contextuais muito diversos e entrelaçados: sociais, psicológicos, históricos, corpóreos, naturalmente sem excluir substratos lógico-formais.

Boa ilustração é dada pela análise de uma situação retórica simples, apresentada por Olivier Reboul no seu *Introdução à Retórica*. Um

---

[94] A delimitação do âmbito da lógica informal é também difícil. Douglas Walton, por exemplo, elenca em livro com esse preciso nome uma gama ampla de diálogos, que vão da altercação pessoal à discussão crítica e à investigação. Quanto mais não seja ao tratar das falácias, considera elementos afetivos e de caráter, mas sua atenção se foca sempre no diálogo e na argumentação ou na recusa da argumentação. Ver WALTON 2012, p. 4-12. Já Chaim Perelman, em livro supra citado, prefere assumir o que faz como uma teoria da argumentação.

[95] Livro I, capítulo 13.

pai, desejoso de que o filho estude, lhe diz: "Na sua idade, meu filho, Napoleão era o primeiro aluno da turma dele"; ao que o filho responde: "E na sua ele era imperador".[96] O caso é retoricamente interessante no que extrapola a análise à análise da comparação abreviada, elíptica, que expõe abruptamente ao ridículo a advertência do pai. Sim, exigir de um filho que seja como o jovem Napoleão é tão ridículo quanto demandar de um pai que seja imperador.

Mas há outros fatores envolvidos no êxito dessa réplica, não redutíveis mesmo ao campo da lógica informal. Trata-se de uma relação que envolve assimetria entre os falantes, pai e filho. Seu contexto pressupõe a França e o Ocidente, em suma, um estrato histórico e social em que Napoleão é referência. Importa ainda o tempo da resposta: seu caráter imediato e sem hesitação. Cabe, por fim, comparar a tópica escolhida pelo filho com outras cabíveis. Ele poderia indagar: "Você está querendo me comparar com Napoleão?". Ou partir para a afronta: "E daí que ele era o primeiro aluno?". Poderia, ainda, ponderar que o pai estava "pegando pesado", "apelando". Conquanto todas essas formas argumentativamente se assemelhem – no que buscam questionar a razoabilidade da comparação feita pelo pai –, elas têm forças retóricas diferentes. Justo nessa pluralidade de caminhos é que a escolha do filho se mostra genial.

A retórica discute, em suma, não apenas os chamados esquemas argumentativos, mas sua tempestiva e complexa materialização. São muitas as linhas de construção de sentido que transcendem a dialética em seu esquematismo argumentativo. São linhas que se relacionam com seres dotados de fala, lançados num mundo plástico, espesso e multifário, junto com outros seres igualmente falantes e dotados de escolhas. Aí talvez resida a dificuldade apontada por Heidegger de aceitar a retórica como sendo primeiramente uma técnica, preferindo afirmá-la como *dynamis,* capacidade a ser adquirida de encontrar os caminhos adequados a cada situação discursiva.[97]

Não se nega que a dialética – e a lógica que a ela subjaz – seja capaz de exercitar o falante na detecção de falácias e mesmo de indicar-lhe formas de contrapor-se a elas. Mas tamanha é a complexidade de fatores envolvidos na materialização dessa compreensão que nenhuma

---

[96] REBOUL 2004, p. 182.
[97] Ver nota 78.

técnica – pensada como conjunto de relações de causalidade – lhe seria adequada. Apenas a formação de falantes capazes de mover-se em meio a essas complexidades definiria a excelência retórica. Se tal formação envolve a lógica e dialética, um sem número de contrapartes e complementaridades impedem que a elas se reduza.

Um último ponto a ser levantado na exploração da relação de complementaridade entre a retórica e a dialética é o da relação de ambas com as verdades desejavelmente perseguida pelos argumentos, o que remete em múltiplos aspectos ao problema sofístico. A questão é que o caminho de persuasão mais adequado a cada circunstância não significa o caminho que leva o interlocutor a abrir mão da sua opinião, supostamente falsa, para aceitar uma outra, supostamente mais verdadeira.

Ser capaz de defender o que é verdadeiro e justo, como Aristóteles preconiza que se faça, não significa lutar radicalmente, a cada vez, pela correspondência dos discursos com seus respectivos e autênticos objetos – e isso por muitos motivos. O primeiro e mais forte, ainda que nem sempre bem compreendido, é o fato de que a retórica no mais das vezes lida com correspondências que não podem ser cabalmente estabelecidas. O júri não terá visto o homicídio; não é possível a certeza de que a deliberação de hoje futuramente se confirmará como sendo a mais acertada; e as qualidades ou defeitos dos destinatários dos encômios encontram-se em perpétua reavaliação. O âmbito dos discursos retóricos é, por isso, sempre o do provável, do verossímil, do aceitável, do plausível, do razoável, do aconselhável, nunca o do verdadeiro propriamente dito. É distintivo da sabedoria retórica saber que caminhos escolher diante da indisponibilidade da verdade cabal e, nesse sentido, não apenas saber que repertório mobilizar, mas que propósitos perseguir.

É sábio, por exemplo, compreender que não se pode discutir qualquer assunto com qualquer pessoa em qualquer lugar ou tempo. E, com aquelas com quem se pode discutir, é preciso ter claro com que propósito fazê-lo. Pode-se renegociar as distâncias que nos separam dos nossos interlocutores. Pode-se induzi-los a refletir sobre os fundamentos das suas próprias opiniões e comportamentos. Pode-se proporcionar meios de descoberta de novas perspectivas sobre o assunto em discussão ou, ao contrário, colaborar no reforço de uma opinião com a qual concordamos. Não é difícil vislumbrar, essas escolhas dependem

PLANO DA *RETÓRICA* E RELEITURA DOS SEUS CONCEITOS FUNDAMENTAIS

de termos razoavelmente claro o que queremos numa conversa e que meios utilizar para não nos extraviarmos dos nossos propósitos. É que, retomando a paráfrase inicial deste livro, "todo discurso é discurso sobre certo assunto [...] proferido por orador capaz de mobilizar certo repertório para a consumação de certos propósitos".

A finalização deste esclarecimento da distinção e da relação de complementaridade entre a retórica e a dialética fica por conta de mais algumas ilustrações. A primeira vem de uma situação comum em salas de aula de filosofia. Um estudante intervém em uma situação polêmica afirmando que certo assunto não se discute: é "cientificamente comprovado". Perseguindo um dos propósitos enumerados no parágrafo anterior, o professor o convida a refletir sobre os fundamentos das suas opiniões, pedindo, por exemplo, que fale um pouco mais sobre comprovação científica. Vale frisar que uma estratégia como essa não tem por propósito convencer o aluno de que exista ou não um método científico, que exista apenas um ou que sejam vários, distinguidos assim ou assado – mas de fazê-lo refletir a respeito do que impensadamente afirma.

Como seja, essa estratégia tem que se materializar num diálogo, que pode ter maior ou menor êxito dependendo de uma série de fatores. Vem à memória algo assim:

Professor: – Fale um pouco mais sobre comprovação científica...

Estudante: – Como assim? Estou dizendo que essa verdade é cientificamente comprovada! Ponto.

Professor: – Sim, mas queremos entender melhor essa coisa formidável que é a comprovação científica. Como é isso? Como algo chega a ser cientificamente comprovado?

Estudante: – Os cientistas comprovam, ora essa. Testam e comprovam.

Professor: – Entendi, você crê que eles comprovam. Mas por quê?

Estudante: – Não é uma questão de crer, estamos falando de comprovação científica.

Professor: – De fato, mas, pelo que você diz, comprovação científica é algo feito pelos cientistas. E cientistas são pessoas que comprovam coisas cientificamente. Veja, eu mesmo não tenho uma boa ideia de como eles fazem isso, mas, pelo que vejo, você acredita que seja uma coisa certa, digna de absoluta confiança. Queria entender se você tem mais alguma razão para confiar em comprovações científicas do que o fato de elas serem feitas por cientistas. Deve haver algo mais... eu gostaria de compreender melhor...

Essa hipotética conversa, que tem por propósito o reexame de uma opinião ou certeza, poderia se desdobrar de vários modos, mais ou menos perspicazes, e se estender quase que indefinidamente. Também sem muita dificuldade, apesar das limitações deste escritor, pode-se enxergar aí o contexto dos diá*logos* socrático-platônicos e de sua sofisticação retórica, diga-se de passagem, aqui e ali recusada por Sócrates.

Outra ilustração que pode contribuir para lançar luz sobre a presente tentativa de caracterização do domínio retórico vem novamente do âmbito doméstico. A mãe cobra do filho que se agasalhe para que não fique gripado. Segue-se o diálogo:

Mãe: – Vá colocar uma roupa mais quente. Você vive gripado!
Filho: – Como assim vivo gripado? Quando foi a última vez que fiquei gripado?
Mãe: – Mês passado você tossiu durante duas noites.
Filho: – Aquilo não foi gripe, mas alergia.

Que sucede? O filho percebe uma generalização indevida, personificada num exagero da mãe, e desloca a discussão para a questão de quão frequentemente ele tem se gripado. Caberia à mãe reconduzir a conversa ao seu propósito inicial, que é a afirmação de que a exposição ao frio aumenta o risco de gripe, e que, por isso, ele devia vestir um agasalho. A posse de competências retóricas envolveria, nesse caso, perceber e recusar o deslocamento tópico indesejado, ainda melhor, evitar o uso de expressão que a ele deu margem. A ilustração é simplória, mas relevante na medida em que boa parte das conversas cotidianas envolve disputa, no mais das vezes implícita, pela condução do assunto para onde interessa a cada um dos interlocutores – o que aqui estamos tecnicamente chamando de deslocamentos tópicos.

Pode-se objetar que tais exemplos comezinhos não têm importância filosófica, que fazem parte das coisas pequenas e desimportantes da vida. O problema remete diretamente aos primeiros parágrafos da

Retórica e ao entendimento de que estruturas semelhantes povoam assuntos grandes e pequenos, públicos e privados.

Um último exemplo político há de ser eloquente. Trata-se de episódio protagonizado no Brasil por um conhecido político, então candidato à Presidência da República, e um jornalista que lhe solicitava incômoda explicação. Diante da insistência do repórter em lhe pedir que esclarecesse a origem (supostamente ilícita) da sua enorme fortuna, o político partiu para a agressão, repetindo compulsivamente e aos gritos palavras como caluniador e mentiroso. A cada tentativa de retomar a pergunta, com o mediador completamente perdido na cena, o político desferia: "Caluniador! Caluniador e mentiroso! Canalha! Caluniador!", e assim por longos minutos.[98]

O episódio é decerto bizarro. Retoricamente, o que precisa se fazer notar é que o bate-boca, a carrada de grosserias, era muito melhor para o político em cena – sobretudo por sua fama de "macho" do interior do país – do que deixar o interlocutor seguir com seus inconvenientes e perigosos pedidos de explicação. O truque é conhecido: operar deslocamento tópico violento, visando impedir que certa discussão prospere. Sua execução não é, contudo, trivial. Ao jornalista, se retoricamente mais hábil, caberia talvez enfatizar a quanto ridículo o político era capaz de se expor para não ter de explicar a origem da sua fortuna. Mas não lhe ocorreu fazê-lo.

Muito importante em relação a essa insólita situação retórica é assinalar que ela tem a ver apenas muito indiretamente com questões de verdade, e mesmo de validade argumentativa, definindo-se como ferrenha disputa pela demarcação do campo discursivo – e que isso também é retórica, por escandaloso que pareça. O subtexto de todo o imbróglio era o estigma da corrupção que pairava sobre o político, por extensão, a luta retórica para enfatizá-lo e discuti-lo, luta que pouco ou nada tem de dialética.

São, na verdade, tantas as variáveis presentes nas situações retóricas concretas que acabam por gerar suspeitas: sendo impossível abranger o suposto formidável conjunto de técnicas retóricas, resta educar o orador e confiar no seu caráter e compromisso com a verdade e a justiça, no que reside considerável e às vezes insuportável risco.

---

[98] Programa *Roda Viva*, de 1994. Disponível em https://www.youtube.com/watch?v=-n8BrMe1RCs&t=280s Último acesso em 13/10/2020.

Cada um desses extratos do discurso – lógico, dialético, retórico – pode por certo ser estudado separadamente, como de fato o foi na história do Ocidente, pelo que talvez seja ocasião de reconduzi-los à sua unidade original. Havemos de encontrar nessa separação, inclusive, a raiz da diáspora que tem de um lado a teoria da argumentação e a lógica informal, e de outro a atenção ao estilo e à linguagem figurada, tocando a literatura e o teatro. Pode-se, no extremo, indagar se a retórica não poderia ser repensada como uma espécie de fio capaz de reunificar o *corpus* aristotélico, reconectando *Órganon* e *Metafísica* à *Ética, Política* e *Poética*.

É, em todo caso, curioso que não se perceba com mais ênfase que mesmo a produção filosófica não é puramente lógica, nem mesmo dialética, a não ser, nesse segundo sentido, em contextos muito controlados, de grupos de estudos ou colóquios especificamente voltados para a discussão de um tema, problema ou autor específico, enfim, contextos em que haja lugares-comuns muito sedimentados. Mesmo aí, é preciso esforço para isolar de uma possível essência dialética todo o seu complemento retórico.

Sequer é difícil constatar esse entrelaçamento em textos filosóficos clássicos. Apenas tratados muito sistemáticos, como, talvez, a *Ética* de Spinoza, seriam enquadráveis numa perspectiva puramente dialética. Tampouco é preciso recorrer a autores contemporâneos de escrita visivelmente estilística, como Walter Benjamin ou Friedrich Nietzsche, para constatar a forte presença da retórica na escrita filosófica. Acaso é puramente dialético o texto do primeiro livro e capítulo da *Metafísica*? São puramente dialéticas as *Meditações Metafísicas*, de René Descartes? O que se vê nesses textos é uma contiguidade inseparável entre os âmbitos discursivos nomeados: lógico, dialético e retórico. Mas mesmo isso deve ficar mais claro com as explicitações ainda por fazer, mesmo que tenham por interesse principal a docência, e não a pesquisa.

2.3.2. O *logos* como *pistis*

A distinção entre retórica e dialética que agora vai chegando a termo leva a uma segunda grande questão conceitual, relativa à noção de *logos*, que atravessa e estrutura todo o tratado aristotélico. *Logos* é termo de

PLANO DA *RETÓRICA* E RELEITURA DOS SEUS CONCEITOS FUNDAMENTAIS

acepção ampla na cultura grega, não cabendo aqui a discussão, por exemplo, do seu sentido heraclítico e possível relação com a acepção aristotélica. A noção se relaciona na *Retórica* com a fala articulada e com a discursividade em geral; num sentido mais restrito, figura como uma das três formas de convincência, ao lado de *pathos* e *ethos*.

O que se segue é, assim, uma continuação e reforço da discussão anterior, buscando mostrar mais diversificada e detalhadamente que essa forma de *pistis*, mais habitualmente relacionada ao âmbito argumentativo, a ele de forma alguma se reduz. A própria noção de argumentação, pensada no âmbito da *Retórica,* corresponde ao que poderíamos chamar de racionalidade ampliada, que se estende para além dos silogismos e mesmo da argumentação indutiva, perfazendo um conjunto de técnicas ou artes que talvez só tenha seus contornos definidos contra o fundo das outras duas dimensões da *pistis*.

A noção está, de um modo ou de outro, presente nos três livros da *Retórica*. Cuida-se no primeiro livro de caracterização relacionada à distinção entre retórica e dialética: aquela que se dá entre silogismo e entimema, termos de difícil tradução para o português e, por isso, geral-mente conhecidos pela sua transliteração. Distingue-se, em seguida, a indução (*epagoge*) e o exemplo referencial (*paradeigma*). Ambas as distinções requerem esclarecimento que vá além da sua simples reno-meação através do par dedução-indução.

O segundo livro é esquematicamente dividido em considerações sobre *pathos, ethos* e *logos*. Relaciona *logos* à noção de *topos* e guarda paralelo com o que Aristóteles faz nos *Tópicos*. Os tópicos aí tratados são geralmente conhecidos como esquemas argumentativos, cabendo mostrar que não são tão esquemáticos assim. A compreensão ampliada de *topos* como lugar-comum discursivo, está, de fato, longe de ser trivial. Como seja, 29 *topoi* são elencados no Livro II.

O terceiro livro se ocupa duplamente da expressão e da estrutura dos discursos. O sentido lato de *logos* está presente em todo o texto do livro; o restrito reaparece no terceiro dos momentos estruturais dos discursos, aquele que sucede aos capítulos sobre proêmio e narração e se ocupa da confirmação – da convincência, da amarração dos argumentos, da persuasão propriamente dita.

2.3.2.1. Silogismo e entimema

A distinção entre silogismo e entimema é seminal para enfatizar as singularidades retóricas. Será tomado como ponto e partida o silogismo tornado lugar comum em salas de aula de todo o mundo: "Todos os homens são mortais; Sócrates é homem; logo, Sócrates é mortal."

Aristóteles define silogismo de forma clara nos *Analíticos Anteriores*: "O silogismo é uma forma de discurso (*logos*) que, uma vez que certas suposições sejam feitas, algo distinto delas se segue, necessariamente, da sua mera aceitação" (24 b19-21).[99]

O caráter hipotético da aceitação das premissas ou suposições (uma vez que sejam aceitas) indica a natureza formal do silogismo. Se eu aceito A e B, tenho que aceitar C. Se a premissa maior ("Todos os homens são mortais") e a premissa menor ("Sócrates é homem") são aceitas, segue-se necessariamente a conclusão ("Sócrates é mortal"). O termo médio "homem" articula e garante a conclusão. É por ser homem, e pelo fato de aceitarmos que todos os que são homens são mortais, sem exceção, que Sócrates é necessariamente mortal.

É importante evitar confusões entre questões de validade e de verdade. Formalmente válido, ainda que não produza conclusão verdadeira, é, por exemplo, o silogismo: "todos os animais têm pulmões; a minhoca é um animal; logo, a minhoca tem pulmões". A premissa maior é, nesse caso, falsa e ampara uma conclusão igualmente falsa. Em sentido inverso, é formalmente inválido, embora sua conclusão seja verdadeira, o raciocínio: "se João tivesse todo o ouro de Fort Knox ele seria um homem rico; João não tem todo o ouro de Fort Knox; logo, não é um homem rico".[100] Embora possa ser verdade que João não é um homem rico, essa será uma condição acidental sua, não dedutível das premissas elencadas. Ele poderia ser um homem rico mesmo que não tivesse todo o ouro de Fort Knox. Ou seja, o argumento não é válido.

O estudo das condições de validade formal dos silogismos é, enfim, levado a termo em outros livros do *Órganon*, mas não na retórica, onde seu conhecimento é apenas pressuposto. Isto esclarecido, os exemplos

---

[99] Há outras formulações semelhantes, por exemplo, nos *Tópicos*, em 100 a25-27. Tradução minha.

[100] Ver COPI 1981, p. 38.

PLANO DA *RETÓRICA* E RELEITURA DOS SEUS CONCEITOS FUNDAMENTAIS

a seguir visam tornar visíveis as questões propriamente retóricas relacionadas à noção de entimema.

Percebemos com facilidade que na formulação "todos os homens são mortais; Raimundo Nonato é homem; logo, Raimundo Nonato é mortal" repete-se a forma do silogismo que faz menção a Sócrates, apenas com a troca do seu nome por outro típico do nordeste brasileiro. É, contudo, menos fácil perceber que a forma se repete igualmente em "todos os sais de sódio são substâncias solúveis em água; o sabão de cozinha é um sal de sódio; logo, o sabão de cozinha é solúvel em água". A dificuldade se deve às várias substituições simultaneamente feitas: homens, por sais de sódio; mortais, por solúveis em água; e Sócrates, por sabão de cozinha.

De fato, a habilidade de enxergar a forma lógica por trás da expressão retórica é decisiva na lida com discursos com pretensões dedutivas ou silogísticas (termos aqui tomados como sinônimos), sendo que a coisa vai se complicando à medida em que algum dos termos seja omitido na elocução, ou que ela contenha figuras de linguagem mais livres ou expressivas.

A construção "Raimundo Nonato mais cedo ou mais tarde morrerá, humano que é" tem a mesma estrutura, mas forma retórica já bastante diferenciada em relação aos exemplos anteriores. A conclusão ("Raimundo Nonato [...] morrerá") passa para o início da enunciação, seguida da premissa menor ("humano que é") e com ocultação da premissa maior ("todos os homens são mortais"), que pode permanecer implícita por contar com aceitação geral. Essa elisão torna mais concisa e forte a afirmação de que Raimundo Nonato, por saudável e poderoso que possa hoje mostrar-se, acabará mais dia menos dia morrendo.

A concisão característica dos entimemas é igualmente ilustrada na *Retórica,* com apelo a fatos bem conhecidos no contexto grego antigo e que, por isso, não precisam ser enunciados:

> Porque se alguma dessas premissas for bem conhecida, nem sequer é necessário enunciá-la; pois o próprio ouvinte a supre. Como, por exemplo, para concluir que Dorieu recebeu uma coroa como prêmio da sua vitória basta dizer: pois foi vencedor em Olímpia, sem que haja necessidade de se acrescentar a "Olímpia" a menção à coroa, porque isso toda gente sabe. (1357 a 20)

Estruturalmente falando, não importa que a premissa elidida seja de aceitação universal ou apenas característica de uma certa cultura, desde que seja conhecida e aceita pelas pessoas envolvidas no discurso. É justo a necessidade de julgar o que pode ser cabalmente pressuposto, a ponto de ser elidido num determinado contexto discursivo, que desloca a discussão do aspecto formal para o plano retórico.

Consideremos mais uma formulação do mesmo silogismo: "a indesejada das gentes chegará também para Nonato". Embora se paute pela mesma estrutura silogística que a formulação sobre a mortalidade de Sócrates, é retoricamente muito distinta dela. São omitidas tanto a premissa maior ("todos os homens são mortais") quanto a menor ("Nonato é homem"), sendo enunciada somente a conclusão. A convincência desta conclusão, por sua vez, depende da sua maior ou menor adequação ao contexto de proferimento. A menção à morte como "indesejada das gentes" há de ser muito oportuna em âmbitos cultos, em que haja familiaridade com a poesia de Manuel Bandeira, mas totalmente inoportuna para públicos sem essa cultura literária.

A distinção entre silogismo e entimema tem, portanto, pelo menos duas faces: uma estrutural, que se relaciona com a elisão de premissas dadas por amplamente aceitas, e outra material, que tem a ver com questões léxicas, estilísticas e gestuais, que dependem de adequação a contextos discursivos concretos. Naturalmente, na medida em que a retórica é contraparte da dialética, essas questões materiais não se descolam das escolhas tópicas presentes, de forma mais controlável, na elaboração de silogismos dialéticos.

Ainda outro grande problema se situa no eixo que une dialética e retórica. Diz respeito à existência de graus diferentes de força das premissas, ou seja, ao arco tópico que vai da necessidade à possibilidade – à plausibilidade, à razoabilidade, à probabilidade. É grande a argúcia necessária a uma mobilização dessas tópicas que seja adequada a cada situação discursiva de modo a obter resultados retoricamente convincentes.

As premissas, em outras palavras, e não apenas no âmbito retórico, muito dificilmente são encontradas puras e prontas, sendo o processo de sua construção e mobilização, de um modo geral, complexo e dinâmico. Aristóteles concede atenção a esse ponto ainda no primeiro livro da *Retórica,* ao ponderar que pouquíssimos silogismos retóricos

PLANO DA *RETÓRICA* E RELEITURA DOS SEUS CONCEITOS FUNDAMENTAIS

(ou entimemas) envolvem premissas necessárias, a maioria deles lidando com premissas apenas contingentes, que têm que ser demonstradas a partir de outras premissas, igualmente contingentes.[101] A discussão tem, via de regra, que se pautar por aquilo que acontece mais geralmente, ou com mais frequência ou segurança, enfim, pelo que é provável ou razoável, devendo a medida dessa razoabilidade ou probabilidade ser garantida pelos mais sábios ou pelo juízo da maioria.

Aristóteles refere-se a indícios inexpugnáveis,[102] como o fato de uma mulher ter leite como indício de ter dado à luz há não muito tempo, e os contrapõe a sinais mais fracos, como a respiração ofegante como indício de febre, ou o fato de Sócrates ser sábio e justo como sinal de que os sábios em geral são justos. Para que se perceba o caráter dinâmico e entrelaçado dessas construções, basta pôr a claro que também o sinal inexpugnável, que funcionará como premissa necessária, tem sua raiz num entimema. Está implícito que as mulheres somente têm leite nos meses após o parto e que, se esta mulher tem leite, ela deve ter parido há poucos meses. Na direção oposta, não é somente em virtude da febre que a respiração se acelera, não sendo, por isso, válido concluir que uma pessoa com respiração ofegante esteja com febre, havendo que juntar outros indícios a este primeiro, a fim de sustentar a conclusão. Quantos e quais indícios seria necessário agregar, além da respiração ofegante, para concluir que este indivíduo tem febre, isso deverá ser decidido à luz de conhecimentos retirados da experiência e da técnica médica.

São tantos os fatores contextuais que pode, inclusive, acontecer de bons lógicos, no sentido presente dessa palavra, não serem bons oradores. A competência retórica extrapola o âmbito da lógica formal, e mesmo o da dialética, justo no que, retomando a paráfrase inaugural deste livro, "todo discurso é discurso sobre certo assunto, dirigido a determinado público, em dada circunstância e por determinado orador, capaz de mobilizar certo repertório para a consumação de certos propósitos". Retoricamente falando, tão importante quanto a atenção à correção formal dos discursos é saber que premissas elidir, que léxico e que proferimento escolher em cada circunstância.

---

[101] Ver 157 a 23 et seq.

[102] Aristóteles chama esses sinais inexpugnáveis de *tekhmeria*, algo que seria equivalente às nossas evidências.

O ESQUECIMENTO DE UMA ARTE

A análise de uma situação comum no âmbito escolar pode ser mais uma vez esclarecedora. Um professor diz a um aluno que tenta interrompê-lo: "Se você não leu o texto, não tem o direito de me dirigir perguntas." Trata-se de um entimema que apenas a certos ouvidos explicitará sua forma silogística: só quem leu o texto tem direito de fazer perguntas; [se] você não leu o texto; não tem o direito de fazer perguntas. Se arguto, o aluno poderia problematizar a hipótese implícita na premissa menor, indagando: "Quem disse que eu não li o texto?" Ainda maior argúcia seria necessária a uma segunda possibilidade, a de forçar a explicitação da premissa oculta, perguntando: "Mas quando e ou onde foi que o senhor disse que só quem lesse o texto poderia fazer perguntas durante a aula?"

Note-se, o aluno teria de perceber durante a discussão o papel central da premissa oculta na sustentação da conclusão. Para que sua escolha fosse eficaz, teria ainda que ligar essa argúcia à certeza de não ter o professor sido claro com a turma a respeito do direito de participação nos debates de aula – ou o tiro sairia pela culatra. Fato é que não é possível colocar o tempo entre parênteses para explicitar silogismos e analisar suas condições de validade. Tabelas de verdade, diagramas e cálculos lógicos fazem muito sentido em contextos outros que não os retóricos, mas não têm serventia no espaço-tempo do discurso concreto. Esses expedientes decerto podem contribuir para o desenvolvimento do tino necessário às decisões tempestivas demandadas pela retórica, mas sua formulação e análise há de se fazer em outros tempos e espaços que não o da *polis*.

Os estudos podem aqui estender-se indefinidamente, seja seguindo as direções tomadas por Aristóteles no *Órganon,* com a categorização de premissas, formas silogísticas e elenco de falácias, seja na direção das lógicas historicamente posteriores, formais e informais. A esta altura, contudo, mesmo que não seja possível traçar uma linha precisa entre dialética e retórica, deve estar clara a distinção e a complementaridade entre o contexto retórico e os contextos a ele contíguos, dialéticos, científicos e lógicos.

É, por isso, aconselhável seguir adiante e chamar atenção para outras dimensões da racionalidade ampliada, isto é, outras dimensões do *logos* pensado como *pistis* ou elemento de convincência.

2.3.2.2. Indução (epagoge)

As palavras indução e exemplo são palavras de uso comum e relação imprecisa. Na *Retórica* elas traduzem os termos *epagoge* e *paradeigma*.[103] Trata-se de defender, com base em casos exemplares, a razoabilidade de uma regra geral. Um dos sinais acima elencados já envolvia uma relação desse tipo: o fato de Sócrates ser sábio e justo como sinal de que os sábios em geral são justos.

Cientificamente falando, o problema da indução é até hoje problemático. Karl Popper, por exemplo, em pleno debate epistemológico do século 20, atribuiu a David Hume (século 18) a pá de cal sobre quaisquer pretensões de validade lógica da indução.[104] Não é logicamente possível inferir regra universal a partir de observações pontuais, por mais casos que sejam efetivamente observados. Ilustrando, não é possível assegurar que todos os cisnes sejam brancos, por mais cisnes brancos, e nenhum de outra cor, que tenham sido observados. Essa pretensão chega nesse âmbito a ganhar o nome de falácia indutiva.

Só que algo diferente se dá no plano retórico, na medida em que uma miríade de variáveis contextuais interfere na força persuasiva que um conjunto de exemplos possa ter, mais ainda na medida em que a conclusão não precisa se revestir de universalidade e necessidade para ser convincente e relevante retoricamente.

Explorando, ainda, o exemplo à mão, não se está propondo, quando se diz que "os sábios em geral são justos", que todos os homens sábios sejam necessariamente justos, mas que, mesmo havendo exceções, isso geralmente acontece. A conclusão não tem valor científico, não atesta um conhecimento da natureza dos sábios, mas isso não significa que não tenha valor prático. A força retórica dessa conclusão dependerá da força dos casos exemplares elencados, assim como de sua quantidade e do modo como sejam evocados. A palavra paradigma pode inclusive, nesse sentido, adquirir seu sentido mais proeminente. Um só exemplo de vida e humanidade pode ser tão forte em determinado contexto que induza a uma ligação indissolúvel entre os atributos de sabedoria e justiça, a ponto de não se considerar mais, a partir desse caso exemplar,

---

[103] Não confundir com a noção de paradigma cunhada por Thomas Kuhn em a *Estrutura da Revoluções Científicas* (2003).

[104] Ver "Conjecturas e Refutações", parte IV, in POPPER 1972.

ser sábio um homem que não seja também justo. Não se perca de vista, enfim, que essa convincência dependerá sempre de fatores contextuais, nesse caso, de contexto histórico, ético e político.

Não obstante, no mais das vezes a indução envolverá enumeração suficiente de casos particulares visando saltar para uma generalização. O problema reside, naturalmente, na noção retórica de suficiência, sendo que a má avaliação dessa suficiência levará o orador a incorrer na falácia da generalização apressada.

Um exemplo pode lançar luz sobre a quantidade de variáveis envolvidas nessas escolhas. Um homem mais velho aconselha um mais novo: "Não é possível que você vá novamente incorrer nesse erro. Veja o que sucedeu com seus amigos que embarcaram nessa cantilena de achar que os homens merecem confiança. Foram todos desastrosamente passados para trás." A convincência dessa exortação dependerá: 1) do número de casos implicitamente evocados pelo ancião; 2) de quanta similaridade guardem entre si; 3) de quanto estejam vivos na memória do jovem; por fim, 4) de quanto ele tenha sido afetado emocional e mesmo materialmente pelos equívocos dos seus amigos. Também terá peso nessa convincência a magnitude do risco envolvido, além de quanta semelhança esse risco tenha com os riscos assumidos pelos amigos.

Já não sem tempo, é momento de lembrar que são três as *pisteis* contempladas na *Retórica* e que são raras as situações concretas – se é que as há – em que apenas *logos* seja mobilizado, sem que *pathos* e *ethos* estejam presentes nas escolhas a fazer e na convincência delas resultante. Não é difícil, ainda, ver no exemplo em evidência que a reputação do ancião e o respeito que por ele tenha o jovem há de ser decisivo para a convincência da sua advertência. Tampouco pode passar sem atenção que as memórias do jovem sobre os prejuízos vividos pelos seus amigos há de estar carregada de *pathos*, e que a habilidade de potencializar esses sentimentos fortalecerá a indução resultante. Respondem por essa potencialização, no discurso do ancião, formas retóricas como: "não é possível que", "cantilena" e "desastrosamente". *Ethos* e *pathos,* assim como a relevância retórica das figuras de linguagem, receberão mais adiante a devida atenção.

PLANO DA *RETÓRICA* E RELEITURA DOS SEUS CONCEITOS FUNDAMENTAIS

2.3.2.3. *Uma racionalidade de fato ampliada*

As ilustrações feitas até aqui do modo como silogismo e indução adentram o universo retórico apontam para fatores que levam à discussão de uma racionalidade ainda mais ampliada, com consequente diversificação do repertório argumentativo.

Não há de passar despercebido que na terceira parte do Livro II da *Retórica* – dedicada ao *logos* como *pistis* – sejam muito diversos os esquemas argumentativos elencados, num total de 29 esquemas. Aristóteles chama esses esquemas de tópicos, nos convidando a refletir sobre a noção grega de *topos*. Como em nenhuma parte o pensador forneceu uma definição desse conceito, seja nos *Tópicos*, seja na *Retórica*, na *Física* ou nas *Categorias*, a apropriação e discussão dessa noção segue sendo disputada por comentadores recentes.[105]

Um entendimento preliminar vem na esteira das considerações já feitas. Na medida em que são tão múltiplas as variáveis envolvidas nas circunstâncias retóricas, resta a Aristóteles mapear aquelas mais frequentes ou recorrentes. Não obstante, se o horizonte de leitura da *Retórica* for um horizonte filosófico – e não meramente instrumental –, esse elenco precisará se fazer acompanhar de uma compreensão topológica dos entrelaçamentos e articulações que, presentes nesses vários "esquemas argumentativos", respondem pela sua convincência. Sobretudo, deve ser evitada a compreensão manualesca dos *topoi* como conjunto de *"ready-made arguments"*[106] aplicáveis a circunstâncias diversas.

Um cuidado a ser tomado na abordagem desse momento do Livro II é o de lembrar que as competências retóricas não se resumem à capacidade de convencer alguém de que algo aconteceu ou não aconteceu, que é ou não é o caso. Aristóteles fala em aconselhar, repreender, exortar, dissuadir e persuadir, em suma, interferir na formulação de juízo por um interlocutor ou público. A lista de verbos poderia ser multiplicada, como de fato já o foi em momentos anteriores deste texto, quando se problematizou o estreitamento de sentido presente na tradução de *pistis* por persuasão. Retomando aquela problematização, é possível ter como

---

[105] Ver RUBINELLI 2009, seção 1.2.2.1, onde se encontra boa compilação das tentativas mais recentes de definição do conceito de *topos*.

[106] LEVENE, in RUBINELLI 2009, p. xix

87

propósito mapear e renegociar diferenças, sugerir ações ou convidar ao reexame de uma crença considerada problemática, sem o desígnio de substituí-la por outra supostamente mais verdadeira, justa, útil ou nobre.

Mesmo quando se trata de discutir se algo se deu ou não se deu, dá ou não dá, dará ou não dará, entram em ação tópicas muito gerais como as do possível e do impossível, do provável e do improvável, do plausível e do implausível, dependendo a escolha e uso de cada uma dessas tópicas sempre da correta percepção das circunstâncias retóricas. Em se tratando de defender um réu dentro de um rito jurídico que tenha como base a presunção de inocência – o *in dubio pro reu* –, não será necessário provar que ele não cometeu o crime. É suficiente mostrar que é possível que não o tenha cometido, ou seja, lançar dúvida razoável sobre sua culpa. Inversamente, à acusação caberá o ônus da prova, ou seja, mostrar que há indícios muito fortes, senão insofismáveis, da autoria do crime.

Não bastassem os fatores contextuais, há casos que demandam encadeamento de entimemas em sequências que podem alongar-se a perder de vista. Um excelente exemplo da complexidade retórica dessas teias argumentativas vem do filme *Doze Homens e uma Sentença* (1957), de Sidney Lumet, clássico do cinema e verdadeiro tratado de retórica, que ninguém que goste da sétima arte – e tenha interesse por retórica – deve deixar de ver. Num dos memoráveis debates em torno da culpa ou inocência de um suposto parricida, um dos testemunhos de acusação é contestado através de longa cadeia de entimemas, construída em diálogo com provas externas, provas não técnicas, no sentido aristotélico.[107]

Uma testemunha ocular teria visto o crime e reconhecido o réu da janela do seu apartamento, vizinho ao prédio do homicídio. Estava a dormir, ouviu a briga e, erguendo-se de súbito da cama, afirmou ter visualizado a cena (a despeito da passagem de um trem) com nitidez suficiente para reconhecer o réu. O relato parecia muito verossímil até um dos jurados colocá-lo sob suspeita. Senhora de meia idade, a vizinha tinha marcas fundas no nariz – percebidas também por outros integrantes do júri –, marcas que só poderiam ser causadas pelo uso diário e prolongado de óculos. Tal uso dos óculos, por sua vez, denunciaria insofismavelmente a necessidade de corrigir constantemente a visão. Ainda mais precisamente, denunciariam má visão à distância, já que

---

[107] Não técnicas ou *atekhnoi*.

PLANO DA *RETÓRICA* E RELEITURA DOS SEUS CONCEITOS FUNDAMENTAIS

óculos para perto são em geral de uso ocasional. Marcas muito calcadas, além disso, implicariam óculos pesados, que pressupõem lentes de alto grau, e lentes de alto grau só são prescritas quando a visão é muito deficiente. Como ninguém usa óculos para dormir, é muito certo que a testemunha não estivesse de óculos na cama, e tampouco provável que os tenha pegado e posto a tempo de ver o crime, transcorrido, segundo ela própria, num átimo. Não tendo posto os óculos, não teria podido ver com nitidez a cena, não sendo plausível que pudesse identificar o réu com clareza e segurança. Seu testemunho, por tudo isso, resultava duvidoso e insuficiente para atribuir ao réu a autoria do crime.

Não é aqui o caso de formalmente reconstituir a série de entimemas (e correspondentes silogismos) dessa longa e genial cadeia argumentativa. O leitor pode exercitar-se começando por: "marcas profundas no nariz só podem ser causadas por óculos de grau elevado e uso prolongado; a testemunha tinha marcas profundas no nariz; logo, usava óculos de grau elevado e uso prolongado; consequentemente..."

Tampouco será aqui o caso de restituir a íntegra desse diálogo do filme, com seus silêncios, interrupções, meneios elocutivos e demais detalhes omitidos a título de economia. Apenas cabe insistir: cada cena do filme vale a pena.[108]

Ainda falando da vastidão do repertório retórico, a simples nomeação de três grandes gêneros discursivos – judicial, deliberativo e cerimonial, com seus respectivos tópicos –, não por acaso retomada no momento do Livro II aqui em análise, força de forma decisiva o campo retórico para além dos domínios formais. Trata-se de argumentar que algo é mais desejável, melhor ou pior, mais honroso, justo ou injusto, belo, nobre ou vil. Não fosse o bastante, todos esses tópicos podem ser amplificados ou atenuados, por exemplo, ao defender que algo é sumamente desejável, ou que é apenas ligeiramente vil.

Aristóteles segue acrescentando outras tópicas a estas de maior generalidade. Restituiremos apenas as grandes linhas da sua enumeração, que segue mais imediatamente no texto pela menção a relações causais de forças variáveis, conforme estejamos ligando relâmpagos a trovões, céu coberto a chuva provável, intenções a ações e consequências, e assim por diante (1392 b15-33).

---

[108] LUMET, Sidney. *Doze Homens e uma Sentença* (1957).

O ESQUECIMENTO DE UMA ARTE

2.3.2.4. A força do exemplo

Trapezuntius[109] assinala um novo capítulo nesse elenco retórico de tópicos, capítulo que ganha, na tradução portuguesa, o título de "Argumentação pelo exemplo", sinalizando o retorno à questão da indução retórica. Haveria duas espécies de exemplos: a que se vale de comparações e analogias com fatos já acontecidos, a que talvez se deva chamar exemplo em sentido estrito; e a que depende de conjecturas mais livres, tecidas pelo próprio orador ou emprestadas de parábolas e fábulas, que mais merecem o nome de ilustrações. A primeira delas tem uma forma muito comum no Brasil, que consiste em dizer de algo que se quer marcar como negativo, perigoso ou simplesmente indesejável que "a gente já viu esse filme". A segunda forma encontra expressão muito eloquente no próprio texto aristotélico. Querendo convencer seus interlocutores de que juízes não devem ser tirados na sorte, Sócrates pede-lhes que imaginem a escolha por sorteio do marinheiro encarregado de pilotar o navio em que viajarão (1393 b3-8). A estratégia consiste em tornar clara a temeridade de escolher júri por sorteio através de comparação com algo que lhe é análogo e, todavia, claramente insólito ou inaceitável. O êxito da ilustração depende tanto da força da imagem evocada, quanto na pertinência da comparação feita. Caso muito eloquente de equívoco na escolha de exemplo comparativo é aquele, narrado anteriormente, do pai que diz ao filho que, na idade dele, Napoleão Bonaparte era o primeiro aluno da turma.[110]

2.3.2.5. Uso de máximas

No capítulo seguinte, sempre na numeração de Trapezuntius, Aristóteles passa a tratar das máximas.[111] Diferentes dos exemplos, as máximas não se originam nem de fatos, nem da imaginação do orador, mas demandam escolha igualmente acurada. Encontram-se entranhadas no contexto cultural de cada conversa e seu uso exige

---

[109] Relembrando, Georges Trapezuntius, ou Trebizonda, foi o responsável, no século 15, pela divisão da obra em capítulos ainda hoje vigente.

[110] Ver p. 64, nota 95 supra.

[111] *Gyomologias* – capítulo 21.

PLANO DA *RETÓRICA* E RELEITURA DOS SEUS CONCEITOS FUNDAMENTAIS

agudo conhecimento desse contexto. Por isso, apesar das conceituações fornecidas na *Retórica* serem muito compreensíveis e atuais, as exemplificações de que se serve Aristóteles não nos são de grande valia, sendo às vezes mesmo incompreensíveis.

Máximas são afirmações de caráter geral, que, não importando como tenham originalmente se formado, adquirem em certas situações força de premissas quase inexpugnáveis. Usa-se no Brasil a máxima: "Passarinho que acompanha morcego dorme de cabeça para baixo". Ela funciona como espécie de premissa maior de um entimema cuja conclusão é silenciosa e figurativamente sugerida ao interlocutor: se você insistir nas más companhias, acabará identificando-se com elas no que é mais essencial. A força dessa máxima, como premissa maior de um entimema cuja premissa menor e conclusão não são enunciadas, traria implícito, por sua vez, um expediente indutivo, do tipo: a experiência ensina que sempre que uma pessoa mais pura ou de caráter reto se mistura com gente sem escrúpulos, acaba irremediavelmente se perdendo.

Como seja, costuma nesses casos ser mais importante selecionar a máxima que melhor se adeque a uma situação, público e orador que a profere do que desnudar sua gênese. Há outras máximas em língua portuguesa que têm a mesma estrutura formal que a do passarinho--morcego, mas cujos propósitos retóricos se deslocam em relação ela. "Diga-me com quem andas e te direi quem és!" troca o humor por um tom bíblico e solene; "quem se mistura aos porcos farelo come" é uma formulação mais grosseira, até mesmo ofensiva. As duas primeiras podem ser usadas em contextos escolares ou familiares, mas a última seria desastrosa se fosse aí evocada.

É muito ampla a variedade de situações de uso possível de máximas, como tudo que concerne à retórica. Aristóteles chama particular atenção para a capacidade das máximas de agradar e conseguir adesão de auditórios sobretudo toscos ou oportunistas, enunciando em caráter universal algo pelo que esses públicos têm simpatia pessoal. "Nada mais insuportável que a vizinhança" e "nada mais estúpido do que ter filhos" são os dois exemplos por ele dados (1395 b8). A retórica adquire nesses casos um viés demagógico. Tendo por certos os problemas de vizinhança de determinado público, num bairro onde sabidamente não haja silêncio noturno, o orador simplesmente eleva essa contrariedade ao status de uma máxima ou verdade universal. Tais demagogias são frequentes no âmbito da baixa política. "Não há nada pior do que a corrupção" é um expediente deste tipo, muito adequado à conquista da simpatia de pessoas que se julguem diretamente estorvadas por esta ou aquela forma de corrupção.

Na impossibilidade de esgotar o inventário, registre-se a necessidade de sintonia entre o orador e a máxima que escolhe utilizar. Aristóteles lembra que o recurso a máximas, histórias e fábulas é, em geral, mais apropriado a oradores mais velhos, com experiência de vida.

Este momento do texto está, em todo caso, já em franca discussão com o próximo tema, voltado para a localização dos entimemas mais adequados a cada situação discursiva. Tanto as premissas quanto as estratégias argumentativas precisam, em seu sentido mais amplo e contextual, ser bem achadas e, talvez por isso, a metáfora escolhida por Aristóteles seja a da localização ou do lugar (*topos*). Fato é que esse conceito (ou metáfora) adquire enorme importância na *Retórica*, e que começamos aqui a tentar melhor compreendê-lo, sem esquecer que se aplica igualmente às outras duas formas de *pistis* – *pathos* e *ethos* –, e que disso teremos de nos ocupar em ocasião oportuna.

2.3.2.6. Os topoi *ou lugares retóricos*

Diz Aristóteles no início do capítulo 22 do Livro II que é preciso tratar dos entimemas em geral: "primeiro do modo adequado de procurar por eles e, em seguida, dos lugares-comuns (*topoi*) donde são extraídos, o que tem contornos um pouco diferentes" (1395 b20-23). O pensador esclarece que é indispensável buscar argumentos pertinentes, e que isso equivale primeiramente a "ter selecionado sobre cada assunto um conjunto de propostas acerca do que é possível e mais oportuno" (1396 b3-5), e seguir da mesma forma atento ao que é convincente nos improvisos, inevitavelmente demandados em muitas situações discursivas (1396 b5 et seq).

O capítulo ganha título na tradução portuguesa: "O uso de entimemas". Como apontam as passagens citadas, traz um conjunto de indicações sobre cuidados gerais a observar na construção dos discursos convincentes e, nesse sentido, contém uma espécie de síntese de toda a *Retórica*, aconselhando adequar cada discurso ao seu público,

PLANO DA *RETÓRICA* E RELEITURA DOS SEUS CONCEITOS FUNDAMENTAIS

circunstâncias e repertório disponível, buscando fins bem definidos. Chega, inclusive, a elencar em seu final a necessidade de atenção às duas outras *pisteis* – *logos* e *pathos*. Concentra-se, não obstante, nos princípios gerais de busca de lugares-comuns, ditos nesse momento elementos dos entimemas, preparando o mapeamento dos nichos gregos de articulações fortes entre premissas, hipóteses e suposições, de que se ocupa o capítulo seguinte.

Talvez a melhor forma de entender esse movimento seja a partir da já declinada definição de silogismo fornecida nos *Analíticos Anteriores*: "O silogismo é uma forma de discurso que, uma vez que certas suposições sejam feitas, algo distinto delas se segue, necessariamente, da sua mera aceitação" (24 b19-21). Fato é que os tópicos expostos no capítulo 23 têm todos o propósito de derivar afirmações novas de outras de antemão aceitas ou, na direção oposta, de contestar a validade dessas derivações. O texto segue, de fato, identificando entimemas demonstrativos e refutativos (1396 b22-28).[112]

Não é aqui é o lugar para discutir se Aristóteles está nesse momento a tratar de entimemas hipotéticos ou em que medida é possível encontrar na *Retórica*, nos *Tópicos* ou nos *Analíticos Anteriores* equivalentes ao que hoje, sem saber bem desde quando, nomeamos como *modus ponendo ponens*, *modus tollendo tollens* e derivações.[113] A ideia, desde o início deste escrito, é tentar compreender a *Retórica* em termos ontológico-hermenêuticos, ou topológicos, enfim, com foco numa espécie de textura discursiva limitada por realidades diversas, que são simultaneamente lógicas, físicas, psicológicas e históricas. Trata-se menos de relacioná-la aos desenvolvimentos historicamente posteriores que de explorar singularidades deixadas ao esquecimento.

O mapeamento aristotélico será, por isso, resgatado com olhos na clarificação das articulações ou caminhos que sustentam – e com que força sustentam – as conclusões levadas a termo por cada tipo de entimema. A verdade é que não é fácil seguir o que é então exposto, seja em razão

---

[112] *Deitikon enthymeme*. Não se deve aí entender "demonstrativo" no sentido restrito de apodíctico. A qualificação define o entimema que evidencia ou mostra alguma coisa com convincência, não uma conclusão universal e necessária.

[113] Susanne BOBZIEN 2002: *The Development of Modus Ponens in Antiquity – from Aristotle to 2ND century AD*. Phronesis, vol. 47, no. 4 (2002), pp. 359-394. O título me foi indicado por Luiz Carlos Pereira.

O ESQUECIMENTO DE UMA ARTE

de não termos bom acesso ao contexto ilustrativo no qual Aristóteles se move, seja por conta da dificuldade de sistematização que esses vários *topoi* efetivamente oferecem.

O capítulo 23 convida a essa reflexão. Seu primeiro tópico será explorado em mais detalhe por estar presente em outros textos aristotélicos, por exemplo nos *Tópicos*. Aristóteles diz: "Um dos tópicos demonstrativos (*deitikon*) é aquele que se tira dos seus contrários" (1397 a7). Significa mais ou menos o seguinte: se alguém aceita que duas proposições se liguem necessariamente, ou com certa evidência, é razoável que igualmente aceite que o mesmo aconteça com seus contrários.

São três as ilustrações fornecidas. A primeira diz: "Ser moderado é bom porque ser desregrado é prejudicial" (1397 a10).[114] Detalhando, se aceitamos que viver no desregramento é prejudicial, é igualmente razoável aceitar que viver no não desregramento, observando a moderação, é bom ou não prejudicial. A força desse esquema argumentativo parece se radicar em operações casadas de negação e simetria, ainda que sempre se possa questionar se nada há entre os polos opostos. Poderia ser contraposto que o máximo que pode ser inferido da aceitação do caráter prejudicial do desregramento é que a moderação não traz prejuízos, mas não que é efetiva ou positivamente boa. A convincência da conclusão há de depender de uma segunda tópica, a da definição do que se entende por bom, de todo modo passível de ser compreendido simplesmente como o que não é prejudicial. Ainda mais formalmente falando, trata-se de compreender o significado e abrangência do que Aristóteles entende por contrários (*enantion*). Importante é perceber que nada disso pode entrar em explícita consideração no tempo retórico.

Como seja, falta ainda discutir em que sentido temos aí propriamente um entimema. Uma possibilidade é pensar o tópico dos contrários ele mesmo como uma espécie de premissa maior geralmente aceita, como uma espécie de lei implícita, não enunciada: se alguém aceita que duas afirmações se encontrem sempre ou no mais das vezes associadas, é razoável que aceite que o mesmo aconteça com seus contrários. A premissa menor, no caso a enunciação de uma associação efetivamente aceita, leva à conclusão de que a associação contrária é igualmente aceitável.

---

[114] Aristóteles acrescenta: "Se a guerra é a causa dos nossos presentes males, é preciso corrigir as coisas buscando a paz" (1397 a11-12).

PLANO DA *RETÓRICA* E RELEITURA DOS SEUS CONCEITOS FUNDAMENTAIS

Ainda que siga a mesma tópica, o segundo exemplo é mais complexo. Aristóteles escreve: "Uma vez que não é justo irar-se contra os que nos fizeram mal involuntariamente, tampouco convém mostrar-se agradecido a quem foi obrigado a nos favorecer" (1397 a12-17). Se aceitamos que o mal que nos é feito involuntariamente não deve ser objeto da nossa ira, é simetricamente razoável aceitarmos que o bem feito sem intenção (mais ainda a contragosto) não deva ser objeto de nossa gratidão. Se no primeiro caso não cabe a ira, no segundo não cabe a gratidão. O que nesse caso dificulta a percepção do esquema de contrariedade é que, apesar de bem e mal serem opostos, é necessário que sejam qualificados ambos como involuntários para que a premissa menor faça sentido e seja aceita.

O terceiro exemplo é de novo mais simples: "Como neste mundo é possível que mentirosos angariem credibilidade, tenhamos por igualmente certo o oposto, isto é, que este mundo ouve muitas verdades a que não dá crédito." Reconstruindo o dito, se consentimos que há mentiras que recebem crédito, é razoável concordarmos haver verdades de que duvidamos. A convincência desse exemplo tem a ver com o problematização factual da crença no que é verdadeiro. Se é possível crer em algo falso, é igualmente possível não crer em algo verdadeiro. Assim como nos exemplos anteriores, seria possível problematizar a simetria entre as crenças no verdadeiro e no falso, por exemplo, defendendo ser mais frequente a crença no falso do que a descrença no verdadeiro. Mais uma vez, tal objeção não chega a invalidar a conclusão.

As três ilustrações escolhidas por Aristóteles para apresentar o primeiro dos *topoi* do capítulo 23 permitem antever algumas características do conjunto que a ele se segue. Vê-se que não visam produzir conclusões insofismáveis, mas plausíveis, aceitáveis, razoáveis, prováveis. E que a convincência dessas conclusões dependerá de escolha mais ou menos adequada a cada situação discursiva. David Levene, em prefácio ao livro de Sara Rubinelli – *Ars Topica* –, faz a seguinte consideração a esse respeito:

> É esse espaço entre o rigor da lógica formal e o potencial emotivo da retórica que a antiga teoria dos *topoi* foi desenvolvida para preencher. Eles fornecem uma teoria informal da argumentação que, sem possuir a validade formal dedutiva (por exemplo) do silogismo aristotélico ou estoico, oferece um conjunto de esquemas flexíveis, utilizáveis numa larga variedade

O ESQUECIMENTO DE UMA ARTE

de contextos práticos. Fornecem ao orador argumentos que podem não ser válidos no sentido formal mais estrito, mas que avançam conclusões a partir de premissas, conclusões plausíveis na maioria dos casos, e por isso legitimamente persuasivas, mesmo que não sem exceções. Um bom exemplo é a seguinte ponderação: se defendo um homem contra uma acusação de roubo de uma pequena quantidade de dinheiro assinalando que ele deixou passar oportunidades de roubar quantias maiores, isso não demonstra sem controvérsia que tal pessoa não pudesse ter roubado a pequena quantia, mas fornece razão válida para pensar que não é provável que o tenha feito.[115]

O caráter marcadamente prático, mundano e contextual dos *topoi* enumerados na *Retórica* cria, enfim, problemas a enfoques mais sistemáticos do conjunto e entendimento da noção de *topos* que a eles subjazem. Sara Rubinelli, autora do livro prefaciado por Levene e dedicado à interpretação da noção de "tópico" não somente em Aristóteles, mas também em Cícero, chega a colocar em questão a relação do capítulo 23 da *Retórica* com a íntegra do livro. Começa por dizer que "há detalhes que parecem sugerir que *Retórica B23* tenha sido compilado independentemente do resto do tratado".[116]

O problema por ela enfrentado é que esse capítulo resiste à tentativa de conceituação geral da noção de *topos* como esquema argumentativo, desenvolvida a partir de uma atenção prioritária aos *Tópicos*. Anteriores à *Retórica,* os oito livros dos *Tópicos* versam sobre a dialética aristotélica e, mesmo repetitivos, desfilam um elenco que monta a 300 *topoi*.[117] É principalmente com base nesse elenco que a autora constrói sua definição, de resto coerente com um interesse declaradamente voltado para a argumentação, e não para a convincência em sentido mais amplo, como é o deste livro. O foco da autora se concentra no desenvolvimento do *logos* como *pistis,* desenvolvimento que constituiria a grande contribuição de Aristóteles ao estado de arte anterior dos estudos dos discursos na Grécia.

Como seja, dialogando com diversos outros estudiosos, a autora defende uma compreensão dos *topoi* em sentido estrito como "esquemas

---

[115] LEVENE, in RUBINELLI 2009, p.xviii. Tradução minha.
[116] Ver RUBINELLI 2009, p. 85.
[117] Ver RUBINELLI 2009, p. 128.

PLANO DA *RETÓRICA* E RELEITURA DOS SEUS CONCEITOS FUNDAMENTAIS

argumentativos de aplicação universal",[118] e detalha a definição propondo que a formulação dos vários *topoi* envolve recorrentemente dois pontos: instrução e lei. Os três exemplos de que se vale vêm todos dos *Tópicos*. O primeiro deles, de 113 a20-23, é transcrito abaixo com as inserções da autora em negrito:

> (...) [(**instrução:**) tem que ser examinado se isso [*o contrário do acidente*] pertence à mesma coisa a que se disse pertencer o *acidente*.] [(**lei:**) Porque se o primeiro pertencer, o segundo não pode pertencer; visto que é impossível a dois contrários pertencerem à mesma coisa ao mesmo tempo.][119]

Ou seja, temos aí uma lei geral cuja formulação é nada menos que um desdobramento do princípio de não contradição. A instrução manda simplesmente verificar se predicações acidentais não infringem o princípio de não contradição. Os *topoi* obedeceriam em geral a esse mesmo esquema instrucional: verificar se um caso específico se enquadra numa lei geralmente aceita. Essa esquematização reivindica para os *topoi* em geral, em palavras claras, uma estrutura silogística categórica. A lei funciona como uma espécie de premissa maior, universal ou regionalmente aceita pelos falantes, a que a premissa menor deve se subordinar para se validar ou, no caso de uma refutação, identificar pretensões infundadas. Tal esquema não difere do que propusemos ao analisar em que medida o primeiro exemplo do capítulo 23 da *Retórica* constituiria um entimema, a menos de que lá não se pretendia transformar a explicação em esquema geral aplicável a todos os *topoi*. Seja como for, a autora segue detalhando mais e mais o seu esquema e indicando cuidadosamente suas variações.

Cabe, de qualquer modo, não só recomendar a leitura do texto em epígrafe, como registrar mais algumas distinções relevantes avançadas pela autora, por exemplo, entre premissas (*protaseis*) e esquemas argumentativos (*topoi*), não importando que essas premissas se agrupem em nichos discursivos específicos e constituam opiniões aceitas por todos os "habitantes" do nicho, constituindo *endoxa* ou *idia* estruturantes desses nichos.

---

[118] Ver idem, p.ex. p 69.
[119] RUBINELLI 2009, p.15. Tradução minha.

De fato, trata-se de uma distinção relevante do ponto de vista funcional, mas não passa despercebido que hoje se fala de tópicas do direito, da economia, da psicanálise, da física, querendo com isso indicar exatamente os lugares-comuns compartilhado pelos participantes dessas comunidades de conhecimento e discurso.

Como seja, visando estender e consolidar sua esquemática interpretação dos *topoi,* a autora destaca e privilegia momentos da própria *Retórica* em que essas distinções são explícitas. O Livro I é a referência principal:

> Como fizemos nos *Tópicos* devemos distinguir aqui, ao lidar com os entimemas, as espécies (*idia*) e os lugares-comuns (*topoi*) dos quais devem ser extraídos. Ora, chamo de espécies as premissas particulares de cada gênero, enquanto os lugares aplicam-se igualmente a todos os gêneros. (1358a 29–32)

O problema dessa defesa de um entendimento mais restrito e esquemático da noção de *topos* diz respeito à sua aplicação à íntegra da *Retórica,* onde o termo é usado em sentidos que nem sempre obedecem a esse enquadramento. O trabalho feito em *Ars Topica* é, não obstante, de grande valia para a caracterização das variações de sentido do termo. A autora divide os *topoi* do capítulo 23 da *Retórica* em quatro grupos:

> 1) *topoi* que aparecem também nos *Tópicos* e são de aplicação universal; 2) *topoi* que não se encontram nos *Tópicos,* mas que são de aplicação universal; 3) versões menos abstratas do *topos* do mais e do menos, a ser usadas somente em contextos retóricos (deliberativos, judiciais e epidícticos); e 4) *topoi* que focam principalmente em aspectos interpessoais e emocionais das relações humanas ou em considerações válidas somente para contextos retóricos.[120]

Primeiro ponto a frisar é que apenas 12 dos 29 *topoi* se enquadram no grupo 1, ou seja, no grupo contemplado também nos *Tópicos.* Além disso, mesmo que o grupo 2, dada a sua generalidade, possa ser coberto pelo sentido mais restrito característico daquele livro, os dois grupos seguintes colocam problemas a esse esquemático enquadramento e marcam com força a diferença entre os âmbitos da dialética e da retórica.

---

[120] RUBINELLI 2009, p.73.

PLANO DA *RETÓRICA* E RELEITURA DOS SEUS CONCEITOS FUNDAMENTAIS

Não é aqui o caso de entrar no mérito de cada um dos *topoi* listados no capítulo 23, mas de apontar direções de exploração paciente e criativa das reflexões legadas por Aristóteles sobre a convincência em geral, em sua dimensão mais ampla, mundana e complexa.

Alguns exemplos ajudam a descortinar os horizontes dessa exploração. Assim como a contrariedade, a tópica do mais e do menos é bem conhecida e discutida nos *Tópicos*. Duas ilustrações são fornecidas. A primeira tem sentido de negação: "Se os deuses não são oniscientes, que dirá os homens" (1397 b12). A segunda, afirmativa, é aqui apresentada em paráfrase: "se ele é capaz de agredir o pai, que dizer dos vizinhos" (1397 b16). Nos dois casos apela-se para uma regra implícita e dada por razoável: se uma qualidade não está presente nas instâncias em que com maior razão ou grau deveria estar, não haverá de ser nas demais instâncias que será encontrada. A qualidade ausente na segunda ilustração é o respeito ao pai. Se o indivíduo não respeita nem o próprio pai, a ponto de agredi-lo, que esperar de sua relação com seus vizinhos. Trata-se, como sempre, de uma regra geral e não de uma lei universal e necessária. Certo filho pode ter relação conflituosa especificamente com seu pai e não ser especialmente agressivo com as pessoas em geral; mas, dada a ideia de respeito tradicionalmente ligada à figura paterna, a possível exceção não revoga o caráter geral, comum, desse lugar discursivo.

Não é demais lembrar que, mesmo tendo em vista a definição dialética de *topos*, ao eleger premissas estamos sempre lidando com *endoxa,* isto é, com opiniões que, de uma forma ou de outra, adquiriram consistência e credibilidade em determinado contexto. Mas a tópica que nos leva a mobilizar tais premissas precisa valer em contextos mais amplos que o dessas sedimentações.

Outras tópicas desse mesmo grupo 1 são, por exemplo, a que recorre a uma definição – que tem que ser aceita como tal – e dela extrai conclusões necessárias, diretamente decorrentes daquilo que ela define (1398 a15-28); ou a que se vale de analogias (1399 a 33-b5), que consiste em afirmar ou refutar o que se deseja recorrendo a caso semelhantes que sejam mais claros ou cabais que o caso em discussão – devendo a clareza do exemplo a que se recorre ser consensual.

Cada uma das tópicas desse grupo, enfim, ainda que obediente a um esquema geral que envolve instrução, lei geral e separação clara entre *topoi* e *endoxa,* merece ainda assim ser pensada na sua topologia própria, ou seja, em seus implícitos estruturais e condições de aplicabilidade.

Já o segundo grupo da classificação de Rubinelli apresenta algumas estranhezas, a começar pela apresentação da indução como *topos* (1398 a32-b18). É que, no Livro I da *Retórica,* a indução figurava junto com o entimema como uma das duas formas mais gerais do *logos* como *pistis,* subdividida apenas em relação às fontes dos exemplos mobilizados: fatos e invenções. Seria, por isso, despropositado redefini-la agora como *topoi.* Não fosse só isso, vale lembrar a recuperação feita há pouco: a indução reaparece ao lado do entimema no Livro II, capítulo 20, na figura da "argumentação pelo exemplo". Seja como for, a indução ora pensada como *topos* responde mais à ideia de *epagoge* que à de *paradeigma,* ou seja, relaciona-se com a busca de exemplos em quantidade suficiente para configurar um padrão.

Outro lugar-comum pertencente a esse segundo grupo, que também causa problemas a uma definição dialética, é o da jurisprudência. Identifica-se ora com a sedimentação de premissa a partir de "julgamento já pronunciado sobre caso idêntico" (1398 b18-1399 a7), ora com esquema geral de atenção a abordagens prévias de um problema e possibilidade de apropriação da solução a ele dada.

Por fim, o terceiro e o quarto grupos identificados por Rubinelli afastam-se ainda mais da concepção de dialética dos *topoi.* Virar o que alguém disse contra a própria pessoa (1398 a3-14), perguntando-lhe o que faria em nosso lugar, envolve uma estratégia ética, de cobrança de reciprocidade a partir de uma razoabilidade dada, em última instância, pelos costumes. Não só esse, outros recursos a *pisteis* externas ao *logos* se encontram em tópicas que envolvem cobranças de coerência na ação e no discurso (1399 b14-19); ou naquelas que envolvem evidenciar as reais motivações (1399 b31-1400 a4) e os reais propósitos (1399 b23-30) de cada ação ou proposição, ou seja, componentes tipicamente psicológicos ou patológicos presentes nas mudanças de opinião e tomadas de decisão.

Tal projeção da noção de *topos* para além da dimensão do *logos* é, de todo modo, explícita na *Retórica.* Aristóteles fala no capítulo 22 do Livro II de "tópicos estudados nas seções anteriores", relativos aos "caráteres ou reputações, às disposições afetivas e aos hábitos" (1396 b33-34), ou

PLANO DA *RETÓRICA* E RELEITURA DOS SEUS CONCEITOS FUNDAMENTAIS

seja, aos âmbitos de *ethos* e *pathos,* o que dá a claramente entender que a noção de *topos* transcende o âmbito do *logos* como *pistis,* por mais ampliada que seja a ideia de racionalidade que caracteriza essa dimensão da convincência.

2.3.2.7. *Falácias e refutações*

Não seria possível finalizar essas considerações sobre o *logos* sem chamar atenção para a presença constante, mesmo estrutural, dos *topoi* nos dois capítulos seguintes do Livro II, capítulos 24 e 25, que tratam respectivamente das falácias e das refutações. Aquilo que posteriormente passamos a conhecer como falácias, Aristóteles aí nomeia como "entimemas aparentes", entimemas que parecem convincentes, mas revelam inconsistências a um exame mais acurado. O capítulo começa lembrando que os entimemas nada mais são que silogismos retóricos e que, como tais, se prestam a paralogismos ou erros inferenciais. Mas o exame do capítulo 24 revela que nele comparecem tanto as falácias formais quanto as informais, cuja incorreção não se origina exatamente da inobservância das regras silogísticas, mas de associações dúbias, ambiguidades e equivocidades na seleção das premissas.

A formulação segue o mesmo passo do capítulo 23. Aristóteles enumera os vários *topoi* em frases que começam com o pronome outro (*allos*), forma abreviada de "outro lugar-comum". Começa fazendo menção ao caráter compacto dos entimemas e à possibilidade de a concomitante elisão de premissas dissimular maus encadeamentos silogísticos. Caem nesse grupo as chamadas falácias formais, tão mais fáceis de denunciar quanto mais treinado se esteja nos encadeamentos silogísticos e na capacidade de enxergá-los em suas abreviações retóricas.

A atenção se volta então para as falácias não formais, que comportam movimentos tópicos diversos, todos capazes de produzir nexos ao mesmo tempo falsos e com aparência de verdadeiros. Entre essas possibilidades estão aquelas aberta pela polissemia, pelos sentidos equívocos e pela etimologia de certas palavras. Aristóteles cita a homonímia como caso emblemático, dando, entre outros exemplos, a coincidência da grafia de rato (*mys*) com a da palavra mistérios (*mysteria*), como mote

101

para apresentar o rato como um animal nobre, "pois dele derivam os mistérios" (1401 a14).

Outro expediente falacioso é o que joga com a relação, muitas vezes pouco clara, entre todo e partes. É ilustrado pela hipotética alegação de que quem conhece as letras, conhece as palavras, pois as palavras nada mais são que reunião de letras (1401 a28-30). Não é falso dizer que palavras são letras reunidas, mas é também verdade que essa reunião não basta para dar conta da palavra em seus aspectos semânticos e, sobretudo, pragmáticos.

Outra fonte de falácias é a atribuição de relações de causa e efeito a eventos que estão apenas acidental ou fortuitamente associados. Aristóteles discorre mais longamente sobre essas associações falaciosas e dá como exemplo a lembrança de que "Demades declarou que a política de Demóstenes era a causa de todos os males, visto que a guerra aconteceu depois dela" (1401 b30-35). O recurso a falsas causas se beneficia, em geral, da falta de clareza sobre o fato de que inúmeros outros fatores concorreram para a guerra, o que nos leva a outros expedientes falaciosos avizinhados, como a abstração de circunstâncias, não sendo por acaso que Aristóteles apresenta logo em seguida essa nova falácia, cuja última ilustração é a alegação categórica de que "golpear um homem livre é um ultraje", que faz abstração das razões e circunstâncias que originaram essa ação. Trata-se de falácia das mais encontradiças em práticas pedagógicas autoritárias e elitistas, sendo exemplo forte e atual a defesa da meritocracia que não considera as diferentes condições dos vários "competidores".

Os lugares-comuns enumerados no capítulo 24 dizem respeito, em suma, à identificação de fontes de articulação discursiva que particularmente se prestam a associações indevidas, sendo bastante grande o possível inventário. O próprio Aristóteles não é exaustivo nessa enumeração; é mesmo difícil dizer, dados os entrelaçamentos entre elas, quantas falácias são por ele contempladas. Fato é que a posteridade ampliou e esquematizou esse inventário, quanto mais não seja dividindo-o em dois grupos: o das falácias de ambiguidade e o das falácias de relevância.

O capítulo 25 tem propósito complementar. É que não basta enxergar as associações espúrias que estruturam os discursos falaciosos. É preciso encontrar formas de evidenciar esses truques e equívocos, não

PLANO DA *RETÓRICA* E RELEITURA DOS SEUS CONCEITOS FUNDAMENTAIS

importando se propositais, motivados por ingenuidade, ignorância ou precipitação. O problema é que isso não é fácil em muitas circunstâncias. Sabem bem os professores do ensino básico como é difícil dissuadir um aluno de uma opinião falaciosa que, todavia, esteja fortemente amparada pelas autoridades familiares e religiosas que ele respeita.

A atenção está, nesse momento do livro, muito voltada para o *logos* e para a necessidade de mobilizar "antissilogismos", obtidos a partir dos lugares-comuns já tratados (1402 a30-32). Mas é também verdade que o escopo se amplia e retroage ao Livro I, quando se diz mais adiante que "os entimemas são retirados de quatro fontes – a probabilidade (*eikos*), o exemplo (*paradeigma*), o indício insofismável (*tekhmerion*) e o sinal (*semeion*)" (1402 b10).

Enfim, na medida em que também as circunstâncias afetivas e éticas têm importância na escolha das boas estratégias de refutação, e que essas *pisteis* ainda serão objeto de análise, finalizamos esta seção de forma mais econômica, apenas chamando atenção para a necessidade de desenvolvimento das diversas competências necessárias às escolhas de estratégias refutativas.

2.3.2.8. *Topos e logos*

O entendimento aqui destilado é, em resumo, o de que os *topoi* retóricos são lugares-comuns discursivos passíveis de compreensão ampliada para além de um sentido dialético restrito. O propósito não é o de defender uma teoria dos tópicos, mas convidar a ler e reler a *Retórica,* seus livros, capítulos e estudos posteriores de forma a experienciar, tanto e tão profundamente quanto possível, a descoberta dos relevos e caminhos discursivos nela descortinados. Esquematizações podem ser didáticas em muitas situações, mas não devem levar a perder de vista a complexidade dos contextos em que frequentemente as várias tópicas precisam ser mobilizadas.

Analisar topológica ou hermeneuticamente cada uma dessas tópicas significa, em suma, fazer a experiência reflexiva do elemento no qual se abrem os caminhos de produção de convincência, metaforicamente falando, experiência da plasticidade, da resiliência, da topografia, que permitem derivar conclusões ou sentidos novos de premissas aceitas.

A metáfora do relevo é didática e convida a enxergar vales, escarpas, desfiladeiros, campos, estradas, rios, enfim, acidentes geográficos e caminhos nele trilháveis, navegáveis, possíveis, cabíveis. Trata-se de enxergar, a cada vez, as conformações do binômio ser-linguagem no qual retoricamente sempre nos movemos, em outras palavras, o cosmos por nós habitado e linguisticamente organizado, sendo muito importante perceber que os entrelaçamentos que caracterizam esse binômio teimam em resistir a esquematizações, a digitalizações, a reproduções que o tornem inteiramente controlável ou previsível.

Não é demais recapitular que a noção de *topos* está presente em vários momentos da obra aristotélica e não apenas na *Retórica,* convidando à paráfrase de que *"topos* se diz de vários modos". Refletir sobre uma possível acepção ampla de lugar, capaz de ligar os lugares espaciais discutidos na *Física* aos lugares-comuns discursivos da *Retórica,* passando pelos *Tópicos, Categorias* e outros sítios, é, ao mesmo tempo, filosofia num sentido metafísico profundo e exercício retórico dos mais importantes e completos. Continuaremos sinalizando com as potencialidades hermenêutico-ontológicas da noção de topos – "enorme (*mega*) e difícil de apreender" –, como Aristóteles diz na *Física* (212 a8).[121]

2.3.3. As outras duas dimensões da convincência: *pathos* e *ethos*

É da maior importância insistir que não há situação, do ponto de vista retórico, em que as três *pisteis*, cada uma delas em maior ou menor grau, não se façam conjuntamente presentes. Se concordamos que "todo discurso é discurso sobre certo assunto, dirigido a determinado público, em dada circunstância e por determinado orador, capaz de mobilizar certo repertório para a consumação de certos propósitos", não será difícil perceber o entrelaçamento dessas *pisteis*. Influenciam mesmo nas convincências mais argumentativas, sempre, a reputação e a momentânea figura daquele que fala, assim como a ambientação e as predisposições afetivas do público a que se dirige.

---

[121] Heidegger cita essa passagem num texto tardio intitulado Die Kunst und der Raum, in a *Aus Erfahrung des Denkens,* GA13, p. 103.

Além disso, tão importante quanto marcar a ubiquidade das três *pisteis* nas situações retóricas é repassar as razões pelas quais é redutora a tradução de *pistis* por persuasão. São múltiplos os possíveis propósitos envolvidos numa situação retórica, em nenhum sentido restritos a fazer com que alguém mude de opinião. Outros propósitos habitualmente presentes são: elogiar, aconselhar, reconhecer e renegociar diferenças de posição em relação a certo assunto, convidar a refletir sobre questões problemáticas, trabalhar conjuntamente na reformulação de pontos de vista, e por aí afora. A questão retórica central é se cada um desses propósitos é perseguido convincentemente ou não.

Tal ressignificação da *pistis* é crucial não só para a releitura de *pathos* e *ethos* a ser empreendida a seguir, mas para melhor compreender o que é afinal uma opinião (*doxa*) – ou uma opinião de aceitação ampla (*endoxon*) – e sobre que se radicam suas estabilidades e resiliências; em arco ainda mais amplo, compreender como elas se relacionam com as escolhas e tomadas de decisão (*proairesei*).[122] Avançar na compreensão dos processos de progressiva e matizada transformação das *doxai* é, enfim, ainda mais importante quando se tem atenção aos horizontes didáticos e pedagógicos da retórica, em outras palavras, quando se lida com situações de ensino e real aprendizagem. A retórica estaria restrita à transmissão, fixação e correção de conteúdos – o que quer que isso ainda possa significar – se a dimensão da persuasão fosse sua única dimensão pensável.

2.3.3.1. Pathos *como disposição afetiva*

Pathos é termo de tradução sabidamente difícil. Tem a ver com paixão, afecção, afeto, emoção, sofrimento, sentimento. Relaciona-se em termos amplos com tudo aquilo que nos afeta emocionalmente e, por aí, tende para o campo da psicologia. O conjunto das *pathe* pode, de fato, ser tratado com vistas ao seu equilíbrio ou conflito, enfim, no âmbito da saúde e da doença, entendida esta última como patologia ou, ainda mais precisamente, como psicopatologia.

---

[122] Ver *Ética a Nicômaco* 1111 b31 et seq.

O ESQUECIMENTO DE UMA ARTE

Costuma-se também discutir as *pathe* em suas implicações morais, relativas ao modo como lidamos mais ou menos equilibrada ou soberanamente com elas, ou sob a perspectiva estética, relativa às nossas capacidades de fruição sensível; podemos, ainda, visá-las existencialmente, ou mesmo em chave religiosa. Pode-se, por fim, sugerir que todo um novo campo retórico, no sentido persuasivo, tenha se aberto mais recentemente com o advento das chamadas ciências comportamentais.

Seja como for, a chave da tradução de *pathos* por disposição afetiva nos é sugerida por Heidegger, em *Ser e Tempo*, ao dizer que Aristóteles oferece no Livro II da *Retórica* a "primeira hermenêutica sistemática da cotidianidade mediana",[123] entendimento estreitamente relacionado à criação do termo *Befindlichkeit* pelo filosófo nos anos 1920.

A tradução do termo alemão não é trivial, mas é justo essa não trivialidade que abre caminho para a apreensão retórica das *pathe* aqui buscada. O termo é uma substantivação do verbo *befinden*, em geral usado reflexivamente como *sich befinden*, que significa o modo como alguém se encontra ou acha disposto no mundo. A nomeação evoca uma duplicidade semântica. Tem conotação espaço-temporal e se liga simultaneamente ao modo como lidamos com as linhas de força que a cada momento nos afetam em nossa existência mundana.

A opção de tradução aqui acolhida favorece a percepção de que o modo como as pessoas se acham afetivamente dispostas no mundo, especialmente em circunstâncias retóricas, condiciona em grande medida sua permeabilidade ao que lhes é dito ou que se tenta dizer. Torna-se, assim, fundamental, com vistas à definição da estratégia discursiva a mobilizar, perceber as disposições afetivas dominantes em cada situação. Depende dessa percepção a escolha dos momentos oportunos ao proferimento dos discursos, ou, quando as disposições afetivas são adversas, a tomada dos cuidados necessários à sua desejável metamorfose em climas propícios ao que se pretende em determinado momento dizer.

Isso pode ser facilmente ilustrado no âmbito pedagógico. É, em geral, desafiador dar aulas nas primeiras horas da manhã, na medida em que os alunos estão frequentemente sonolentos e contrariados, simplesmente

---

[123] HEIDEGGER 1993, p.138.

PLANO DA *RETÓRICA* E RELEITURA DOS SEUS CONCEITOS FUNDAMENTAIS

por estarem ali, por não terem podido dormir até mais tarde ou, mais ainda, se estão presentes sentimentos negativos relativos à utilidade de uma disciplina. Em outra afinação, é igualmente desafiador dar aulas para jovens em momentos após o recreio ou aulas de educação física, quando a turma está, em geral, muito agitada, especialmente aulas que envolvam necessidade de atenção e posturas mais reflexivas, como é o caso da filosofia. De modo geral, não é difícil aceitar que o emocional de cada aluno tenha influência em sua predisposição ao aprendizado.

Não obstante nossa ênfase em situações pedagógicas, a presença retórica do *pathos* costuma ser mais corriqueiramente identificada no gênero judicial de discurso. Dizem os teóricos da argumentação jurídica que se trata, para os advogados de acusação, de predispor afetivamente o júri contra o réu, de modo a conseguir sua condenação. Inversamente, deve a defensoria fomentar nesse mesmo júri sentimentos de simpatia ou compaixão. Também discursos epidícticos em geral – cerimoniais, religiosos, propagandísticos – recebem atenção da literatura em seu frequente apelo às emoções.

Não deixa de ser curioso, Aristóteles começa a *Retórica* identificando o perigo jurídico do abuso do *pathos* e dedicando original atenção ao *logos* como forma de mitigação ou contraposição a esse abuso. Apesar disso – ou, o que é mais provável, por isso mesmo –, as *pathe* são discutidas de forma muito detalhada no Livro II (capítulos 1 a 10).[124]

Há de estar claro a esta altura que aqui não há interesse numa compreensão meramente instrumental das disposições afetivas. Trata-se de pensá-las em chave hermenêutico-ontológica, isto é, buscando compreender a topologia da sua interdição, favorecimento ou viabilização da convincência. Igualmente claro deve estar que o empenho aqui não está em denunciar erros hegemônicos de interpretação (sobretudo instrumentalistas) da *Retórica*, mesmo por reconhecer que o texto aristotélico dá, de fato, margem a leituras diversas.

O capítulo 1 do Livro II pode de fato ser percebido numa ótica exclusivamente instrumental, até mesmo amoral, na medida em que se cogita, por exemplo, "suscitar ira no auditório" (1378 a28) quando se trata de buscar a condenação de alguém ou de alguma causa. Mas não se deve perder de vista alguns pontos relevantes. Primeiro, que se trata

---

[124] Ou capítulo 11, dependendo da leitura que se faça da emulação (*zelos).*

de capítulo de introdução a um livro que contemplará sequencialmente as três *pisteis*: *pathos, ethos* e *logos*, nesta ordem. Convém em seguida notar que o autor começa falando em aconselhar e desaconselhar, censurar e elogiar, acusar e defender (1377 b15), o que, mais uma vez, mostra o quanto é limitante a tradução de *pistis* por persuasão. Suscitar ira no auditório ou júri visando a uma condenação há de ser apenas uma das possibilidades retóricas, que, para o bem ou para mal, precisa ser levada em consideração em situações judiciais.

Outro ponto importante a ressaltar é a imbricação entre as três *pisteis* que caracteriza esse momento textual. Sobretudo *pathos* e *ethos*, a atmosfera afetiva e o modo como o orador aparece ao seu público, entrelaçam-se de forma radical em algumas de suas passagens. O cerne do capítulo é, em todo caso, a construção da convincência discursiva através da mobilização das suas três dimensões, discutindo Aristóteles a presença e a importância desses entrelaçamentos nos três grandes âmbitos ou gêneros discursivos: deliberativo, judicial e epidíctico.

Os capítulos que mais imediatamente se seguem tratam das disposições afetivas, na seguinte ordem: capítulo 2, ira (*orgue*); 3, calma, docilidade ou mansidão (*praotes*); 4, amizade e ódio (*philia* e *misos*); 5, medo e confiança (*phobos* e *tharsos*); 6, vergonha e despudor (*aiskhos* e *anaiskhos*); 7, generosidade (*kharis*); 8, piedade ou compaixão (*eleos*); 9, indignação (*nemesis*); 10, inveja (*phtonos*). O capítulo 11, que trata da emulação (*zelos*), parece ter sido criteriosamente escolhido por Aristóteles para fazer a transição entre *pathos* e *ethos*, como se verá mais adiante. Nele se fazem indissoluvelmente imbricadas essas duas dimensões da *pistis*.

O inventário de disposições afetivas oferecido na *Retórica* é todo ele de muito interesse para a reflexão sobre situações de ensino e aprendizagem. Sendo impossível no escopo deste livro fazer uma análise aprofundada de cada uma das *pathe*, foi a ira escolhida para receber atenção de detalhe, com remissões oportunas e complementares às demais disposições. Essa análise demandou a retradução do capítulo, feita não diretamente do grego, mas a partir do cotejamento de várias traduções com o texto original.[125] A nova tradução foi demandada

---

[125] O ponto de partida é a tradução portuguesa feita por Manuel Alexandre Junior, Paulo Farmhouse Alberto e Abel do Nascimento Pena, para o Centro de Filosofia da Universidade de Lisboa, 2006. Outras traduções consultadas foram a tradução brasileira de Edson Bini,

PLANO DA *RETÓRICA* E RELEITURA DOS SEUS CONCEITOS FUNDAMENTAIS

pela necessidade de dar sentido concreto e detalhado, nos termos aqui priorizados, à análise da ira feita por Aristóteles. Ele começa dizendo:

> Vamos admitir que a ira (*orgue*) é um desejo acompanhado de dor que nos incita a exercer vingança explícita devido a algum menosprezo (*oligoria*) manifestado contra nós ou contra pessoas da nossa convivência, sem haver razão para isso. Se essa definição é correta, a ira deve ser sentida sempre contra um indivíduo determinado, por exemplo, contra Cléon, e não contra o homem em geral; e que seja por algo que esse indivíduo lhe fez ou pretendeu fazer, a ele ou a algum dos seus; além disso, toda ira é acompanhada de certo prazer, resultante da esperança que se tem de uma futura vingança. De fato, existe prazer em pensar que se pode alcançar o que se deseja; e como ninguém deseja o que lhe é manifestamente impossível, a pessoa que experimenta ira deseja o que lhe é possível. Por isso, razão tem o poeta para dizer sobre a ira:

> > 'que, muito mais doce que o mel destilado,
> > cresce nos corações dos homens'.

> Há certo prazer que acompanha a ira, inclusive porque, vivendo o homem na ideia da vingança, as imagens então geradas inspiram-lhe prazer semelhante ao que se produz nos sonhos. (1378 a31- b9)

É muito rica essa passagem de introdução, que define a ira como paixão suscitada por alguma ação causadora de dor, dano ou sofrimento, contra nós ou alguém que estimamos, *sem que haja razão*, gratuitamente, injustamente. Não suscitam nossa ira as ações compreensíveis, mesmo que nos causem dor. Pedagogicamente ilustrando, fará enorme diferença se um aluno compreende ou não compreende o motivo de estar sendo corrigido ou admoestado.

O segundo ponto crucial da definição é que a ira é sempre dirigida contra um agente individual, autor do dano gratuito. Difere do ódio (*misos*), de que Aristóteles trata ao final do capítulo sobre a amizade, que pode ser dirigido contra toda uma classe de pessoas, por exemplo os ladrões, os corruptos, os delatores. Aristóteles diz ainda que a ira tende a se dissipar com o tempo, mas, surpreendentemente, que "o ódio

---

publicada pela Edipro em 2011; o texto bilíngue traduzido por J. H. Freese para a coleção Loeb (2006); a tradução inglesa de W. Rhys Roberts para a obra completa editada Jonathan Barnes (1995); e, finalmente, o texto original estabelecido por Rudolph Kassel (1976).

é incurável" (1382 a7). A distinção aristotélica entre ira e ódio pode, com efeito, dar origem a uma fecunda pesquisa, de grande utilidade em tempos como os nossos.[126]

Importante para nossos propósitos mais imediatos é, todavia, notar que o desejo de reparação ou vingança que acompanha a ira, misto de dor e prazer que caracteriza a economia desse desejo, há de predispor de forma singular e decisiva, em relação ao alvo da sua paixão, a pessoa em quem foi suscitada. Um aluno humilhado por uma professora dificilmente terá boa vontade com seus esforços pedagógicos futuros, guardando no seu íntimo a esperança de retribuir a ofensa, quanto mais não seja precavendo-se contra tudo o que dela venha. Da mesma forma, um professor que percebe num aluno intenção deliberada e gratuita de prejudicar o andamento das suas aulas precisará de muito autocontrole para não exercer retaliação. Pode-se, de fato, fazer uma fenomenologia inesgotável dessa disposição afetiva em suas temporalidades e modos de manifestação. Aristóteles elege discutir suas causas ou motivações, como se segue:

> O menosprezo (*oligoria*) é uma opinião em ato relativa a algo que, aparentemente, não parece digno de qualquer crédito (pois pensamos que tanto as coisas más como as boas são dignas de interesse, assim como o que para elas tende, ao passo que, ao que não damos nenhuma ou muito pouca importância supomo-lo desprovido de valor). Há três espécies de menosprezo: o desprezo (*kataphronesis*)[127], a má vontade (*epereasmos*)[128] e o ultraje (*hybris*).[129] (1378 b10-15)

O trecho acima concentra boa parte das razões para a retradução em curso. A decisão de traduzir oligoria por menosprezo,[130] por exemplo, tem a ver com a presença do sentido de "apoucamento" presente no termo *oligos*, e visa funcionar como forma geral das três motivações a

---

[126] A *orgue* distingue-se também da *menis*, espécie de ira heroica atribuída a Aquiles no início da Ilíada.

[127] Trata-se do desprezo ou falta de atenção por parte de quem se julga muito superior àquele com que lida.

[128] A palavra conota a intenção gratuita de prejudicar ou, pelo menos, de dificultar a vida daquele com quem se lida.

[129] Mais conhecido, esse último termo indica a ofensa explícita, a humilhação, a violência, a falta de medida.

[130] Desdém (Manuel Alexandre), desdém (Bini), *slight* (Freese), *slighting* (Roberts).

PLANO DA *RETÓRICA* E RELEITURA DOS SEUS CONCEITOS FUNDAMENTAIS

seguir elencadas por Aristóteles, as três formas de dor causadoras da ira, todas elas ligadas a uma diminuição ou negação das nossas existências, identidades, autoestima, integridade ou dignidade. A primeira dessas motivações é a *kataphronesis*, traduzida por desprezo[131] e contemplada na passagem abaixo:

> Quem manifesta desprezo menospreza (pois se é indiferente a tudo o que se julga não ter valor; precisamente, o que não tem valor é o que inspira desprezo), da mesma forma que, quando se trata algém com má vontade se manifesta desprezo claro por ele. (1378 b15-17)

Discute-se aí a falta de atenção ou consideração da parte de quem se julga muito superior àquele ou àquela com quem lida, fazendo com que este ou esta se sinta desprezível. Essa falta é infelizmente muito comum em situações escolares e universitárias. Há professores tão ciosos da sua erudição ou posição acadêmica que tratam os alunos como seres insignificantes. É claro que tudo isso é muito matizado, devendo ser levadas em conta as variadas teias de costumes, as susceptibilidades, as histórias de vida e mesmo as faixas etárias das pessoas envolvidas. A presença dessas linhas afetivas de força nas situações de ensino e aprendizagem, contudo, em hipótese alguma pode ou deve ser subestimada.

Narro a título de ilustração uma conversa entreouvida em elevador de instituição escolar. Uma aluna perguntava a outra por que não era assídua na aula de certo professor, ao que a colega retrucou que de início não faltava às aulas, mas que depois de dois meses notou que o professor sequer sabia seu nome, sequer "sabia da sua existência". Decidira, por isso, tratá-lo e à sua disciplina burocraticamente, apenas cuidando para não ser reprovada. Inúmeros fatores e questões poderiam decerto ser levantados para problematizar esse juízo e decisão, como o número total de alunos da turma, a quantidade de turmas de que esse professor se incumbia a cada semestre, e por aí afora. Apenas o que não se pode perder de vista é que ser chamada pelo nome – em vez de "a moça lá de trás", "você aí" ou simplesmente não ser chamada – há de fazer enorme diferença para muita gente, sobretudo para pessoas em processo de sedimentação de identidade. Convidado retoricamente a prestar atenção nessas afetivas linhas de força, um professor certamente

---

[131] Desprezo (Manuel Alexandre), desprezo (Bini), *disdain* (Freese), *contempt* (Roberts).

saberia precaver-se contra a eclosão desses afetos negativos. Se lhe é impossível decorar o nome de todas as alunas e alunos, que se desculpe antecipadamente com a turma e pergunte como querem que ele lide com isso.

Não há de passar despercebido que o exemplo acima ilustra uma situação de ressentimento presumivelmente gerada por descuido ou falta de atenção às linhas afetivas de força que estruturam a convivência. É diferente quando o sentimento de desprezo é motivado por soberba ou arrogância, mas quem sabe aí a retórica possa mostrar potencial educativo em si mesma, chamando atenção do seu leitor para questões éticas, ligadas ao necessário cultivo do respeito pelos outros. Importante é olhar para essas lições como convites a uma reflexão séria sobre as predisposições afetivas e seu potencial de abrir, fechar ou filtrar possibilidades de troca discursiva.

Vejamos como isso se faz presente na segunda das formas de *oligoria* – *epereasmos* –, traduzida por má vontade:[132]

> A má vontade cria entraves para os desejos alheios, não para daí se tirar proveito próprio, mas para impedir o proveito do outro. E como aquele que age de má vontade não tira proveito pessoal da situação, menospreza o outro, pois, como se torna evidente, nem sequer supõe que a pessoa que é objeto da sua má vontade o possa prejudicar (pois, nesse caso, sentiria temor e não menosprezo), ou que possa vir a obter dela alguma coisa que valha a pena (caso em que pensaria em dela ser amigo). (1378 b17-22)

A motivação para a ira está aí ligada à obstrução ou dano gratuito causado à realização de desejos e necessidades alheias. Impeço gratutitamente ou não colaboro quando nada me custaria colaborar, por simples má vontade, com a obtenção daquilo que o outro necessita ou deseja. Presume-se que quanto maior a necessidade ou o desejo, e quanto mais sem proveito for a recusa ou a interdição do seu atendimento, maior será o motivo de ira.

Basta imaginar um aluno que necessita de meio ponto para concluir seu curso e que não encontra qualquer motivo para a intransigência do professor que não a má vontade, interpretada como pura intenção de

---

[132] Vexame (Manuel Alexandre), malevolência (Bini), *spitefulness* (Freese), *spite* (Roberts).

PLANO DA *RETÓRICA* E RELEITURA DOS SEUS CONCEITOS FUNDAMENTAIS

prejudicá-lo, de prejudicar por prejudicar. Narro uma situação muito eloquente vivida numa universidade. Sem perceber minha presença, dois alunos entraram num recinto conversando sobre os motivos de um deles para frequentar aulas de certo professor que, no decorrer da conversa, pude perceber que era eu mesmo. Reconstituo o diálogo:

– Não te entendo. Por que você não cursa essa disciplina com outro professor? É masoquismo?
– Não...
– Ele já não te reprovou uma vez?
– É, mas ele me reprovou "na moral".
– Na moral?! E vale a pena correr o risco de ser reprovado de novo?
– É que a aula dele tem coisas legais, só que naquela época eu não tinha cabeça para nada.

Guardo essa lembrança com muito carinho. O aluno compreendeu que sua reprovação não tinha sido gratuita ou pessoal, que havia critérios que ele não havia atendido, que não havia se dedicado e aproveitado as discussões e, quero crer, que tinha entendido que elas eram importantes para sua formação. Por isso não guardava qualquer espécie de ira ou ressentimento. Não só isso, dispunha-se favoravelmente, mesmo desejoso de cursar de novo a disciplina com o mesmo professor, dessa vez com a devida diligência.

A lição aí é ao mesmo tempo retórica, pedagógica e ética. Nossos alunos têm o direito de saber que critérios adotamos e de compreender claramente por que não correponderam a eles, quando for o caso. Além do zelo com o cultivo de disposições favoráveis ao aprendizado, alojam-se aí questões de transparência, de isenção, de celebração e cumprimento de tratos. Esse é um dos sentidos pelos quais a retórica aqui interpretada extrapola os limites da argumentação e da persuasão, configurando-se como fio de compreensão da teia de relações que cotidianamente nos liga ao mundo e aos outros.

A última motivação para a ira é, nesse sentido, ainda mais emblemática. *Hybris* é uma palavra grega que tem múltiplos significados, em geral ligados ao excesso, à desproporção, à falta de medida e de noção do que é cabível numa determinada circunstância. É difícil conseguir tradução que dê boa conta de sua aplicação ao contexto da ira, sendo a

O ESQUECIMENTO DE UMA ARTE

escolha de ultraje assumidamente precária.[133] O sentido é, em todo caso, o da dor gratuitamente inflingida a alguém na forma de um insulto ou ofensa grave, mais pontualmente quando o insulto ou a descompostura é desproprocional ao motivo que a originou. Diz Aristóteles:

> Da mesma forma, quem ultraja menospreza. Consiste o ultraje em fazer e em dizer coisas que possam fazer sentir vergonha a quem as sofre, não porque haja outro interesse além do fato em si, mas por mero prazer. Com efeito, quem exerce represálias não comete ultraje, mas vingança. Aquilo que causa prazer aos que ultrajam é o fato de eles pensarem que o exercício do mal os torna superiores. É por isso que os jovens e os ricos são insolentes, pois ao procederem dessa forma julgam elevar-se acima dos demais. A desonra é inerente ao ultraje, e desonrar é menosprezar, porque aquilo que não tem qualquer valor também não merece qualquer estima, nem para bem, nem para mal. Assim, Aquiles irado, diz:
>
> '...tomou o prêmio que me coube para si e desonrou-me...'
> e '...como se eu fosse um estranho destituído de toda honra...'
> dando a entender que era isso que motivava sua de ira. (1378 b22-32)

A situação é infelizmente comum no âmbito pedagógico. Não é raro termos notícias de um colega que "explodiu" com um aluno específico, dirigindo a ele uma ira originada de injúrias ao seu trabalho perpetradas por toda a turma; ou, embora o aluno tenha errado, pode ocorrer que a descompostura exceda em muito a gravidade do erro; ou, ainda, que seja descarregada sobre o aluno uma fúria oriunda de dores e frustrações trazidas de fora do ambiente escolar. O que todos esses insultos têm em comum é o fato de serem percebidos como gratuitos por quem deles é alvo. Tampouco se deve perder de vista que a pessoa humilhada nesses eventos é tida como inferior a quem a insulta, desprezível, portanto não merecedora de respeito e sujeita a semelhantes desonras e vergonhas.

Como de regra em situações retóricas, as variáveis são muitas. Incluem fatores culturais, suscetibilidades e tensões presentes nos diversos contextos. Ainda assim, é razoável postular que aquele que foi desonrado ou humilhado sabe a dor que sente e há de acalentar desejo de vingança ou reparação em relação ao seu detrator, ademais passando a dele se proteger contra possíveis novos insultos. A situação é, de qualquer forma, pedagogicamente estorvante, interditante.

---

[133] Ultraje (Manuel Alexandre), insolência (Bini), *insult* (Freese), *insolence* (Roberts).

114

PLANO DA *RETÓRICA* E RELEITURA DOS SEUS CONCEITOS FUNDAMENTAIS

Voltando à importante questão da gratuidade associada à ira, cabe, por exemplo, perguntar qual seria o propósito de admoestar um aluno na frente da sua turma, em vez de fazê-lo privadamente. A menos que o que lhe seja dito tenha exemplamente a ver com todo o grupo, e que ele mesmo compreenda ser esse o caso, a admoestação lhe parecerá gratuita e abusiva, prepotente, mesmo sádica. O aluno há, no mínimo, de se sentir usado como instrumento de demonstração de poder alheio e, claro, de se ressentir disso com profundidade.

O entrelaçamento de questões retóricas com questões pedagógicas e éticas é, de resto, muito claro no âmbito da *hybris*. Trata-se, para o docente, através do cultivo das competências retóricas, de perceber o quanto todas essas situações de menosprezo são problemáticas pedagogicamente; ao mesmo tempo, contorná-las há de demandar um verdadeiro crescimento ético, ligado a um cultivo, como Aristóteles sugere no capítulo 1 do Livro II, de qualidades como a sabedoria aplicada (*phronesis*), a virtude (*arete*) e o respeito espontâneo pelos outros (*eunoia*), qualidades, no fim, necessárias à construção da confiança da plateia na figura no orador, enfim, da desejada convincência (*pistis*).

O nuançamento dos gestos de menosprezo é, afinal, infinito, sendo esse mais um signo do caráter não manualesco, mas dinâmico e formativo da retórica. Determinada pessoa sempre pode achar que não tem da outra o respeito, a gratidão ou o reconhecimento que pensa merecer, e daí se originar o *pathos* da ira em suas várias modulações. Somente um exercício muito fino e constante de percepção das circunstâncias pode ajudar a visualizar situações nesse sentido "patológicas" e retoricamente interditantes – inversamente, capazes de gerar a confiança necessária a trocas discursivas mais importantes e convincentes. A pessoa que julga não estar sendo respeitada, ou sendo menosprezada, pode, por exemplo, aferrar-se a conceito ou ideia atrelada à suposta demanda de respeito ou reconhecimento, interferindo essa cristalização em toda a sua permeabilidade ao diálogo e aos argumentos alheios.

A hipótese geral aqui levantada é a de que existe, durante as interações retóricas, uma reavaliação constante dos fluxos de respeito, reconhecimento, consideração, ou seja, da atenção que cada um acha que merece da parte do outro, daí se originando reações, atitudes, posições e cristalizações discursivas que não obedecem a nenhuma racionalidade, por mais ampliada que seja, e que, não obstante, são decisivas na definição dos possíveis fluxos discursivos.

Um parêntese necessário, é curioso que Aristóteles não discuta explicitamente, nas finas análises das *pathe* feitas na *Retórica*, as consequências discursivas das disposições afetivas predominantes em cada caso, pois, como seguiremos mostrando, muitos desdoramentos podem ser daí extraídos.

A impossibilidade de processar o tempo todo, em situações concretas, a existência dessa miríade de linhas patológicas de força, demanda, por vezes, que sejam instituídas regras de etiqueta discursiva, protocolos e formalizações que impessoalizem e estabilizem as convivências. Mesmo quem haja cultivado o despojamento ou a resiliência (*hexis*) necessária à lida comedida com as afecções dolorosas e prazerosas que caracterizam nossas existências, há de se beneficiar de algumas regras de civilidade, posto que assim se libera o espírito para outras preocupações e focos. A adoção de condutas que resultem em ganho geral de confiança, que possam estabilizar certa comunidade discursiva há, decerto, de liberar os falantes para investimentos conjuntos de maior risco e complexidade.

Não é difícil buscar em situações escolares mais exemplos do que aqui vem sendo discutido. Chamar as alunas e alunos pelo nome, definir critérios com clareza, celebrar tratos básicos e cumpri-los, quanto mais não seja a respeito de horários e prazos, cultivar hábitos simples como aguardar a vez de falar, tudo isso é bem conhecido por professores com boa formação pedagógica, mas dificilmente correlacionado com as instâncias retóricas aqui trabalhadas. A perseguição desse *ethos*, por sua vez, há de demandar competências e esforços retóricos da parte de quem tenha consciência inicial da sua importância, além, claro, de permanente atenção para evitar que as regras que o constituem se tornem elas mesmas impedimentos aos livres fluxos discursivos mais criativos.

Inúmeras ilustrações dos entrelaçamentos das *pathe* com as outras duas dimensões da *pistis* – *ethos* e *logos* –, podem decerto ser buscados no âmbito escolar e acadêmico. Mas vale ainda voltar à *Retórica* para explorar, ainda que de forma abreviada, as análises aristotélicas que se estendem para além dos trechos até aqui transcritos e comentados. O próprio capítulo dedicado à ira prossegue por mais algumas páginas chamando atenção para as pessoas e situações mais propensas à gestação desse *pathos* e sua consequente vontade de vingança. Essas análises

PLANO DA *RETÓRICA* E RELEITURA DOS SEUS CONCEITOS FUNDAMENTAIS

são todas elas muito pertinentes e reconhecíveis em cenários atuais. O filósofo nos chama atenção, por exemplo, para o fato de esperarmos consideração maior principalmente dos amigos, das pessoas a quem tratamos bem ou a quem dispensamos favores e cuidados, o que é muito comum, por exemplo, em relações mestre-discípulo. Também nos alerta Aristóteles para o fato de que pessoas em situação de forte necessidade ou privação, física ou psicológica, tendem a experimentar ira diante de quem menospreze sua dor, o que também é muito comum em situações escolares, em especial quando há assimetria social nos grupos de alunos e insensibilidade quanto a essas desigualdades. Ainda, a ironia, sobretudo na sua forma grosseira, o deboche, é apontado como causa frequente de ira por parte dos que dele são alvo, sendo essas situações muito corriqueiras na vida escolar, mesmo que ultrajantes e intoleráveis no rito acadêmico. E não somente nós mesmos, diretamente, podemos ser alvos do desprezo, má vontade ou ofensa por parte dos nossos alunos e pares, mas também indiretamente, através dos objetos da nossa estima, por exemplo, autores e obras a que nos dedicamos ou saberes que temos em alta conta. Grande "ruído" é experimentado quando alguém que expõe resultados das suas pesquisas percebe ser o seu assunto ou autor alvo de pura antipatia, preconceito ou patrulhamento por parte de arguidores.

Sendo aqui impossível multiplicar essas ilustrações, a intenção segue sendo a de mostrar o quanto pode ser rico um investimento mais detido nos convites feitos por Aristóteles neste capítulo do Livro II da *Retórica*. Antes de passar ao comentário das demais *pathe*, transcrevemos um último trecho, no qual o filósofo chama atenção para o fato de que a ira é amplificada quando as ocasiões assinaladas se dão na presença de determinadas pessoas, como se segue:

> E ainda contra os que nos menosprezam diante de cinco categorias de pessoas: as que têm rivalidades conosco, as que admiramos, aquelas por quem queremos ser admirados, as que respeitamos e as que nos respeitam. Se alguém nos menosprezar diante delas, especialmente intensa será a nossa ira. (1379 b25-30)

Também essa passagem encontra ilustrações diversas no ambiente escolar e acadêmico, bastando imaginar que alguém nos menospreze, ou aos nossos estudos, diante dos nossos alunos e orientandos. Não é demais insistir, é incrivelmente fina a percepção de Aristóteles das muitas situações de menosprezo e ira. Mesmo que ele não explore as reações discursivas relacionadas a essas disposições afetivas, sua leitura é muitíssimo instrutiva, a bem dizer, não apenas para professores e pesquisadores, mas em todos os âmbitos da convivência profissional e cotidiana.

Como seja, ainda que o capítulo dedicado à ira seja particularmente importante e, não por acaso, figure como primeiro da lista de *pathe* do Livro II, todos os outros são dignos de leitura e exploração reflexiva. Vale relembrar a lista de capítulos que se segue à ira:

3. calma, mansidão ou docilidade (*praotes*);
4. amizade e ódio (*filia* e *misos*);
5. medo e confiança (*fobos* e *tharsos*);
6. vergonha e despudor (*aiskhos* e *anaiskhos*)
7. generosidade (*kharis*);
8. piedade ou compaixão (*eleos*);
9. indignação (*nemesis*);
10. inveja (*ftonos*);
11. emulação (*zelos*)

Algumas observações mais gerais do conjunto podem ser úteis. A primeira delas é que essas disposições se entrelaçam entre si nas situações retóricas concretas, e não apenas com *ethos* e *pathos*. O medo, por exemplo, relaciona-se por vezes com a possível erupção de ira e vingança de parte daqueles que sabemos ter ofendido ou menosprezado. Essas pessoas nos ameaçam na medida em que são potencialmente capazes de nos causar injúria ou dor.

Todas as *pathe* relacionam-se, a rigor, com as experiências primárias do prazer (*hedone*) e da dor (*lype*), nas suas inúmeras formas, físicas ou psicológicas, efetivas ou potenciais. A ira tem a ver com injúria gratuita já sofrida, assim como a indignação e a inveja, à diferença do medo, do pudor e da compaixão que se relacionam com a futura possibilidade da dor. O pudor, por exemplo, tem a ver com o medo de sermos desprezados por certas pessoas em função de atos nossos considerados indignos ou indicativos de inferioridade ou incompetência nossa. Não há mesmo nada de mais comum em situações de ensino e aprendizagem que o receio de falhar, de ser ridicularizado, de revelar limitações e

PLANO DA *RETÓRICA* E RELEITURA DOS SEUS CONCEITOS FUNDAMENTAIS

incapacidades aos colegas e professores, sendo esse um componente pedagógico digno de muita atenção.

No sentido inverso, a calma ou docilidade, assim como a amizade, a generosidade e também a emulação, têm a ver com o prazer em suas diversas formas, por extensão com a construção de relações de confiança. A análise detida das diversas *pathe* aristotélicas daria corpo a um livro em separado e, por isso, vamos aqui nos ater à emulação (*zelos*), que, como já foi sugerido, não por acaso é a última das disposições afetivas tratada no Livro II, fazendo a passagem para a discussão do *ethos,* da importância discursiva da reputação e do caráter.

O primeiro ponto importante a ressaltar, é o perigo da tradução de *zelos* por emulação, no que essa palavra em português pode significar algo como imitação ou reprodução modulada de algo. A palavra grega tem o sentido de ardor, de desejo forte e admirado, desejo que leva alguém a emular e a zelar pelo objeto do desejo, podendo chegar ao zelo ciumento,[134] em todo caso distinto da inveja (*ftonos*), disposição afetiva que, no Livro II, precede a análise da emulação ou zelo. A passagem abaixo é esclarecedora:

> A emulação é um sentimento penoso (*lype*) ocasionado pela evidente presença de bens de alta estima, passíveis de virmos a obter, mas que estão, na verdade, na posse de pessoas cuja natureza é semelhante à nossa, não porque esses bens pertencem a elas, mas porque não estão ao nosso presente dispor. A emulação é por isso virtuosa e característica de homens virtuosos, ao passo que a inveja (*ftonos*) é desprezível e própria de gente vil; assim, enquanto uns pela emulação se esforçam para conseguir esses bens, outros, ao contrário, através da inveja, tentam impedir que o vizinho continue a possuí-los. (1388 a31-b1)[135]

No plano da retórica, portanto, a emulação concerne à presença de um desejo admirado e respeitoso por aquilo que, discursando, um orador promete ou representa – coisa não trivialmente ao alcance, por exemplo, de um professor de filosofia de ensino médio, em um mundo avesso ao pensamento lento e paciente, sobretudo atravessado por desejos caricatos de sucesso pessoal e profissional. Boa contrapartida pode ser imaginar um aluno de direito que deseje tornar-se um

---

[134] Ver verbete nos dicionários BAILLY e CHANTRAINE.
[135] Tradução portuguesa ligeiramente modificada.

constitucionalista, na circunstância de ter como mestre uma sumidade nesse campo, o mesmo valendo para qualquer formação profissional valorizada, e mesmo para a filosofia em seus estratos intelectuais e acadêmicos mais prestigiados.

A emulação de que fala Aristóteles tem, em todo caso, a ver com o desejo de bens que alguém julga a seu alcance e dos quais se considera digno, sendo o orador aquele que pode ajudá-lo na conquista, experiência ou usufruto desses bens. Voltando ao plano pedagógico, pode-se bem visualizar o empenho em cuidar que está presente nessa disposição afetiva. Cabe ao aluno, nesse sentido emulado, zelar para que a aula seja boa e, consequentemente, um lugar de experiência que lhe torne mais próximos os bens almejados, podendo inclusive ser que ele tente monopolizar o orador, caracterizando-se, nesse caso, a modulação do ciúme a que aludem os dicionários.

Já deve estar à vista, enfim, o caráter fronteiriço dessa paixão com questões ligadas à reputação do orador, que há de se beneficiar de uma clara consciência do papel da sua imagem nas predisposições do público em relação ao que tem a dizer, pelo que é hora de passar à discussão sobre o *ethos*.

2.3.3.2. Ethos *como reputação e credibilidade*

Jaz nas questões suscitadas pela emulação uma boa indicação para ampliar a compreensão retórica do *ethos*. Traduzir *ethos* por caráter é empobrecedor no plano retórico. A reputação ou crédito do orador se estabelecerá, sim, a partir de traços que lhe são próprios, mas também no contraste com a teia de costumes que a cada vez lhe serve de fundo. Nunca é demais lembrar que, dependendo da grafia, com êta ou com épsilon, *ethos* pode apontar para o comportamento e o caráter individual, ou para a teia de costumes na qual esse comportamento será reputado virtuoso ou vicioso, admirável ou abjeto, confiável ou suspeito.

Essa espessura semântica do termo é contemplada no primeiro livro da *Ética a Nicômaco* com preocupações éticas e políticas, cabendo aqui e agora caracterizar *ethos* como *pistis,* daí sua importância retórica. A ideia geral é que a forma ou figura de um orador, quer dizer, o modo como de pronto aparece ou se destaca em determinado contexto, afeta

PLANO DA *RETÓRICA* E RELEITURA DOS SEUS CONCEITOS FUNDAMENTAIS

a credibilidade do seu discurso em níveis mais ou menos duradouros, ou mesmo irreversíveis. As duas outras *pisteis* podem, obviamente, retificar essas primeiras impressões, para melhor ou pior, bem como reforçá-las. Ter ou não a consciência da força primária do ethos como *pistis* há, de todo modo, de ser decisivo em muitas situações.

Um exemplo da vida acadêmica pode iluminar essa importância. Um grupo de professores de filosofia estava sendo preparando para ministrar curso de ética, responsabilidade social e ambiental num país estrangeiro. Definido o cronograma, o gestor do grupo dirigiu-se ao colega que faria a primeira viagem e se ocuparia da primeira turma, pedindo-lhe um favor. Deveria, durante a estada no país de destino, tirar o visível brinco que usava numa das orelhas. O pedido causou contida indignação, na medida em que se baseava em informações que podiam não passar de meros estereótipos, mas acabou sendo atendido. O país passara por muitos anos de guerra civil e perdera parte desproporcionalmente grande de sua população masculina em certa faixa etária, exibindo desequilíbrio na relação entre homens e mulheres que afetava de forma significativa os costumes locais. Mais objetivamente falando, prevalecia entre a audiência uma espécie de "chauvinismo feminino", que autorizava a reprovação ostensiva de certos comportamentos masculinos, especialmente no nível da indumentária, mais ou menos como ainda é comum no Brasil homens se acharem no direito de determinar o comprimento da saia ou o decote que uma mulher pode ou deve usar. É claro que uma primeira impressão preconceituosa poderia ser revertida pelo professor à luz de suas competências intelectuais e docentes, e mesmo diluir-se por se tratar de um estrangeiro. A questão retórica é se valia a pena enfrentar vento inicial desfavorável, sobretudo quando não havia experiência efetiva prévia suficiente para avaliar o nível da possível rejeição.

Por mais que o exemplo acima cause desconforto político e moral em sociedades pautadas pelo direito à diferença, o fato é que se trata de situação retoricamente relevante, já que cabe a cada orador, na condição de orador, a responsabilidade pela sua imagem e pela relação dessa imagem com o restante do seu repertório e estratégias. Não se trata aqui, bem entendido, de nenhuma concessão a moralismos, sectarismos ou autoritarismos, mas da chamada realista de atenção para a presença desses vetores nas situações retóricas concretas.

O ESQUECIMENTO DE UMA ARTE

Não é difícil multiplicar situações em que essas variáveis são relevantes, bastando pensar nos costumes que caracterizam e dão identidade às diversas "tribos" que hoje constituem o tecido social brasileiro. Um dos primeiros problemas retóricos é, de fato, decidir com quem se pode conversar o quê, em qual momento. Mas, resolvido que uma conversa é desejável e deve ser levada adiante, seria retoricamente imprudente, para dizer o mínimo, deixar as questões ligadas aos costumes de lado, o que não significa a priori, voltando ao exemplo anterior, que se deva ou não "tirar o brinco", mas que uma decisão lúcida a respeito precise ser tomada.

Merece atenção ainda o fato de que não apenas a indumentária é definidora do *ethos* em seu sentido retórico. Constitui o caráter de um orador tudo aquilo que transparece previamente a uma plateia e é por ela considerado importante. Novamente no plano acadêmico, não é à toa que um minicurrículo dos palestrantes é divulgado junto com os convites para conferências. A título de ilustração adicional, não se perca de vista o quanto é importante no âmbito escolar aquilo que dizem os alunos de uma professora ou professor com quem já tiveram aula. A própria ideia de lugar de fala, hoje muito em voga no Brasil, é uma noção que remete diretamente ao *ethos* como *pistis*. Imaginando, enfim, que essas ilustrações sejam suficientes para evidenciar a importância retórica do *ethos,* deixaremos explorações de mais fôlego do conceito para mais adiante, quando tratarmos da retórica no século 21, onde a questão das novas tecnologias e, particularmente, das redes sociais, nos trará questões retóricas muito relevantes a esse respeito.

De volta ao texto da *Retórica,* constata-se que Aristóteles analisa precisamente e em sequência o *ethos* do jovem, do idoso e dos que estão no auge da vida, e depois o dos nobres, dos ricos e dos poderosos. Não deve de nenhum modo passar despercebido que ele se volta mais imediatamente para o *ethos* do público, e só subsidiariamente para o do orador, que herdará sua credibilidade da consonância que com a plateia for capaz de estabelecer.

Mas por que precisamente esses seis grupos? Boa razão é que sua atenção principal está voltada para a ágora ateniense, espaço público de discurso e decisão. Por isso não há menção aos estrangeiros e suas culturas, tampouco aos escravos ou a distinções de gênero. É-lhe suficiente marcar o quanto há de ser diferente discursar para jovens ou

PLANO DA *RETÓRICA* E RELEITURA DOS SEUS CONCEITOS FUNDAMENTAIS

para anciãos, para nobres de caráter excelente ou para nobres vis, para ricos ou novos ricos, sobretudo identificando comportamentos, gostos e preconceitos de cada um desses públicos, o que louvam ou desprezam, aquilo que desperta sua ira ou seu desejo.

A leitura dessas passagens é recomendada, enfim, desde que o foco não esteja na produção de juízos de valor sobre o modo grego de vida, ou na averiguação da correção da descrição dele feita por Aristóteles, mas na consolidação da percepção de que estratégias retóricas diferentes precisam ser selecionadas para diferentes públicos. As análises levadas a termo nesses parágrafos são de fato um tanto caricatas se comparadas com a seção anterior sobre as disposições afetivas, e, por isso, apenas duas delas são a seguir citadas e comentadas, a primeira sobre os jovens:

> Em termos de caráter, os jovens são propensos a desejos passionais e inclinados a fazer o que desejam. Entre esses desejos há os corporais, sobretudo os que se ligam ao amor (*peri ta afrodisia*), em face dos quais são incapazes de dominar-se. Volúveis e inconstantes nos seus desejos, deles rápido se fartam. Tão depressa desejam com ardor como deixam de desejar, assemelhando-se seus ímpetos aos ataques de fome e sede de pessoas doentes. (1389 a2-9)

A psicologia da juventude é decerto mais complexa do que faz crer a passagem, sobretudo no que inalienavelmente atravessada por fatores socioculturais. Não obstante, não é difícil perceber que Aristóteles tem aí em vista uma audiência parecida com as que ainda hoje têm diante de si as professoras e professores do ensino médio regular no Brasil, isto é, públicos de adolescentes com os quais não é possível lidar como se lida com grupos mais maduros e constantes. Selecionar estratégias retóricas para esses públicos envolve percepção tão fina quanto possível das linhas principais de força que estruturam a convivência e as expectativas de seus integrantes, o que aponta para saberes psicopedagógicos.

Numa outra direção, voltada menos para a idade e mais para o que Aristóteles chama de fortuna (*tykhas*) – que envolve "o nascimento, a riqueza, o poder e seus contrários" (1389 a 2-3) – ele diz dos ricos:

> São também voluptuosos (*trypheroi*) e petulantes (*salakones*); voluptuosos porque vivem no luxo e fazem ostentação da sua felicidade; petulantes,

e até grosseiros (*soloikoi*), porque estão habituados a que toda a gente se ocupe dos seus desejos e os admire, e também porque creem que os outros desejam o que eles têm. (1391 a2-7)

Novamente, é óbvio que nem todos os ricos se encaixam no perfil acima, mas igualmente prudente aceitar que não é aconselhável falar a semelhantes audiências como se estivessem abertas a relações horizontais. Combinando as duas citações, é possível pensar na diferença entre lecionar para jovens dos estratos sociais mais abastados em comparação com os mais pobres, até mesmo miseráveis, das nossas sociedades. A percepção que cada um desses públicos tem de antemão dos seus professores, portanto a emulação materializável em cada caso, há de ser muito diferente. Também nesse sentido a retórica resiste a se reduzir a uma técnica, mesmo no sentido grego dessa palavra. São complexidades muitas, ora traduzidas na demanda por sensibilidades psicológicas, sociais e culturais, enfim, em suas contrapartidas de autoestima, conhecimentos prévios, hábitos e expectativas.

Mais, lembre-se o quanto toda essa discussão é consonante à epígrafe que abre este trabalho, de que "todo discurso é discurso sobre certo assunto, dirigido a determinado público, em dada circunstância e por determinado orador", o que nos leva ao Livro III, que, além de livro estilístico, trata da estrutura e dos momentos da elaboração discursiva, visando adequá-los aos seus vários públicos, circunstâncias, assuntos e oradores.

2.3.4. *Topos,* estrutura e momentos discursivos

Finalizada a apresentação das noções retóricas de *pathos* e *ethos,* cabe cumprir a promessa feita na seção de título *"Logos* e *topos",*[136] e seguir explorando a segunda dessas noções, explicando agora em que sentido Aristóteles diz, por exemplo no capítulo 22 do Livro II, que também essas duas dimensões da convincência podem ser pensadas como *topoi* (1396 b33-34).

---

[136] Ver 2.3.2.8

PLANO DA *RETÓRICA* E RELEITURA DOS SEUS CONCEITOS FUNDAMENTAIS

Bom caminho se abre no início do Livro III, já apresentado em suas linhas gerais.[137] Aristóteles começa dizendo que é primeiramente preciso dar conta das fontes da convincência (*pisteis*), depois discutir questões léxicas e, por fim, as partes dos discursos e suas ordenações (*taxai*, 1403 b6-8). Anuncia nesse primeiro parágrafo exatamente a estrutura do Livro III: à introdução se seguem onze capítulos sobre questões léxico-estilísticas e, a partir do capítulo 13, a discussão sobre as partes dos discursos.

Sobre as fontes ou dimensões da convincência, ratifica que são apenas três, nomeadas precisamente como *pathos, ethos* e *logos*. Buscar as fontes da convincência envolverá definir, em cada caso, a combinação adequada dessas três *pisteis,* lidando com variadíssimas possibilidades. Enfim, tendo já cada uma dessas três dimensões sido explorada nos livros anteriores, Aristóteles esclarece que cabe no Livro III tratar do mundo discursivo no qual essas fontes se encontram de antemão dispostas e podem ser acionadas e combinadas. Parece inclusive ser esse o motivo pelo qual ele discute em seguida precisamente a *lexis,* quer dizer, os sentidos sedimentados ou cristalizados no léxico, sua plasticidade e resiliência, seus deslocamentos e transformações possíveis, suas metáforas. O livro é finalizado com a ordenação desses movimentos de materialização da convincência em partes, sendo que, como já sugerimos e seguiremos discutindo, Aristóteles não se mostra canônico, mas preferencialmente reflexivo sobre essas ordenações.

Ele alerta que "não é suficiente saber o que se deve dizer, sendo preciso saber como dizer, de modo a fazer com que as coisas efetivamente se mostrem no discurso" (1403 b15-18).[138] A visão do que a cada momento está dado no mundo não há de ser para Aristóteles uma visão meramente estrutural ou esquemática; e talvez por aí se reforcem a razões por que não são observadas nos capítulos finais as formas de ordenação já vigentes na Grécia do seu tempo, por exemplo nas lições de Isócrates, que seguiriam sendo discutidas e aperfeiçoadas nos tempos que se sucederam.

No que se refere aos momentos da elaboração discursiva, Quintiliano, por exemplo, no Livro III da sua monumental *Instituição Oratória,* diz

---

[137] Ver 2.2.3.
[138] Tradução direta minha.

que "a arte oratória, segundo ensinaram a maioria dos autores e os expoentes máximos, consta de cinco partes: a invenção, a disposição, a elocução, a memória e a pronunciação ou ação".[139] Segue, todavia, discutindo problematizações dessa enumeração feitas por oradores como Albúcio,[140] Cícero, Díon[141] e Hermágoras, que ora reivindicavam a inclusão do julgamento no conjunto de momentos retóricos, ora tendiam para enumerações mais econômicas, subsumindo, no caso de Díon, a elocução à invenção e a pronunciação à disposição.

A reflexão sobre esses momentos já vinha sendo preparada por Aristóteles, a bem dizer, desde o Livro I, com a definição da retórica como *dynasthai theorein* (1355 b34), potência teórica capaz de descobrir o que é adequado em cada caso ou circunstância, com vistas à convincência discursiva. Não custa recapitular, *theorein*, no seu sentido grego, tem a acepção de um ver abrangente, capaz de reunir e perspectivar as coisas num conjunto compreensível. O conjunto coberto por essa potência teórica, por sua vez, na medida em que tem precisamente em vista a elaboração de discursos convincentes, capazes de despertar atenção, só ganha seus efetivos contornos com a ordenação das ações discursivas, com a escolha do repertório a mobilizar e com a visualização da sua inserção no mundo, dada no momento do proferimento.

É inclusive surpreendente para muita gente topar, no final do capítulo 1 do Livro III, com uma vigorosa chamada de atenção para a importância do pronunciamento dos discursos, da ação de proferi--los, da *hypocrisis*. Trata-se da "encenação", da "colocação em cena", da materialização do plano e do repertório discursivo. Aristóteles chama atenção para a proximidade dessas preocupações com o que se discute na *Poética* e, ao mesmo tempo, para sua diferença em relação à pronunciação retórica, dizendo que nenhum tratado havia até aquele momento sido composto sobre essa temática. Mas limita-se a chamar atenção para a importância da voz (*fone*) e para a necessidade de empregá-la de acordo com cada emoção, observados aí timbre, volume, harmonia e ritmo; mais adiante faz alusão à expressão facial (*prosopo*, 1408 b6),

---

[139] Livro III, III.1, p. 417.

[140] Caius Albucius Silus, célebre na época do imperador Augusto (nota 58, Livro II).

[141] Díon (408-354 a.C.): de Siracusa, estudou na Academia de Platão (nota 38 Livro III).

PLANO DA *RETÓRICA* E RELEITURA DOS SEUS CONCEITOS FUNDAMENTAIS

sendo razoável imaginar, dado o paralelo com a poética e a representação teatral, que também o gesto, o corpo, as vestes e a posição no espaço cênico tenham importância.

Possivelmente movido por essa chamada de atenção aristotélica, Quintiliano dedica parte do Livro XI da sua *Instituição Oratória* a um detalhamento da pronunciação que considera a aparência, a gesticulação e os trajes do orador.

Importante é perceber que, quando ao longo deste livro se fala de uma interpretação topológica da *Retórica,* se tem em vista a pletora de linhas de força que estruturam os lugares discursivos, com certeza ainda mais adensada com a inclusão da *hypocrisis.* A ideia de topologia é, aliás, preferida à de topografia por comportar plasticidades mais múltiplas. As metáforas geográficas ligadas ao relevo ganham, inclusive, maior propriedade no que conotam texturas, fluxos, obstáculos, continuidades e descontinuidades, deslocamentos de diversas naturezas, ou seja, no que se estendem para além das "rugosidades topográficas".

A visão de conjunto que busca a convincência adequada a cada circunstância tem, de todo modo, que contemplar o entrelaçamento das três *pisteis* em sua relação com aquilo que em cada momento pode ser mobilizado com vistas a propósitos bem escolhidos. Sobretudo, não se pode perder de vista o quanto são múltiplas as associações estruturantes dos sentidos evidenciáveis, associações que devem se fazer, rigorosamente falando, em meio a entes que se dizem de múltiplos modos. A voz e o tom precisam concordar com a gravidade do assunto e da ocasião. A figura da oradora, sua idade e gestos precisam dialogar com os significados que ela mobiliza. As palavras, as figuras de linguagem e a correção gramatical devem ser consonantes ao público e a sua cultura. Cuidando de evitar a contradição de tentar ser exaustivo nessas exemplificações, guarde-se na memória apenas que as associações entre premissas, mesmo entre significados em geral, precisam encontrar aceitação das audiências tão tácita e segura quanto possível. A quantidade e a variedade de relações e remissões que estruturam o âmbito retórico é, na verdade, tão formidável que faria sombra às dimensionalidades numéricas e espaciais perpétua e genialmente reinventadas pelos matemáticos, ou mesmo aos sublimes modelos físicos do universo, hoje com mais de uma dezena de dimensões. Pergunta retórica: quantas seriam as dimensões mobilizadas pela linguagem das palavras, dos gestos, das emoções, das imagens, das coisas, das reputações, das inferências, das sinonímias, das memórias...?

Adiante-se ainda, preparando o capítulo final deste livro, que as interfaces discursivas experimentadas por Aristóteles tinham nos encontros presenciais realizados na ágora o seu paradigma, sendo mesmo os textos escritos pensados no mais das vezes com vistas à leitura pública. Fato é que os gregos daquele tempo não conheceram os vídeos gravados, analógica ou digitalmente, muito menos o hipertexto, os links, a internet, os *big data*, os algoritmos. A releitura da *Retórica* aqui empreendida tem, em vista dos desafios desses novos tempos, uma dupla intenção: preservar o chão de uma tradição de pensamento "mundano" do sentido e evitar o fechamento histórico das suas grandes questões. Tentaremos, em resumo, ilustrar no capítulo 3 como o atual momento informacional pode ser irrigado com as pistas resgatadas junto a essa tradição.

Antes, contudo, cabe falar topologicamente das partes dos discursos, de que Aristóteles se ocupa nos capítulos finais do Livro III. Essa apresentação corresponde a um desdobramento explícito do segundo momento retórico: a ordenação, o planejamento, a *taxis*. A recusa à canonização de que falávamos há pouco se mostra logo no início do capítulo 13, onde se lê que "são duas as partes do discurso" (1414 a30), a exposição do problema (*prothesis*) e seu tratamento convincente (*pistis*) – duas partes essenciais e inseparáveis que parecem aplicar-se sem exceção a todas as situações retóricas.

Essas duas partes podem, dependendo do caso, fazer-se preceder de um proêmio (*prooimion*) e seguir-se de um epílogo (*epilogos*), perfazendo, assim, o cânone mais conhecido pela sequência latina *exordium, propositio, argumentatio, conclusio*, que parece ter em vista discursos mais formalizados, no mais das vezes elaborados para serem pronunciados sem interrupção, ainda que, mesmo entre os romanos, isso seja discutido à luz das diferentes situações discursivas.

Aristóteles esclarece, por exemplo, que:

> A função mais necessária e específica do proêmio é pôr em evidência a finalidade daquilo sobre que se desenvolve o discurso; e é por isso que, se o assunto for evidente ou de menor importância, não haverá utilidade no proêmio.[142] (1415 a21-24)

---

[142] Modificada da tradução Portuguesa.

PLANO DA *RETÓRICA* E RELEITURA DOS SEUS CONCEITOS FUNDAMENTAIS

Sempre à guisa de ilustração, ele explora a partir do capítulo 13 os três grandes gêneros retóricos, judicial, deliberativo e epidíctico, mostrando quais partes são mais necessárias em cada um deles e em que condições. Ainda sobre o proêmio, pontua na esteira da citação acima que ele costuma ser necessário quando o assunto é difícil ou contrário à opinião comum, e que pode ser de pouca importância nos discursos deliberativos, quando se discute algo de que o auditório tem prévio conhecimento.

Já o epílogo, tratado no capítulo 19, não por acaso o último da obra, Aristóteles parece pensá-lo principalmente a partir do gênero judicial, ainda que não exclusiva ou nomeadamente. O filósofo lhe atribui de início as funções de: predispor o auditório a nosso favor e contra nosso opositor; amplificar ou atenuar o que foi dito; estimular as paixões do auditório; recapitular o que foi tratado, sobretudo mostrando que se cumpriu o que foi prometido (1419 b10-13). Essas quatro funções têm, naturalmente, aplicações mais amplas que as judiciais, devendo combinar-se para produzir conclusões adequadas a cada circunstância, por exemplo, ao encerramento de uma aula, como será explorado adiante. Sua última frase, também a última da obra, é em todo caso de inspiração judicial: "Disse, ouvistes, tendes os fatos, julgai!" (1420 b5).[143]

Mesmo sobre as duas partes ditas essenciais da composição retórica, a exposição do problema (*prothesis*) e seu tratamento convincente (*pistis*), Aristóteles faz incidir matizes. A "exposição", que no início se reveste de caráter mais geral, é tratada no capítulo 16 como "narração" (*diegesis*). Corresponde à presentificação dos fatos ou elementos que deverão ser articulados convincentemente. A escolha e sequenciamento desses elementos deve ser feita criteriosamente, em consonância com a visão geral da circunstância discursiva. Pode mobilizar fatos externos diretamente ligados ao assunto (ditos não técnicos), dentre os quais se contam testemunhos e evidências materiais, e elementos mais livre e engenhosamente inventariados pelo próprio orador (técnicos).

Lê-se mais adiante: "É preciso, portanto, distribuir a narração por distintas partes do discurso, no mais das vezes evitando fazê-lo logo no início" (1417 b13-15). Essa passagem é importante por dois motivos:

---

[143] Aqui foi seguida integralmente a tradução portuguesa e sua nota 247, onde se esclarece que se trata "provavelmente [da] conclusão de Lísias, *Contra Eratóstenes*".

rompe com a ideia de que Aristóteles estaria defendendo uma sequência rígida das partes do discurso e, considerando que o proêmio nem sempre é necessário, indica que a exposição do problema é mais ampla que a narração, envolvendo tanto a apresentação quanto a circunscrição da questão e, dependendo do caso, arrolando instâncias e ilustrações a ela associadas.

Também o tratamento convincente do tema é bastante matizado pelo autor, que começa o capítulo 17 dizendo, textualmente, que "as formas de convincência (*pisteis*) devem ser cabais ou demonstrativas (*apodeitikas*)" (14171 b21). Seguindo o entendimento mais geral do termo *pistis*, os tradutores dizem que "é necessário que as provas sejam demonstrativas" (tradução portuguesa) ou que "os meios de persuasão devem ser demonstrativos" (tradução brasileira). A sequência do capítulo, entretanto, em consonância com o restante da obra, mostra de forma nítida que o sentido dessa frase é o de que a articulação dos elementos, fatos e demais componentes do repertório retórico deve ser feita buscando a convincência cabível em cada caso, de modo que o resultado seja demonstrativo, conclusivo e bem sucedido naquilo a que se propõe. Espalham-se pelo capítulo ditos como: "nos discursos epidícticos a amplificação é utilizada no mais das vezes para mostrar que os fatos são nobres e úteis, e assim tornar as coisas dignas de crédito (*pisteuesthai*)" (1417 b31-32); ou "não se deve buscar entimemas em todos os casos" (1418 b10); e "a oratória deliberativa é mais difícil que judicial. [...] [pois] os discursos judiciais têm na lei (*nomos*) a sua hipótese, sendo mais fácil produzir uma demonstração (*apodeixin*) quando se dispõe de um princípio básico (*arkhe*)" (1418 a21-268).[144] Todas essas passagens corroboram suficientemente o que vem reiteradamente sendo trabalhado ao longo deste livro, não havendo necessidade de multiplicar as citações. O sentido geral é o de que a convincência é sempre a convincência adequada a cada caso, devendo ser construída de forma tão lúcida quanto possível, à luz daquilo que em cada circunstância é potencialmente mobilizável para a promoção dos objetivos perseguidos.

Mais, registre-se que Aristóteles interpõe dois capítulos ao que seria a série canônica constituída por proêmio ou exórdio, exposição ou narração, confirmação ou argumentação, conclusão ou epílogo. O capítulo

---

[144] Traduções minhas.

PLANO DA *RETÓRICA* E RELEITURA DOS SEUS CONCEITOS FUNDAMENTAIS

15 é, de fato, um capítulo estranho. Interposto entre as discussões do proêmio e da narração, trata de tópicas judiciais reconhecivelmente ligadas aos papéis da acusação e da defesa. Já o capítulo 18, interposto entre as discussões da *pistis* propriamente dita e do epílogo, trata na sua maior parte do uso retórico da interrogação. Curiosamente, termina com reflexões sobre a ironia, o escárnio e a exposição ao ridículo, trazendo, por conseguinte, de volta questões tratadas em capítulos anteriores da *Retórica*, ocupados de questões léxicas e figuradas da linguagem, que aqui ainda serão contempladas.

Tudo isso há de ficar mais claro, enfim, se, em vez de seguir explorando os exemplos extraídos da cultura grega do tempo de Aristóteles, ilustrarmos o que foi até aqui conceituado com situações didático- -pedagógicas de conhecimento atual e comum. Essa reflexão sobre as partes dos discursos, na verdade, desde que devidamente flexibilizada e compreendida em escopo amplo, como desdobramento da tomada de consciência da circunstância discursiva, pode ser indefinidamente estendida e cobrir situações as mais diversas, não apenas as que serão a seguir evocadas.

Fato é que as situações pedagógicas são excelentes para ilustrar, dentre outros pontos, a elasticidade do arco temporal coberto pela *taxis.* Pode ser aplicada ao planejamento de uma aula específica, de um bloco pedagógico, de um ano letivo completo, ou de quaisquer unidades curriculares que se tenha em vista. Uma aula, por exemplo, precisa ser iniciada por um proêmio, que pode ser mais ou menos importante dependendo de fatores como o tempo transcorrido desde o último encontro ou o evento a ela imediatamente anterior: recreio, aplicação de prova, até mesmo outra aula sobre assunto próximo ou dessemelhante, longa ou curta, motivante ou tediosa. Ato contínuo, o professor precisa trazer para a cena o assunto a tratar, recapitulando sua última aula ou pedindo aos estudantes que tenham em mãos o mate- rial didático, quem sabe, pensando na velha lousa, nela dispondo os tópicos ou textualidades a discutir. Essa exposição ou narração deve ser fazer seguir de explicação, problematização ou realização de trabalhos, dependendo da dinâmica escolhida para a exploração e assimilação dos aprendizados. Digressões são naturalmente autorizadas em quaisquer momentos da sequência, de modo a inserir explicações, corrigir rotas ou disposições afetivas. A finalização da aula pode igualmente observar vários formatos, desde a recapitulação do que foi feito até a combinação dos próximos passos do curso.

Tal planejamento deve, por sua vez, inserir-se convincentemente no contexto de proferimento da aula. Precisa ter em conta o programa de curso, as normas e recursos da instituição onde acontece, o tamanho e constituição social da turma, o momento e os propósitos da formação do grupo, propósitos de curto, médio e longo prazo, enfim, uma miríade de fatores demandantes de uma adequada visão de conjunto – ou *dinastai theorein*.

O que foi aplicado a uma aula – que pode ter de 50 minutos a 3 horas, ou mais, dependendo do segmento de ensino – pode ser comprimido ou dilatado temporalmente. Um debate realizado durante uma aula demandará que a professora anuncie e exponha suficientemente o tema, que produza ou reformule algo a partir das várias contribuições e dissensos, sendo de importância, em se tratando de situação de ensino e aprendizagem, que a turma perceba a relevância da atividade e seu propósito, a ser enfatizado ou mesmo amplificado na conclusão dos trabalhos.

Comprimindo o arco temporal, uma discussão específica no seio desse mesmo debate envolverá necessariamente um problema ou questão, que deve ser bem delineada e exposta na sua complexidade e relevância, para que posições sejam mapeadas, alternativas de enfrentamento colocadas e posições defendidas, devendo sua conclusão desembocar numa renegociação de distâncias, dúvidas e convicções.

Em sentido oposto, isto é, alargando a temporalidade da ordenação discursiva, pode-se pensar num curso que comece com a apresentação de um programa, que se desdobre com a listagem e problematização de cada um dos seus pontos, até ser concluído com um balanço do que foi efetivamente feito ao final do semestre.

Importante é ter em mente que a combinação de momentos e estruturas retóricas é poderosa a ponto de ajudar a pensar de situações pontuais de improviso a planejamentos de longo prazo. Como já vem sendo anunciado, a proposta do terceiro e último capítulo deste escrito é examinar a capacidade de todas essas articulações teóricas fornecerem bases para a compreensão e lida com o mundo digital, com suas novas e cambiantes interfaces, portanto possíveis novos sequenciamentos. Falta, todavia, nelas incluir a textura léxica a ser imperativamente levada em conta por quaisquer planejamentos e performances que se queiram convincentes.

PLANO DA *RETÓRICA* E RELEITURA DOS SEUS CONCEITOS FUNDAMENTAIS

2.3.5. Estilo, metáfora e força retórica

A elocução, *lexis*, terceiro momento da elaboração retórica, é tratada por Aristóteles nos capítulos 2 a 12 do Livro III. Planejado a partir da visão geral da situação em que se insere, o discurso convincente precisa se materializar mobilizando o repertório disponível e evidenciando, tão clara e inteligentemente quanto possível, as formulações e reformulações relevantes para o assunto em discussão.

Uma pequena digressão: desde que se entenda estilo de forma ampliada, para além de enquadramentos amaneirados ou caricatamente consagrados, não é de todo descabido o título de estilístico dado a esse terceiro livro da *Retórica*. As boas soluções de materialização discursiva e produção concreta de sentido podem decerto ser imitadas e se repetir, sendo todavia essencial que resultem de escolha e articulação inteligente de elementos consonantes a cada planejamento, disso dependendo a capacidade de colocar diante dos olhos o que seja realmente merecedor de atenção.

Aristóteles trata nesse momento do texto, em suma, do estofo discursivo, da conexão do planejamento com o mundo em que o falante já se encontra sempre lançado, e onde estão dispostos os elementos retoricamente mobilizáveis. Bem entendido, o filósofo não investe nesses capítulos em nenhuma filosofia da linguagem, ou numa linguística pensada como ciência gramatical – sintática, semântica ou pragmática. Não nos oferece nenhum elenco de tropos ou figuras de linguagem, como mais tarde inventariadas por Quintiliano no Livro VIII da *Instituição Oratória*, depois da *Retórica a Herênio*,[145] problematicamente atribuída da Cícero; enfim, menos ainda alguma discussão taxonômica sobre tropos e não tropos, como articulada por Pierre Fontanier, no século 19, na obra hoje conhecida como *Les Figures du Discours*.[146]

Aristóteles convida o leitor, em vez disso, lançando mão de exemplos do seu tempo, a uma simples reflexão sobre a escolha dos elementos e associações capazes de dar textura convincente aos planos retóricos traçados. O convite se insere na sequência dos momentos retóricos, quando

---

[145] [CICERO] 1964.

[146] O livro hoje vendido é uma junção da última edição revisada pelo autor de *Manuel Classique pour l'étude des tropes* (1830) e da única edição publicada de *Figures autres que les tropes* (1827). Ver *Fontanier*, introdução, p. 6.

estaria já claro ao orador quais são as tópicas gerais estruturantes do seu discurso, quanto de *logos, ethos* e *pathos* deverão nele fazer-se presentes, se são cabíveis entimemas com pretensões conclusivas ou se é melhor buscar exemplos, máximas, anedotas e gestos, enfim, como enunciar as premissas e elementos narrativos escolhidos, encadeando-os, dispondo--os, ordenando-os de modo convincente. O que nesse momento precisa ser providenciado são as palavras e expressões capazes de materializar convincentemente o planejamento em mente, materialização que deve culminar num proferimento, numa encenação.

A retomada de um exemplo utilizado quando discutíamos a diferenciação entre silogismo e entimema pode ajudar a melhor mapear o campo da *léxis.* O silogismo "Todos os homens são mortais; Nonato é homem; logo, Nonato é mortal" era retraduzido no entimema "A indesejada das gentes chegará também para Nonato". Faz grande diferença retórica, como antecipamos, sobretudo em função do contexto de uso do entimema que tem como conclusão a inexorabilidade da morte, o uso da metáfora "a indesejada das gentes" para significar o fim da vida. A estrutura silogística não é alterada, mas a precisa escolha dessa forma de elocução, junto com as elisões operadas na construção do entimema, tem efeitos decisivos no contraste produzido e naquilo que é afinal semanticamente evidenciado. Dentre as muitas formas de fazer referência à morte, "a indesejada das gentes" enfatiza a dificuldade geral de lida com a finitude da nossa existência. Não fosse o suficiente, fará óbvia diferença o tom e o ritmo empregado no pronunciamento que adverte Nonato da sua finitude, que deverá adequar-se ao propósito geral do planejamento e às escolhas léxicas que lhe dão carnadura.

Bem se vê quão variado é o repertório léxico mobilizável para a materialização das estratégias e táticas visualizadas nos dois primeiros momentos retóricos. Antecipando o que será amiúde discutido, faz diferença dizer que "fulano é corajoso como um leão", que "fulano é um leão", ou que "tem juba". São variações ao mesmo tempo sutis e decisivamente diferentes em suas efetividades retóricas, já nesse singelo exemplo se vendo como podem ser amplas as possibilidades de escolha léxica, especialmente as formas de associação e inserção produtora de sentido e significado num dado contexto retórico.

A referida simplicidade da *Retórica* aristotélica nada tem, portanto, de simples, no sentido instrumental ou esquemático encontradiço em retóricas posteriores. O que se tem é, na verdade, uma forma muito própria de convidar o aluno do Liceu a explorar e refletir sobre a complexa topologia do universo léxico. Enfim, não sendo possível restituir aqui todas as questões relacionadas à elocução evocadas pelo texto, foi nossa opção reagrupá-las seletiva e didaticamente, na verdade subvertendo a ordem de apresentação original, de modo a dar um ideia geral e atualizada da tarefa artesanal em discussão.

São três os elementos entrelaçadamente contemplados nos onze capítulos dedicados à *lexis*:

1) elementos de produção, deslocamento e evidenciamento de sentidos e significados, sendo a metáfora a figura central a compreender;
2) elementos concernentes a requisitos estilísticos, como a exigência de clareza, de observação da justa medida, de correção gramatical, de adequação da forma ao assunto, de expressividade;
3) ritmo e ordenação frasal dos elementos.

2.3.5.1. *Colocar diante dos olhos*

A atenção à metáfora está de fato presente em todo o Livro III, sobretudo entre os capítulos 2 e 12, mais pontualmente ainda nos capítulos 10 e 11. A forma como ela é pensada é de grande importância para a leitura hermenêutico-fenomenológica, topológica, que vimos empreendendo desde o começo deste escrito. Bom termo dessa importância é a expressão "colocar diante dos olhos" (*pro ommaton poiein*, 1410 b33-34), que se repete com pequenas variações nos momentos de maior atenção ao conceito.[147]

A expressão "colocar diante dos olhos" é, afinal, ela mesma uma metáfora, que remete à visualização de algo que ganha evidência e não pode ser ignorado. Já no capítulo 2 isso pode ser depreendido da passagem: "Daqui é que se devem tirar as metáforas: de coisas belas quer em som, quer em potência (*dynamei*), quer em poder de visualização (*opsis*), quer em outra forma de percepção (*aisthesei*) (1405 b17-19).

---

[147] Ver 1411 a26; a28; a 35; b8-9; b24 e; b25.

O sentido geral aí expresso é o de buscar no contexto discursivo meios de dar destaque, sonoridade, relevo, evidência ao que precisa ser dito.

Palavra de uso corrente ainda hoje na Grécia, a metáfora é na *Retórica* muito mais que uma figura de linguagem diferida da metonímia, da hipérbole, da catacrese. Caracteriza uma forma geral de produção de sentido através de deslocamentos tópicos, de aproximações e distanciamentos de várias naturezas, enfim, de remissões e associações capazes de trazer para diante dos olhos algo potencialmente evocável dentro do contexto compartilhado pelos falantes. Aristóteles afirma ainda no capítulo 2 que "no que concerne [...] às diferentes espécies de metáforas, e aos motivos que as tornam muito importantes, quer na poesia quer na prosa, reiteramos que isso foi discutido na *Poética*" (1405 a3-6).

Mas, mesmo na *Poética,* a atenção concedida à metáfora está muito longe da elaboração de algum inventário mais longo de distinções entre as diversas formas metafóricas de figuração. Apenas quatro tipos gerais de metáforas são identificados naquele texto. Lê-se: "A metáfora é o deslocamento do nome de uma coisa para outra, do gênero para a espécie, da espécie para o gênero, de uma espécie para outra, ou por analogia" (1456 b7-9).

Também na *Retórica* são ditos quatro os tipos de metáfora e destacado o último, a "metáfora por analogia" (1410 b36-1411 a1). Mas parece caber nessa suposta disjunção uma variedade considerável de metáforas, com Aristóteles dizendo que "as imagens (*eikones*) são metáforas";[148] que "provérbios (*paroimiai*) são metáforas de espécie a espécie", que "as hipérboles de maior aceitação são também metáforas" (1413 a13-22).

Nesse sentido ampliado, as metáforas vão das analogias, comparações e construções de imagens mais explícita ou extensamente formuladas, às substituições mais diretas e pontuais de nomes, com grande liberdade para as bases associativas e propósitos que sustentam esses deslocamentos semânticos. A ilustração da hipérbole fornecida por Aristóteles é, por exemplo, a menção a um homem de olhos muito negros através da comparação com um cesto de amoras (1413 a19-22).

---

[148] Ver início do capítulo 4, 1420 b20 et seq, para a comparação entre imagem e metáfora em sentido estrito, em torno da atribuição a Aquiles de qualidades de um leão.

PLANO DA *RETÓRICA* E RELEITURA DOS SEUS CONCEITOS FUNDAMENTAIS

Espalham-se pelo texto, em suma, menções a diversos movimentos de construção de imagens-metáforas, pensadas como colocação diante dos olhos daquilo que precisa ser evidenciado a cada vez. Citando Homero, Aristóteles entende como metáfora também a substituição do inanimado pelo animado (1411 b31 et seq), ou seja, sem nomear, aquilo que hoje conhecemos com prosopopeia ou personificação. Nomeadas ou apenas ilustradas, povoam o texto, além da atenção às metáforas, alusões a sinonímias, homonímias, trocadilhos, anedotas, paradoxos, oxímoros.

Ainda mais importante que indicar a despreocupação de Aristóteles com uma taxonomia das figurações retóricas é, de todo modo, recapitular que a retórica não trata estrita ou necessariamente de persuadir, mas de voltar o olhar da audiência para aquilo que precisa de atenção e pode levá-la a examinar opiniões e sopesar juízos. O espírito que anima todo o constructo retórico, especialmente a *lexis,* é, em síntese, o de tornar visíveis unidades de sentido que se evidenciem por contraste em relação ao fundo de nexos constituintes das questões em disputa, discussão ou análise.

Essa pista permite interpretar uma afirmação a princípio estranha, feita no capítulo 10, onde Aristóteles adensa a discussão sobre a metáfora. Diz que "devemos ter em vista três elementos: metáfora (*metaforas*), antítese (*antitheseos*) e efetividade (*energeias*)" (1410 b35-36). O uso da metáfora é associado a dois outros conceitos menos explorados, o primeiro em geral confinado a sentidos mais pontuais, dados pelos entendimentos atuais da antítese, e o segundo balizado por sua importância metafísica, eternizada no par *dynamis-energeia*. O sentido da frase parece, contudo, na *Retórica,* ser o de colocar diante dos olhos o que é digno de atenção. Os três termos dariam respectiva e conjuntamente conta de deslocamento, contraste e efetivo evidenciamento de sentido.

Melhor examinada, a ideia de *antithese* trabalhada no texto remete mais amplamente às oposições, aos destaques obtidos por comparação e contraste. Perceber quanta atenção Aristóteles concede a essa forma de construção de sentido nos leva a refletir sobre a real importância e constância de uso desse recurso construtivo em situações retóricas. O termo aparece várias vezes declinado com o sentido da citação acima, mas também de forma mais geral, por exemplo, em passagem onde se lê que o enunciado composto ou é estruturado aditivamente (*dieremene*) ou é antitético (*antikeimene*) (1409 b34). O discurso aditivo é aquele em que os vários elementos são enunciados em sequência, de modo a consumar o significado pretendido. Aristóteles dá apenas um exemplo de estrutura aditiva e se atém mais longamente à composição antitética, aquela em que as partes se opõem e contrastam entre si, com finalidades retóricas diversas.

Como seja, a chave para o entendimento da importância da antítese ora discutida talvez esteja no fato de que o discurso retórico é essencialmente falando o discurso problemático, por isso tendo que lidar com oposições e contraposições, de modo a colocar diante dos olhos o que seja capaz de reorganizar seletivamente essa problematicidade. É tentador aqui evocar a imagem nietzschiana da linguagem como exército de metáforas, evidenciando-se aí, na ideia de "exército", um flerte da metáfora com a oposição e o confronto.

Alguns exemplos tirados do âmbito docente podem ajudar a esclarecer essa importância retórica da antítese, conquanto seja necessário um inventário de muito maior diversificação e amplitude para ser indutivamente convincente a respeito da real importância dessas contraposições nos discursos retóricos.

Certo professor de filosofia expunha a um público de estudantes e professores a tese de que a respiração, explorada na sua peculiar polissemia, podia ser um bom caminho para pensar a então instalada pandemia de coronavírus. Tratava-se, afinal, de uma patologia respiratória. Só que, em vez de simplesmente enumerar os diversos sentidos diretamente ligados à palavra respiração, agrupou-os em pares antitéticos: inspiração e expiração, dentro e fora, compressão e expansão, rapidez e vagar, profundidade e superficialidade, tranquilidade e sofreguidão, ponto e infinito, confinamento e amplidão, sufoco e arejamento, eu e outro, indivíduo e mundo, corpo e cosmos, fisiologia e existência, natureza e vontade, e por aí afora.

Não bastasse, o professor contrapunha sua hipótese respiratória de análise da pandemia a múltiplas outras reflexões que à época proliferavam entre a intelectualidade mundial. Mesmo aí, buscando ser didático, chamava atenção para as oposições existentes, por exemplo, entre os que viam na pandemia uma inusitada abertura de caminhos para um mundo mais solidário e menos desigual, e aqueles que alertavam para a possibilidade de recrudescimento das atuais formas de violência e concentração de poder potencializada pela nova conjuntura socioeconômica.

Não é aqui decerto o caso de seguir resumindo a tese do referido professor, mas de chamar atenção para as formas por ele usadas para dar convincência à sua leitura do momento civilizacional de incidência da pandemia. A apresentação da polissemia da respiração em pares anti-téticos revela-se muito mais eficiente na apresentação da sua amplitude semântica e da capacidade de ligar as diversas instâncias da pandemia. Nenhum inventário simplesmente indutivo das acepções da palavra respiração teria igual força retórica.

Ainda um outro ponto iluminado pelo caso é o fato de que os dis-cursos não são em geral compostos de apenas um, dois ou meia dúzia de períodos, ao contrário, envolvem escopos muito diversos, entre palavras, expressões, períodos, frases completas, parágrafos, blocos de ideias e partes estruturantes, tudo isso em diálogo com o contexto no qual sua textura e contorno têm que se destacar e dizer a que vêm. Seria por isso necessário analisar a disposição das antíteses há pouco evocadas no conjunto do discurso, disposição essa, por tudo o que foi dito, que há de ter sido planejada para ter o devido destaque e produzir o efeito retórico desejado.

Esses últimos pontos dão passagem, enfim, a uma suficiente atri-buição de sentido ao terceiro termo da afirmação que ainda seguimos analisando: a ideia de *energeia*. Variações do termo povoam o capítulo 11,[149] dando conta do trabalho (*ergon*) retórico de atualização de possi-bilidades latentes em cada contexto discursivo, ou seja, da concomitante força expressiva a ser habilmente levada a termo nesse trabalho. É digno de registro, o insigne *Dicionnaire Grec-Français*, de Anatole Bailly, registra no respectivo verbete a acepção retórica da *energeia*: "força ou vivacidade no discurso".

Ainda na perspectiva fenomenológica que anima este regate da retórica aristotélica, é possível pensar esse movimento de colocar diante dos olhos, sobretudo a partir dessa ideia de atualização de possi-bilidades latentes no contexto discursivo, no sentido do desvelamento heideggeriano, e por aí a verdade (*aletheia*) a partir da perspectiva hermenêutico-ontológica do contraste e do surgimento, ou seja, libertar

---

[149] Ver 1412 a3, a4, a9.

a própria noção de verdade de um aprisionamento na ideia de adequação ou concordância com algo de antemão dado. Aquilo que se mostra ou é mostrado através da *tekhne retorikhe* se mostra sempre perspectivado e de formas mais ou menos convincentes.

Em síntese, dado o espírito ao mesmo tempo prático e não manualesco que atravessa o texto, compreende-se que não podia mesmo ter importância para Aristóteles diferenciar e classificar mais amiúde os vários tipos de metáforas e figuras gerais de linguagem, até porque o rol de operações capazes de oferecer ao olhar aquilo que precisa ganhar relevo não caberia em nenhum inventário, por mais extenso que fosse. O fato é que não se ocupava esse filósofo de análises de discurso ou de teorizações gramaticais, em qualquer das muitas acepções posteriormente surgidas, sendo um erro até mesmo grosseiro olhar para a *Retórica* como primitiva em relação aos desenvolvimentos posteriores.

Mais uma ilustração extraída de aulas de filosofia será oferecida como fecho desta seção, para que se façam claras a amplitude e complexidade do que Aristóteles nos convida a pensar. Pelo menos desde 2008 no Brasil, quando a filosofia foi tornada obrigatória no currículo do ensino médio, foram feitas muitas experiências de adequação da linguagem filosófica às suas novas audiências, desde os públicos adolescentes do ensino médio regular até os públicos noturnos, mais velhos e diversos. Deu-se um movimento de saída da academia dos mais profícuos.

Um dos expedientes mais mobilizados foi a utilização filosófica nas aulas e seminários de textos e referências não estritamente filosóficas. O samba da Velha Guarda da Portela, de título *O Mundo é Assim*, foi composto por Alvaiade em data difícil de precisar:

> O dia se renova todo dia
> Eu envelheço cada dia e cada mês
> O mundo passa por mim todos os dias
> Enquanto eu passo pelo mundo uma vez
> A natureza é perfeita
> Não há quem possa duvidar
> A noite é o dia que dorme
> O dia é a noite ao despertar.[150]

---

[150] Alvaiade, pseudônimo de Oswaldo dos Santos (1913-1981).

PLANO DA *RETÓRICA* E RELEITURA DOS SEUS CONCEITOS FUNDAMENTAIS

Não é a intenção aqui fazer uma análise retórico-literária da letra, ao mesmo tempo curta e plena de recursos rítmicos, figuras de palavras, de construção e pensamento. O destaque será dado à metafórica personificação do dia e da noite e às duas formidáveis antíteses estruturantes – "O mundo passa por mim todos os dias/ Enquanto eu passo pelo mundo uma vez" e "A noite é o dia que dorme/ O dia é a noite ao despertar" – capazes de disparar reflexões filosóficas sobre o tempo, a existência, o mundo e o ser no mundo. Também a elisão da preposição "a" em "eu envelheço cada dia e cada mês" causa estranheza e evoca pensamentos sobre experiência, realidade e tempo vivido.

Mas, por melhor que seja o samba como samba – e vale a pena ouvi-lo muitas vezes[151] –, não se pode perder de vista que aqui se discute sua possível inserção numa aula de filosofia. O acerto dessa decisão dependerá de múltiplos fatores: do público e de sua cultura musical, das experiências filosóficas anteriores, da confiança vigente entre professor e estudantes, do momento da apresentação do samba na aula e da disponibilidade de áudio de qualidade, enfim, do propósito filosófico perseguido.

Bem sucedido o plano, a música pode ajudar a evidenciar a importância de, ao menos na aula de filosofia, pensar nossa finitude, nossa existência num mundo que nos transcende, condiciona e em nós pode se pôr em questão. Subsidiária ou mesmo principalmente, o samba pode mostrar que a sensibilidade filosófica não é exclusividade da erudição acadêmica e apontar para a universalidade desses problemas. A música-letra-poema é aí, em todo caso, um elemento estrangeiro inserido num discurso filosófico, devendo funcionar como parte dele e como reforço da sua convincência.

2.3.5.2. *Medida, clareza, correção, adequação entre forma e assunto, e ritmo*

Deve estar claro que o uso estilístico de deslocamentos semânticos e produção de contrastes não pode ser aleatório, sem medida, até porque está comprometido com a produção convincente de sentido. O Livro III

---

[151] Disponível em https://www.youtube.com/watch?v=DsBqC43XMBw, último acesso em 15/10/2020.

141

da *Retórica* contém, por isso, uma série de pontuações sobre clareza, medida, correção gramatical e necessária adequação entre os assuntos em discussão e as formas do seu enfrentamento.

A noção de "forma adequada" (*prepon*) é o fio condutor dessas pontuações. Funciona como uma espécie de equivalente retórico do meio termo ético, que se conta entre os conceitos aristotélicos mais conhecidos. A palavra é cuidadosamente escolhida. Particípio do verbo *prepo*, *prepon* tem o duplo sentido da distinção, da visibilidade, do anúncio claro e da ação ou gesto conveniente, adequado a uma circunstância.[152]

Os discursos retóricos excelentes são, nestes termos, aqueles que conseguem a possível vivacidade num dado contexto, sem deixarem de ser inteligíveis. Expressividade e clareza são duas faces de uma mesma moeda, não sendo difícil imaginar, como exemplos de forma inadequada, discursos compreensíveis, às vezes até com grande esmero conceitual, mas terrivelmente enfadonhos, ou discursos vivazes, muito vigorosos e animados, mas inteiramente confusos, dispersivos, inconsistentes.

A exigência de forma adequada é posta já no segundo capítulo, que trata principalmente do discurso claro. Diz Aristóteles que "a excelência estilística é a clareza, o que significa que o discurso que não torna manifesto o seu objeto não cumpre a sua função". Acrescenta que "a elocução não deve estar nem abaixo nem acima, mas ter a forma adequada à dignidade do seu assunto" (1404 b3-4). Não por acaso, ele discorre no capítulo imediatamente seguinte sobre as causas do discurso "frio" (*psykhra*), da esterilidade discursiva, da inexpressividade (1405 b34 et seq).

Os exemplos se espalham pelo Livro III. O uso de imagens, metáforas, comparações e antíteses precisa ser medido. Não se pode falar apenas através de deslocamentos do sentido corrente da palavras, por mais criativos que sejam. Posto que precisam garantir a comunicabilidade do discurso, os termos de uso corrente e familiar devem ser escolhidos e usados tão precisamente quanto possível, sem o que os contrastes pretendidos não terão a devida clareza. Deve o discurso convincente, em suma, situar-se entre o familiar e o estranho, sendo ao mesmo tempo compreensível e instigante, acessível e extraordinário.

---

[152] Ver BAILLY sobre o verbo *prepo*: «se faire remarquer, se distinguer; être apparent, sensible ou visible, éclater; annoncer par son extérieur; e avoir quelque rapport avec, convenir à; qui convient à, approprié à».

PLANO DA *RETÓRICA* E RELEITURA DOS SEUS CONCEITOS FUNDAMENTAIS

Outro fato necessário à convincência discursiva é a estruturação das frases, que não devem ser nem excessivamente longas, nem abreviadas e truncadas, sobretudo observando a correção gramatical. Solecismos tendem a desqualificar o orador e comprometer a credibilidade do que diz, mesmo quando justo e veraz.

A esta altura, precisa todavia estar claro que a forma adequada é sempre forma adequada a um contexto, e que mesmo os solecismos podem funcionar como elementos de identificação de certo público com determinado orador, do que foi caso emblemático o ex-presidente brasileiro Luís Inácio Lula da Silva, considerado – deixadas de lado as paixões políticas – um formidável orador, ao mesmo tempo que muito frequente na inobservância das regras da boa gramática, sobretudo das concordâncias de número.

Assim como a ação ética, a forma retórica adequada não se mede por valores matemáticos, mas em função de tema e circunstância. A coragem não é média aritmética entre a temeridade e a covardia, sendo a situação, conforme demande mais cautela ou mais ousadia, definidora do que seja coragem em cada caso. O mesmo se dá com as virtudes retóricas. Também por isso a retórica deve ser pensada para além de um conjunto técnico de saberes, dependendo de prática, de desenvolvimento de potências múltiplas, enfim, de formação longa, séria e profunda.

Mas, a definição mais explícita do termo *prepon* talvez seja a do início do capítulo 7:

> A elocução terá forma adequada se em sua expressividade afetiva e de caráter guardar analogia com o cerne do assunto. Há analogia quando não se fala grosseiramente de assuntos importantes, nem solenemente de assuntos vulgares, nem neles se colocam ornamentos. (1408 a10-14)

A principal novidade desta citação é a inclusão das noções de *pathos* e *ethos* na discussão. A palavra analogia nela comparece em sentido lato, significando proporcionalidade, relação adequada com os assuntos postos. Enfim, tendo em mente as interpretações de *ethos* e *pathos* levadas a termo em seção anterior deste escrito,[153] não é difícil compreender a menção.

---

[153] Ver 2.3.3

Ethos tem a ver ao mesmo tempo com o caráter do orador e os costumes de uma determinada comunidade; em termos retóricos, com a forma como o orador, sujeito do discurso, mostra-se à sua audiência. Essa forma ou aspecto inclui a aparência física, a indumentária, a reputação, dentre outros fatores. No que concerne puramente à elocução, o foco se concentra no uso de léxico mais ou menos adequado à circunstância. Palavrões não cabem na boca de um padre, mais ainda durante a celebração de uma missa. Um leigo usando palavras muito específicas do jargão médico chamará forte atenção, assim como soará estranha uma criança falando sobre temas adultos, e seria inconveniente um comensal que, num jantar comemorativo, entendesse de expor professoralmente suas convicções.

Pathos, por sua vez, tem nesse contexto a ver com as disposições afetivas que implícita ou explicitamente organizam o campo discursivo e a potencial relação com cada tema. Alguns desses temas exigem aproximação mais delicada; outros, posturas mais francas ou mesmo veementes; ainda outros, perspectivas mais distanciadas e analíticas. A justa medida é aí ainda mais difícil de precisar. Um professor pode valer-se de uma provocação visando motivar sua turma para uma discussão julgada importante, mas, dependendo do grau ou da estridência usada, o efeito pode ser o inverso: justo a desconfiança e o fechamento da turma a qualquer troca genuína.

Um último ponto ainda coberto pela noção de forma adequada diz respeito ao ritmo. É bastante conhecida a citação abaixo, mais uma vez pautada pela ideia de medida.

> A composição léxica não deve ser nem métrica nem desprovida de ritmo. A primeira não é persuasiva, pois parece artificial. Ao mesmo tempo, desvia a atenção do ouvinte, fazendo com que preste atenção nas recorrências do elemento idêntico. [...] Já o que é desprovido de ritmo carece de limites (*aperanton*), precisando ser determinado, mas não pela métrica, ao custo de ser desagradável e incompreensível.

O ritmo é, de fato, uma noção mais habitualmente restrita ao âmbito poético, mas a passagem deixa clara a distinção entre ritmo e métrica, convidando a pensar uma acepção mais alargada de ritmo como algo que tem a ver com limites.

PLANO DA *RETÓRICA* E RELEITURA DOS SEUS CONCEITOS FUNDAMENTAIS

Mais uma ilustração oriunda do campo docente visa a enfatizar a necessidade dessa reflexão, sendo outro bom caminho procurar pela noção de *rythmos* em outros textos gregos clássicos. Durante muitos anos formei professores de filosofia para atuarem no ensino médio brasileiro. Uma das práticas adotadas era, em certos momentos da formação, filmar simulações de aulas para que os alunos e alunas pudessem ver-se em ação. Uma das primeiras coisas que saltava aos olhos das turmas era o ritmo, a cadência, a pulsação dos discursos, sem que conseguissem no mais das vezes verbalizar mais organizadamente as razões do seu agrado ou desagrado com o que a cada apresentação viam.

Já o texto escrito, com sua pontuação, repetição de palavras, uso de figuras, tamanho de frases, divisão em parágrafos e capítulos, pode ser pensado em termos de ritmo. Uma aula bem dividida, com roteiro definido e andamento que se alongue ou se comprima conforme os vários momentos e importâncias do que se tem a dizer, há de ser mais agradável que outra em que o professor apenas se paute pelo tempo curricular, sem quaisquer modulações temporais e das intensidades discursivas. Também o chamado *timing* de aula pode ser pensado em termos de ritmo. Quem nunca se deparou com professores que demoram muito a efetivamente começar suas aulas e têm de interrompê-las abruptamente ao final ou invadir o horário da próxima aula? Vale o mesmo para colóquios, onde alguns palestrantes simplesmente não conseguem adequar-se ao tempo que lhes é destinado, tendo que acelerar ou mutilar suas falas para atender ao protocolo. Tem-se boa noção da importância do ritmo, em suma, ao comparar essas situações com a convincência angariada pelo orador que deixe no público a impressão de bem lidar com seu tempo-lugar discursivo.

Não é demais lembrar que o ritmo ótimo a observar dependerá sempre de muitos fatores, dentre eles o gênero, a ocasião e o meio de veiculação do discurso. A lentidão tolerável numa prédica contrasta vivamente com a aceleração usual das peças publicitárias radiofônicas.

Toda essa discussão da *lexis* – incluindo *pathos* e *ethos*, ritmo e uso de figuras, correção gramatical e forma adequada – mostra-se, enfim, intimamente conectada com os dois conceitos estruturais pelos quais a *Retórica* é aqui lida: *pistis* e *topos*. E isso nos leva ao último momento deste capítulo.

2.4. *RETÓRICA*, *PISTIS* E *TOPOS*

Chegamos ao fim deste capítulo 2, de exploração interpretativa de alguns dos conceitos fundamentais da *Retórica* aristotélica. A reinterpretação de dois deles – *pistis* e *topos* – é decisiva para todas as demais releituras. Mas pode ser que não seja ainda inteiramente claro como essa reinterpretação dialoga com a epígrafe deste trabalho, mais uma vez transcrita:

> Todo discurso é discurso sobre certo assunto, dirigido a determinado público, em dada circunstância e por determinado orador, capaz de mobilizar certo repertório para a consumação de certos propósitos.

Começando pelo fim, a retradução de *pistis* por convincência liberta a retórica das amarras da persuasão. Os propósitos a serem perseguidos podem ser diversos: problematizar uma opinião, ou, inversamente, reforçá-la, convidar a uma reflexão, identificar e mapear diferenças, renegociar distâncias, aconselhar, elogiar, criticar um comportamento ou posição, ou mesmo convencer alguém de alguma coisa em sentido estrito.

O alargamento de campo assim operado tem muitas consequências, sendo a primeira delas abrir a retórica para âmbitos até então a ela avessos, com destaque para a educação, dado que há muito não se entendem as relações de troca pedagógica como exclusivamente persuasivas.

Fato é que essa revisão do entendimento mais cristalizado da *pistis* acaba refluindo sobre a noção de *topos*, e por aí sobre toda a epígrafe. *Topos* liberta-se do campo gravitacional dos *Tópicos,* onde pode ser razoavelmente bem compreendido como esquema argumentativo, e ganha contornos hermenêutico-ontológicos ainda por serem explorados em sua inteira potência, em todo caso melhor contemplados na já referida passagem da *Física,* onde Aristóteles se refere a esse conceito como "enorme e difícil de apreender" (212 a8).

É o mundo mesmo, ao qual o ser dotado de fala já se encontra sempre lançado, que passa ser enxergado topologicamente, ou seja, como um plexo de linhas de fluxo e força ontologicamente muito diversas, plexo que define a circunstância, o repertório mobilizável, assim como os assuntos carentes de atenção e os públicos neles interessados, enfim, os propósitos de fato alcançáveis.

O desenvolvimento da capacidade de visualizar o entrelaçamento mundano de lugares discursivos, por Aristóteles chamada de *dynasthai theorein*, passa, assim, a ser fundamental para a escolha e articulação de movimentos, formas e elementos adequados a cada caso. Deve estar claro que lugar, *topos*, não responde a nenhuma delimitação puramente espacial, mas a um entrelaçamento de linhas de força também físicas, temporais, históricas, culturais, que estruturam e conferem plasticidade a cada contexto discursivo, condicionando o que nele é admissível e exequível e o que não é.

A *lexis,* por exemplo, último grupo de conceitos discutido neste capítulo 2, refere-se nessa acepção topológica aos sentidos sedimentados ou cristalizados no léxico, sua resiliência e potência gramatical, seus deslocamentos e possíveis transformações, enfim, suas metáforas, no sentido muito amplo que essa figura tem no texto aristotélico.

Necessário insistir, agora com a complexidade toda diante dos olhos, a *Retórica* aqui relida precisa ser pensada formativamente. Mesmo que algumas de suas linhas mais gerais possam ser tecnicamente sistematizadas, essas sistematizações mais precisam convidar a pensar topologicamente o mundo discursivo que determinar cânones e regras de excelência oratória.

Capítulo 3

A RETÓRICA E AS NOVAS TECNOLOGIAS

3.1. PROÊMIO

Quando este livro começou a ser escrito não havia sombra da pandemia de coronavírus que, a partir do início de 2020, rapidamente se espalhou pelo mundo. O isolamento social adotado nos vários países teve como um dos seus efeitos colaterais o recrudescimento da contemporânea hegemonia tecnológica, com a internet e seus canais de comunicação figurando em muitos casos como opção única de trabalho, estudo, socialização e diversão.

Excluídas as instituições e redes de ensino que não podiam fazê-lo por não disporem de estrutura técnica ou humana para tal, ou em função de dificuldades de acesso às redes nas comunidades por elas atendidas – o que também a pandemia tornou visível –, aplicativos de comunicação síncrona e assíncrona foram combinados para viabilizar soluções de ensino não presencial adequadas ao novo cenário.

Fato é que o isolamento social fez ainda mais premente o questionamento dos rumos da onipresença tecnológica, ao mesmo tempo em que mobilizou questões retóricas e pedagógicas nada triviais. Professores acostumados, no máximo, ao uso de computadores, internet e projetores multimídia tiveram do dia para a noite que se reinventar para ministrar suas aulas em plataformas de videoconferências e produzir materiais didáticos compatíveis com a nova economia digital. Mudou a interface, a circunstância e o repertório mobilizável. Mudaram as temporalidades pedagógicas e as espacialidades da troca. Mas é incerto em que profundidade e com que consciência mudaram os professores que tiveram que fazer frente a esses desafios.

Importante não perder de vista, a pandemia precipitou e tornou mais agudas questões que já vinham pedindo atenção pelo menos desde o advento da internet como a conhecemos hoje, lá por meados dos anos 1990. Como sinalizado no prefácio deste livro, era notável ao final da primeira década do século 21 a onipresença dos smartphones na vida cotidiana e nas escolas, bem como as pressões por ensino a distância e outras formas de aprendizagem tecnologicamente lubrificadas.

O que vale para o universo pedagógico, vale para todo o universo de comunicação e informação. O advento das chamadas mídias digitais impactou fortemente as linguagens da televisão, do cinema, da propaganda, do jornalismo. A bem dizer, a retórica teve papel decisivo durante todo o império dos *mass media*, apenas que geralmente diluída em teorias comunicacionais que não lhe davam o devido crédito, menos ainda a aportes arcaicos como o aristotélico. A retórica foi nessa era e nicho comunicacional poucas vezes mais do que mero ou, dependendo de como se olhe, formidável *instrumento*, o que não impediu o renascimento filosófico descrito na seção 1.5 deste livro.

Uma mudança nesse quadro sobreveio com a digitalização do mundo. São índices dessa atenção livros como *Lingua Fracta – towards a rhetoric of new media,* escrito por Collin Brooke em 2009.[154] Dentre os muitos pontos interessantes do livro está o diagnóstico abaixo:

> Sugiro, em resumo, que os cânones podem nos ajudar a compreender as novas mídias, que aumentam [reciprocamente] nossa compreensão dos cânones à medida que evoluem junto com as tecnologias contemporâneas. Nem a retórica nem a tecnologia são deixadas inalteradas no seu encontro.[155]

Nosso propósito não é, obviamente, empreender pesquisa sobre o estado de arte do que tem sido publicado na direção simbiótica apontada por Brooke, mas, especificamente, mostrar como os conceitos aristotélicos, da forma como são aqui reinterpretados, podem fornecer esteio para pensar muitos desses problemas, sobretudo em sua vizinhança com questões pedagógicas. Ainda mais importante é usar os deslocamentos operados pelas novas tecnologias para mostrar a elasticidade desses conceitos e seu préstimo num cenário de forte fragmentação discursiva.

---

[154] O livro de Brooke recebeu, entre outras distinções, o Computers and Composition Distinguished Book Award de 2009. Também índice dessa atenção é o livro do teórico da comunicação MATEUS, Samuel: *Introdução à Retorica no Séc. XXI* (2018), atualização do cânone cujo capítulo 9 se ocupa da "Persuasão da (e na) tecnologia."

[155] BROOKE 2009, p. 201.

A *RETÓRICA* E AS NOVAS TECNOLOGIAS

É chave, como bem compreende Brooke, a nova noção de interface. O tempo em que Aristóteles elaborou seu escrito foi um tempo de oralidade e conversa corpo a corpo, na ágora, na Academia, no Liceu, no máximo um tempo de produção de textos escritos com vistas a leituras públicas. Górgias e Isócrates não podiam projetar imagens em telas ou remeter suas audiências a vídeos ou passagens mais extensas de outros autores. Não participaram de nenhumas videoconferências e, de suma importância, não tinham nenhum *big data* com que devessem lidar ou de que pudessem se servir. Os discursos *high tech* de hoje, não obstante, assim como os de Górgias e Isócrates, continuam envolvendo públicos, assuntos, circunstâncias, oradores, repertórios e consumação de fins mais ou menos definidos.

O esforço feito nas seções seguintes é, portanto, triplo: trazer para o primeiro plano a presente diversificação das interfaces discursivas, discutir as mudanças retóricas trazidas pelas novas tecnologias, e sinalizar a possibilidade de os atuais desafios serem qualitativamente pensados com auxílio dos conceitos aristotélicos. Outros pensadores contemporâneos do fenômeno digital serão naturalmente evocados, a bem do evidenciamento dessa elasticidade e préstimo.

3.2. A SALA DE AULA DO SÉCULO 21

3.2.1. Isolamento social e sala de aula

O isolamento social imposto pela última pandemia viral literalmente explodiu a questão da sala de aula do século 21, na medida em que repentinamente deslocou as professoras e professores das suas práticas docentes habituais para universos não-presenciais. Essa situação trouxe consigo enorme inquietação colateral ligada aos possíveis efeitos de médio e longo prazo na economia educacional e no mercado de trabalho docente, sobretudo em função da expansão, mostrada viável, dos horizontes de automação pedagógica.

Mas a circunstância pode também ser percebida por outro prisma, como uma espécie de perigo salvífico,[156] capaz de trazer para o primeiro

---

[156] A ideia vem do poema *Patmos,* de Friedrich Hölderlin (1770-1843), citada por Theodor Adorno e Horkheimer na *Dialética do Esclarecimento,* de 1947, e também por Martin Heidegger, em *A Questão da Técnica,* de 1953.

plano de atenções algumas questões genuinamente docentes, até então relegadas a uma espécie de limbo instrumental.

É razoável postular que docentes já atentos à necessidade de continuamente ressignificar suas práxis docentes tenham tido mais facilidade de lidar com o súbito desafio. Havia de lhes saltar aos olhos as metamorfoses das subjetividades discentes motivadas pela transformação de costumes extra escolares ditada pelas novas e cotidianas tecnologias, pondo de lado quaisquer ilusões de que, ao adentrarem o portão da escola, seus alunos passariam a comportar-se como estudantes do século 19.

Mais geralmente falando, professores com real atenção aos saberes docentes sabem que o plano de aula que funciona no turno da manhã pode não funcionar bem no turno da tarde, e que aulas de filosofia na pós-graduação, com grupos de alunos já certos das suas escolhas, são diferentes de aulas de filosofia no ensino médio ou de mesas redondas na mídia. Como quer que traduzam teórica e praticamente suas percepções desses vários ecossistemas, o fato é que se fazem usualmente atentos às linhas de força que os estruturam, sendo-lhes mais fácil reorganizá-las em face de novas e prementes exigências.

3.2.2. A retórica aristotélica como fio interpretativo

Trata-se agora de lançar mão dos conceitos retóricos reinterpretados nos capítulos anteriores para formular sob novas óticas o recém-referido conjunto de injunções, buscando, em outras palavras, evidenciar sua topologia discursiva. As comparações entre os cenários pré e pós-pandemia funcionam como ocasião de redescoberta de possibilidades novas de lida com os vários plexos pedagógicos.

Um primeiríssimo conceito a ser acionado nesse sentido é o de *dynasthai theorein*, aquisição de visão prévia da circunstância para a qual os discursos têm que ser planejados. Compreender de antemão o público e sua relação com o contexto é condição essencial para a elaboração de um planejamento convincente, sendo valiosa toda e qualquer forma de obtenção dessa visão, desde a realização de uma análise prévia da pauta ou lista de alunos matriculados até a aplicação de questionários iniciais visando ao possível conhecimento das turmas.

A *RETÓRICA* E AS NOVAS TECNOLOGIAS

Se falamos de ensino de filosofia para o nível médio, será muito relevante compreender que percepção têm os estudantes do que seja filosofia, ou sua disposição geral para a leitura e suas capacidades de expressão escrita, ou qual a religiosidade predominante e que questões lhes suscitam real interesse. Se falamos de turmas heterogêneas, muito frequentes em cursos de extensão e especialização, será importante visualizar as profissões de origem e as motivações dos cursistas para aqueles estudos, quais as suas "biografias intelectuais" e qual sua familiaridade prévia com textos filosóficos propriamente ditos.

Não deixa de ser curioso encontrar na literatura sobre influência, destinada principalmente a vendedores, profissionais de marketing e homens de negócios em geral, livros de publicação recente focado na importância da *dynasthai theorein*. Robert Cialdini, autor do campeão de vendas *As Armas da Persuasão,* cuja primeira versão data de 1984,[157] publicou em 2016 a obra *Pré-suasão,*[158] centrada na ideia de Sun Tzu de que "toda batalha é vencida antes de ser travada".[159] A escolha da frase de Sun Tzu é decerto retórica e não significa desconhecimento pelo autor da *inventio,* tornada paradigmática no cânone latino. Mas é igualmente verdade que sua ideia de pré-suasão se nutre de linhas de conhecimento de públicos e circunstâncias desconhecidas de gregos e romanos, pautadas pelo estado de arte da psicologia social e da ciência comportamental, com suas formidáveis bases empíricas e metodologias de investigação.

Essas novas fontes de conhecimento teórico serão deixadas por hora em suspenso, voltando a receber atenção na seção final deste capítulo, junto com a importância do *data mining*, do advento das retóricas algorítmicas e de sua diferença em relação às antigas práticas de pesquisa de perfil e opinião.

É, contudo, impossível não assinalar o tímido prestígio dessas práticas no meio docente. Os motivos podem ser muitos, desde a recusa moral ou educacional de uma ideia invasiva de persuasão até a falta de

---

[157] O livro foi primeiramente publicado em 1984 nos EUA com o título *Influence: the psicology of persuasion;* foi reeditado em 2001 com o título modificado: *Influence: Science and pratice.* Também no Brasil houve mudança: de *O Poder da Persuasão* para *As Armas da Persuasão.* O título me foi indicado por André Machado.

[158] O título original é *Pre-suasion: a revolutionary way to influence and persuade.*

[159] CIALDINI 2017, p. 11.

O ESQUECIMENTO DE UMA ARTE

percepção de que a construção de quaisquer discursos convincentes, dignos de atenção, no sentido aqui trabalhado, dependem da aquisição prévia de uma boa visão do contexto discursivo.

Merece análise, nesse sentido, uma questão tornada central com a recente adoção escolar de plataformas síncronas como o Zoom, o Google Meet, o Jitsi, o Stream Yard. Trata-se do fenômenos das "janelas pretas", dos estudantes que não abrem seus vídeos durante as aulas, deixando os professores com a sensação de estarem falando para ninguém. Os motivos para que um estudante decida não ativar seu vídeo podem ser muitos: limitação de internet, falta de câmera no computador, necessidade de uso do celular com consequente dificuldade de enquadramento, constrangimento em mostrar o interior da sua casa e, naturalmente, intenção de fazer outras coisas enquanto assiste à aula. Essa última motivação é antiga, mas está, neste caso, longe de ser a única. O uso dos smartphones e mesmo dos laptops para finalidades outras que não o acompanhamento das aulas foi fenômeno dos mais discutidos em tempos recentes, sem falar em passatempos não tecnológicos desde sempre usados pelos alunos quando desinteressados pelas aulas.

As razões das janelas pretas remetem, de qualquer modo, ao ecossistema não presencial plataforma-rede, às suas linhas estruturantes e imperativos. Ter a real consciência dessa circunstância é condição prévia para qualquer planejamento consequente. Simplesmente obrigar a abertura das janelas é, por exemplo, ação incompatível com diretrizes de inclusão e mitigação de desigualdades. E, não sendo possível rearrumar cadeiras ou circular pela sala durante a aula de modo a reorganizar as linhas de força indesejadas, alternativas precisam ser pensadas.

A prática de lançar olhar abrangente sobre a situação revela-se mais uma vez muito útil. Buscar informações iniciais sobre os alunos e anotá-las nas pautas, confeccionando um diário de classe realmente funcional e não apenas burocrático, permitirá chamá-los pelo nome e estimulá-los à participação, sendo esse expediente tão mais eficaz quanto mais particularizada for cada referência. Mesmo que não abram seus vídeos ao serem chamados, tal prática fará circular de forma mais diversificada as atenções e energias discursivas.

Tal compreensão inicial alargada não estará, nesse caso, confinada a momento único e anterior às aulas; tampouco atenderá de uma vez por todas à íntegra do curso, precisando ser permanentemente atualizada ao longo dos trabalhos. Comparando com uma aula presencial, quantas vezes não acontece de o plano inicial revelar-se inadequado, de serem necessários improvisos corretivos? Importante é perceber que quaisquer que sejam os públicos e as circunstâncias, dependerá o bom planejamento de um olhar exercitado e duradouro, capaz de perceber suas linhas estruturantes e possibilidades latentes.

É também diferente o repertório mobilizável em um e outro caso – presencial e não presencial, e não somente o domínio das tecnicidades de cada um desses universos é necessário à sua plena mobilização. É a consciência inteira da situação que tem que ser buscada e incorporada, inclusive a relação das atividades síncronas a que ora nos referimos com as atividades que podem ser feitas em tempos mais dilatados, não exatamente congruentes aos históricos "deveres de casa", mas que a eles remetem. A comparação entre os âmbitos presencial e não presencial convoca, enfim, todo o arcabouço retórico para sua interpretação.

Expediente profícuo é listar particularidades de um e outro âmbito, de modo a pensá-los ambos, e seus possíveis híbridos, de maneira criativa. Primeiro ponto é a possibilidade de gravação das aulas trazida pelo ensino não presencial. Mesmo resolvidas as questões jurídicas que inevitavelmente traz consigo, essa possibilidade tem consequências importantes para a dinâmica geral dos trabalhos, seja ao inibir participações, por receios de registro de momentos ruins, seja ao possibilitar rever o que foi discutido a qualquer tempo, tirando a premência de elucidações mais imediatas.

Já o compartilhamento de tela e exibição de materiais digitais durante as aulas pode ser equiparado às possibilidades abertas pelos projetores multimídia, há mais tempo disponíveis em algumas instituições e segmentos de ensino. Também a função digital quadro branco, disponível em algumas plataformas de reunião síncrona, assemelha-se à lousa universalmente presente nas salas de aula físicas. A sensibilidade tátil demandada por este último recurso convida, todavia, a considerar seu uso em termos caligráficos, gestuais e espaciais, portanto o que Aristóteles chamou de *hypocrisis.* Um dos motivos do relativo ostracismo das lousas presenciais, quem sabe em vias de receber nova atenção na "volta do mundo à normalidade", é justamente sua banalização e falta de exploração didática mais criativa e justificada. Pode ser ocasião para indagar: quantas e quais funções pode ter uma lousa presencial?

Cabe, enfim, seguir explorando nas veredas do atual perigo aquilo que possa resultar em reencantamento do antigo mundo. É curioso ouvir reclamações sobre a imobilidade imposta pelas plataformas de ensino síncrono, quando é sabido que pouquíssimos professores realmente exploravam a espacialidade das suas salas de aula, lecionando sentados em suas mesas ou restritos ao espaço em frente aos quadros – verdes, negros ou brancos –, como num palco italiano. Isso é aqui lembrado não exatamente no sentido de condenação dessas antigas formas de dar aulas, mas para chamar atenção para o imenso repertório inexplorado no continente do ensino presencial.

É inclusive o caso de indagar mais incisivamente se há possibilidades únicas, exclusivas do espaço presencial, que não possam ser reproduzidas a distância, mesmo com tecnologias avançadíssimas. A questão é riquíssima em suas possibilidades de ressignificação da docência presencial.

A diferença entre as duas modalidades dá muito a pensar, a começar pelo fato de que no ensino presencial todos respiram o mesmo ar, sentem os mesmos cheiros, convivem com a mesma temperatura e umidade, dividem o mesmo chão e os mesmos ruídos, o mesmo ar condicionado ou a mesma janela aberta para paisagens quaisquer. Se é verdade que isso raríssimas vezes se colocou como algo digno de ser pensado pedagogicamente, ou mesmo conscientemente percebido, a não ser quando motivo de desconforto, talvez seja hora de descobrir esse mundo plástico, sensível e prenhe de linhas de força.

Outro ponto que salta aos olhos nessa comparação entre o presencial e o não presencial é o das corporeidades, das gestualidades, das aproximações e afastamentos, mesmo dos toques, proibidos em algumas culturas e circunstâncias. Fica por discutir quais dessas linhas de sentido podem ser reinventadas nas plataformas digitais síncronas, sendo certo apenas que essa reinvenção se fará tão mais exitosamente quanto sua falta seja sentida, quem sabe a falta de algo até então deixado de lado no ensino presencial. Há, de fato, relatos de movimentações intencionais nas telas não presenciais, visando introduzir elementos corporais e espaciais na comunicação, mas tudo isso já é descoberta de possibilidades e ampliação criativa de repertório docente.[160]

---

[160] Discussão contígua a essa é avançada pela aplicação de perspectivas sociomateriais à educação. Boa introdução ao enfoque sociomaterial foi oferecida por Magda PISCHETOLA, na aula inaugural do segundo semestre de 2020 do Departamento de

Mais um importante ponto a explorar a explorar nessa comparação retórico-ontológica é o das temporalidades próprias de um e de outro ecossistema. Muito se discute a necessidade de redução do tempo das aulas ministradas nas plataformas digitais síncronas, com alusões ora a experiências pessoais de esgotamento físico, ora a pesquisas empíricas sobre curvas de atenção nesses ambientes. O problema é que são muito diversas as trocas e dinâmicas neles possíveis, diversas em participação do público, em qualidade e densidade das discussões, em ritmo da exposição e da aula como um todo, tudo isso afetando a experiência do tempo pelo grupo. Dependendo desses fatores, aulas de 40 minutos podem ser muito cansativas e vivências de três horas terminarem com "gosto de quero mais".

A discussão abre boa oportunidade para repensar também o tempo das aulas presenciais. De fato, não há qualquer razão mais substancial que determine duração padrão para toda e qualquer aula física. Mesmo que, por razões logísticas ou administrativas, se imponha a divisão do tempo em módulos de 50 minutos ou de uma hora, e que se combinem esses módulos para atender às cargas horárias curriculares exigidas de cada disciplina, os professores deveriam manter-se soberanos na ocupação qualitativa desses tempos, ainda que tenham que obedecer às durações máximas estabelecidas pelas normas de cada instituição ou sistema de ensino. A percepção geral de que aulas não presenciais são mais cansativas que as presenciais pode e deve, portanto, deflagrar uma séria reflexão sobre os vários fatores retóricos ligados à experiência do tempo discursivo, sobretudo o ritmo, discutido topologicamente ao final do capítulo anterior.

Educação da PUC do Rio de Janeiro, que está disponível em https://www.youtube.com/watch?v=R5hwyrP9suc&t=2290s. Junto comigo e Giselle FERREIRA, Magda integrou durante o ano de 2019 o Grupo de Pesquisa em Educação e Tecnologia, a que faço referência na introdução deste livro. Vale a pena também ver o artigo de DECUYPERE e SIMONS: *Relational thinking in education: topology, sociomaterial studies, and figures* (2016), para uma conexão entre perspectivas sociomateriais e sociotopológicas, ainda que a ideia de topologia aí presente não avance propriamente em direções retóricas, e conferir o e-book ainda inédito, organizado por Ralph BANNELL, Mylene MISRAHI e pela referida Giselle FERREIRA, com o título de *Deseducando a educação – mentes, materialidades e metáforas*, que será publicado pela Editora PUC-Rio.

3.2.3. Do "cuspe e giz" ao ensino sem professor

Um último ponto a discutir é o fato de que não se vive neste início de século 21 apenas a dicotomia entre ensino presencial e não presencial. Segue existindo a "aula cuspe e giz". Na direção inversa, é possível imaginar no âmbito presencial ambientes com muita tecnologia embarcada, sem contar com a presença informal de elementos tecnológicos como smartphones, gravadores, tablets e laptops usados pelos estudantes. É, ainda, previsível que o período pós-pandemia traga novas economias didático-pedagógicas, com a combinação de aulas presenciais e não presenciais, síncronas e assíncronas, que precisarão ser pedagogicamente pensadas.

Seja como for, o âmbito não presencial é hoje marcado pelo amálgama síncrono-assíncrono, com distribuições variadas dessas modalidades. Seu limite extremo, já há algum tempo, é dado pelos chamados cursos EAD (Ensino a Distância) em sentido estrito, no qual os alunos interagem diretamente com textos, sons e imagens digitais, sem a mediação de um professor ou monitor, em ambientes de fato muito automatizados. Mais comum é que haja fóruns de discussão com mediação humana e pelo menos uma ou duas interações síncronas ou presenciais ao longo de cada um desses cursos. Mas existem jornadas inteiramente a distância, aqui e ali comparadas com os telecursos da segunda metade do século 20 e com o ensino por correspondência, mais antigo e cujas origens são difíceis de fixar .

Também nesse extrato não presencial mais extremo a retórica se revela útil. A tentação, quando se fala em ensino estritamente a distância, é pôr de lado sobretudo o último momento do cânone: a performance ou proferimento.

Discussão muito interessante a esse respeito é levada a termo no citado *Lingua Fracta*, de Collin Brooke, que, contesta o diagnóstico de factual inexistência de elementos mnemônicos, e sobretudo performáticos ou de entrega (*delivery elements*), na escrita em geral e especialmente na escrita digital. Seu ponto de partida é o da circulação de jornais de papel que, a despeito da sua concreta materialidade, têm de ser distribuídos e chegar a seus públicos de formas que precisam estar relacionadas com sua proposta editorial. O argumento é o de que o texto não encerra sua vida no estilo da redação, sendo isso ainda mais verdadeiro para as chamadas mídias digitais. Com a diversificação das interfaces, potencializa-se a dimensão da entrega de cada discurso, entrega essa que tem que se dar em ambientes repletos de linhas de forças sociais, psicológicas, físicas e por aí afora.

Brooke encontra na noção de ecologia seu termo de revitalização do cânone da retórica clássica, pondo-se em rico e matizado diálogo com um conjunto amplo de pensadores da mídia, diálogo que, embora tenha outro foro, é da mais alta relevância para as questões docentes. No que concerne ao ensino a distância em sentido estrito, importa perceber as especificidades pedagógicas impostas pela ausência do professor de carne e osso e pela presença frequente nesses sistemas de recursos como questionários interativos, animações e gamificações. Importante é perceber que o ensino a distância pode receber vários níveis de investimento retórico, na melhor das hipóteses acolhendo a pesquisa das singularidades capazes de justificá-lo pedagogicamente, em vez de limitar-se a opções econômicas, pouco criativas e facilmente escaláveis. A convincência pedagógica dessas propostas será medida, entre outros fatores, pelas taxas de evasão, efetivo grau de interação dos alunos com a arquitetura desses ambientes e pelas avaliações do efetivo aprendizado por elas promovido, avaliações que em si mesmas colocam novos problemas pedagógicos. Como seja, as interfaces exploráveis nesses ambientes demandam soluções de entrega discursiva que têm que ser pensadas em continuidade com a totalidade do cânone. Mais um vez, é toda uma topologia discursiva que tem que ser levada em consideração.

3.2.4. Docência e dignidades discursivas

Toda a discussão aqui desenvolvida sobre a sala de aula do século 21, explodida com o advento da pandemia de coronavírus, flerta com a promessa, diante de perigos, entre outros, de encolhimento do mercado de trabalho docente, de incentivar um questionamento sobre especificidades do ensino presencial e, por extensão, sobre a combinação qualitativa das antigas com as novas possibilidades abertas pelas novas tecnologias de ensino.

Mais do que isso, chama atenção para possibilidades didático--pedagógicas potencializadas por uma retórica repensada em termos hermenêutico-ontológicos, topológicos, comprometida com a redescoberta admirada dos nexos que nos ligam discursivamente ao mundo, de modo que ele possa ser objeto de compreensão e questionamento compartilhado com os que conosco o habitam, especialmente nossas alunas e alunos.

Os perigos do descaso com o ensino formal da retórica são apontados por alguns pesquisadores conhecidos, por exemplo, o já evocado Wayne Booth, no livro dos seus últimos anos de vida, *The Rhetoric of RHETORIC – the quest for effective communication* (2004). Booth alerta:

> Qualquer nação se põe em apuros se seus cidadãos não são treinados para responder criticamente à enxurrada informativa vertida sobre eles diariamente. Uma cidadania não habituada à argumentação refletida sobre os assuntos públicos, em vez disso treinada para "acreditar em tudo que reforça o meu lado" e "desacreditar de tudo que reforça o lado mau", não é mais uma cidadania, mas uma casa de crédulos.[161]

É, com certeza, da mais alta relevância pensar a atual urgência formativa da retórica. A educação de meros usuários de novas tecnologias é muito provavelmente nosso caminho mais certo para o abismo, como será discutido nas últimas seções deste capítulo. Talvez ainda mais imediata é, contudo, a necessidade de os próprios docentes e formuladores de políticas públicas de educação adquirirem consciência dos reais desafios envolvidos nessa mudança de paradigma.

Mais uma história escolar, desta vez sobre autoridade, pode ilustrar essas complexidades. Dois professores conversavam sobre disciplina em sala de aula, sobre como lidar com a desordem e a dispersão. Um deles ponderou que tinha o hábito de simplesmente calar-se até que o silêncio se fizesse. Entendia o discurso articulado como um dom muito elevado, dos mais elevados, que precisava, por isso, ser respeitado, valorizado, se queríamos "estar à altura da nossa humanidade". Fiel a essa convicção, não só se negava a falar sem que tivesse a real atenção das suas turmas, como incentivava participações qualitativas dos alunos, cuidando para que aquilo que dissessem fosse atentamente ouvido por todos os demais. Pedia para repetirem as perguntas inaudíveis ou feitas sem a devida atenção dos colegas. Verificava se todas e todos, inclusive

---

[161] BOOTH 2004, p.89. Tradução minha.

ele mesmo, tinham entendido as colocações, solicitando esclarecimento quanto isso não ocorria. Chamava a atenção dos estudantes para a medida, para a concisão das perguntas e para suas reais motivações. Essas eram para ele não apenas condições *sine qua non* para conseguir dar aulas convincentes, mas um ensinamento em si mesmo, talvez o mais precioso e importante de todos. Tratava-se, acima de tudo, de respeitar a dignidade do discurso, também o discurso dos alunos, e não de reivindicar respeito e autoridade para si mesmo exigindo silêncio.

Surpreso, o colega que até então tratava a questão da disciplina em sala de aula em termos de técnicas, princípios e segredos de autoridade, pôs-se a conjecturar se seria "simples assim", e sobre os motivos da práxis descrita não ser regra, mas notável exceção. O acolhimento pelos alunos de tal zelo pelo dom da linguagem decerto não havia de ser gratuito. Dependeria de condições variadas, de suportes e ratificações, de respeito e confiança mútua.

Nos termos aqui trabalhados, é possível arriscar que tal construção haveria de depender da percepção que o professor tivesse dos seus alunos e alunas, dos seus hábitos e expectativas, das circunstâncias que os envolveriam a todos, e, reciprocamente, do modo como fosse ele próprio percebido por suas turmas. Outras virtudes retóricas fariam parte desse rol: correta priorização e equilíbrio dos repertórios mobilizados, escolhas tópicas adequadas – dos temas aos elementos lexicais –, enfim, definição de fins compreendidos pela maioria como desejáveis.

São muitas mais, naturalmente, as variáveis envolvidas nessa conjectura, questões que concernem ao *ethos* escolar e ao prestígio social dos professores, às práticas discursivas hoje hegemônicas em casa, na rua e sobretudo nas mídias, enfim, questões concernentes à própria ideia ampla de educação. Não se perca de vista que a atual falta de apreço pelas dignidades discursivas não é acidental, mas endêmica e mais difícil de combater que os vírus que nos têm sazonalmente fustigado. Não é outra, afinal, a circunstância a ser encarada pelos professores e instituições que aspirem a algo mais que apenas dançar conforme a nova música digital.

A aposta aqui é que nenhuma metafísica, nova ou requentada, seja capaz de nos tirar do atual estado de falência discursiva e concomitante impotência diante dos nossos problemas civilizacionais, em grande parte por incapacidade de dar-lhes formulação à altura das suas complexidades e desafios.

O quadro é desalentador em muitos sentidos. A hiperbólica assertividade que caracteriza as atuais práticas discursivas dá a medida dessa impotência. Sempre certíssimos de si mesmos e do seu imediato poder de persuasão, a assertividade que assola nossos oradores tem como contrapartida furor opiniático e pendor erístico impeditivos de quaisquer posturas mais interrogativas, mais reflexivas, mais ponderadas e abertas à escuta e ao diálogo.

A necessidade de repensar a retórica em termos radicais, como condição mesma de lida com a alteridade, a pluralidade e a falibilidade, tem, portanto, que ver com um possível e precário caminho de reencantamento do discurso, a começar pela sua dimensão educativa formal, reencantamento que, como será trabalhado nas próximas seções, precisa fazer-se em diálogo com a chamada educação informal.

3.3. MUNDO DIGITAL E EDUCAÇÃO INFORMAL

3.3.1. O ambiente digital

As próximas linhas chamam atenção para o ambiental digital no qual professoras e professores têm que educar as novas gerações, discutindo em que medida a retórica oferece caminho para torná-lo visível em sua ubiquidade e colocar seus implícitos em questão.

Já foi feita referência no proêmio deste capítulo às atuais atenções à retórica, da parte de teóricos da comunicação digital. É emblemática a atenção concedida ao cânone retórico por Collin Brooke. Em diálogo com mais de uma dezena de autores da área,[162] ele abre espaço para discutir retoricamente o mundo digital, dedicando os capítulos subsequentes do livro a cada um dos cinco momentos canônicos sedimentados na

---

[162] Autoras e autores como Kathleen Welch: *Eletric Rhetoric* (1999), Sven Bikerts: *Gutenberg Elegies: the fate of Reading in na eletronic age* (1995), Christina Haas: *Writing Technology – studies on the materiality of literacies* (1996), John Trimbur: "Composition and the Circulation of Writing" (2000), John Bender and David Wellbery: *The Ends of Rhetoric – history, theory, practice* (1990), ou Kenneth Burke: *a Rhetoric of Motives* (1996). A discussão se dá sobretudo no capítulo 2 do livro, intitulado "Ecology", in BROOKE 2009.

retórica latina. As razões que fazem com que não seja Aristóteles a sua referência principal estão, no fim das contas, entre os motivos para a escrita deste livro.

Mas o ponto aqui de primeiro e maior interesse é o fato de que jovens ricos e pobres vivem hoje boa parte das suas vidas em redes sociais como o Instagram, o WhatsApp e o Twitter, além de consumirem música e vídeos em quantidades torrenciais e terem imenso apreço pelos videogames, cada vez mais jogados online. O costume é extensivo aos adultos, sobretudo se inserirmos o Google e seus concorrentes na lista, assim como as compras online, os aplicativos ligados aos transportes e mesmo as bases de dados nas quais hoje se apoia a pesquisa acadêmica. Nada menos que a lógica desses públicos, sua sensibilidade e estética, seus ritmos e horizontes de expectativas, vão sendo digitalmente moldados.

Essa onipresença digital é documentada em outros textos recentes. "The Digital: rhetoric behind and beyond the screen", escrito em 2018 por Casey Boyle, James Brown e Steph Ceraso tem como resumo:

> Os retóricos primeiro viram "o digital" piscando nas telas, mas agora sentem seus efeitos *transduzindo* as mais fundamentais das nossas práticas sociais. Este ensaio segue a emergência digital nas telas, através das redes e, em seguida, na vida cotidiana, via infraestruturas e algoritmos. Nosso argumento é que se "o digital" pôde outrora não ter sido mais do que um exemplo e meio de persuasão disponível, a "retórica digital" se tornou hoje um fator ambiental.[163]

Os autores começam analisando a novidade introduzida pelos processadores de texto e as atenções às telas dos computadores como fronteiras entre o digital e o não digital. Mostram, em seguida, como essa experiência inicialmente visual foi rapidamente se "multissensorializando" até ganhar contornos muito dilatados, chegando a "borrar simples divisões entre mentes, corpos, tecnologias e fatores ambientais".[164] Encontram

---

[163] CASEY, BROWN e CERASO 2018. O grifo em "transduzindo" foi introduzido na citação para chamar atenção para o neologismo. *Transduction* é um termo criado pelos autores para indicar a pervasividade das transformações digitais em suas interações com o mundo real, corporal, natural, ou que outro nome clássico se prefira.

[164] BOYLE, BROWN & CERASO 2018, p. 254. Os autores remetem nesse momento ao texto de Thomas RICKERT, *Ambient Rhetoric – the attunements of rhetorical being* (2013), p. xiii.

na literatura outros olhares afins, como o de John Durham Peters (2015), em *The Marvelous Clouds – towards a philosophy of elemental media*:

> [...] uma vez que a comunicação não seja entendida apenas como troca de mensagens – certamente uma função essencial –, mas também como provedora de condições para a existência, a mídia cessa de dizer respeito apenas a estúdios e estações, mensagens e canais, e se converte em infraestruturas e formas de vida. [...] são as nossas infraestruturas, habitats e materiais através dos quais agimos e somos.[165]

As referências se multiplicam e diversificam. Ian Bogost publicou em 2007 um livro de certo impacto intitulado *Persuasive Games – the expressive power of videogames*. As primeiras frases do prefácio dão a medida do que nele se discute: "Os vídeo games são expressivos meios de comunicação. Representam o funcionamento de sistemas reais e imaginados. Convidam os jogadores a interagir com esses sistemas e a fazer julgamentos a seu respeito."[166]

O autor chama a atenção para o fato de que, não obstante sua massiva presença no mundo contemporâneo, haja uma tendência geral de menosprezo do significado cultural desses jogos. E foca sua atenção não nos seus conteúdos, mas na retórica que os anima, que ele chama de "procedural". Ele esclarece:

> Este livro sugere que os vídeo games abrem um novo domínio para a persuasão, graças à sua forma essencial de representação, a proceduralidade. Entendo essa nova forma de *retórica procedural* como a arte da persuasão através de representações baseadas-em-regras e interações, mais que em palavras, escritos, imagens e cenas em movimento. Esse tipo de persuasão está ligada aos recursos computacionais: os computadores rodam processos, executam cálculos e manipulações simbólicas baseadas em regras.[167]

Bogost examina no livro a influência dos games em três grandes campos – política, publicidade e educação –, mostrando-se otimista quanto às suas potencialidades em cada um deles. O livro precisa ser integralmente lido e ter examinadas as suas premissas, sendo

---

[165] PETERS 2015, p.14.
[166] BOGOST 2007.
[167] Idem, p. ix. Grifo meu.

igualmente importante sinalizar que o autor publicou muita coisa nessa área nos anos que se seguiram, por exemplo, *Play Anything: the pleasure of limits, the uses of boredom, and the secret of games*, em 2016. Certo é que a adicção produzida por certos games, ou pelo menos os efeitos educativos informais do consumo habitual de games, precisa ganhar atenção retórica.

Como seja, a menção a *Persuasive Games* cumpre aqui dois propósitos. O primeiro e mais óbvio é o de ampliar a percepção do ambiente digital em que ubiquamente nos encontramos imersos, chamando simultânea atenção para sua retoricidade. O segundo é evidenciar o fato de que a ideia da retórica como persuasão permanece intocada em boa parte das atuais atenções teóricas ao mundo digital. A dilatação semântica promovida pela retórica procedural não produz, nesse sentido, nenhum deslocamento tópico mais importante.

Impossível não evocar em seguida o seminal livro de B.J. Fogg, *Persuasive Technology – using computers to change what we can think and do* (2003). Fogg foi um dos primeiros a chamar atenção para o potencial persuasivo das tecnologias, criando o termo "captologia", cujos primeiras letras são um acrônimo de *computers as persuasive technologies*. Ele remete aos anos 1970 o advento dos primeiros programas persuasivos, voltados para a promoção de bons hábitos de saúde na juventude norte-americana.[168] Fogg antevia com clareza os riscos dessas tecnologias, mas entendia que seus benefícios poderiam suplantá-los, comprometendo-se a colocar seu foco "primariamente nas aplicações positivas e éticas da tecnologia persuasiva".[169]

A ideia de persuasão é nele problematizada e afinal definida como "tentativa de mudar atitudes, comportamentos ou ambos (sem o uso de coerção ou engano)".[170] Não obstante seu compromisso com aspectos positivos, o autor reconhece que a fronteira entre a coerção e a persuasão é difícil de precisar. Diz em nota:

> A linha entre a persuasão e a coerção pode ser bem fina. Considere as caixas de diálogo que não vão embora até que você tenha respondido as questões que põem; sites que demandam que você disponibilize

---

[168] FOGG 2003, p.1.

[169] Idem, p.6.

[170] Idem, p.15

informações pessoais antes que possa ver o conteúdo "grátis"; e anúncios que se abrem exatamente sobre a parte da página que você está tentando ler. Estas e outras técnicas "persuasivas" podem ser vistas como sutilmente coercitivas e ter um efeito cumulativamente negativo sobre os usuários.[171]

Outro ponto relevante é o foco do livro nas chamadas HCI (*Human-Computer Interactions*), que convidam a discutir em análises de mais fôlego quais algoritmos, códigos ou operações computacionais devem ser entendidos como persuasivos. A perspectiva do livro é ampla, mas exclui modificações de atitudes e comportamentos colaterais ou exógenas, sem intencionalidade direta, o que precisaria ser repensado contra o fundo de modificações de comportamentos operado nos últimos anos. Embora pareça razoável limitar o âmbito da persuasão às HCIs, não deve permanecer sem atenção o fato de que as máquinas inteligentes, na sua acepção mais geral, têm hoje, mesmo desligadas, um *ethos* muito forte, sinônimo de progresso, sofisticação e inovação, tópico a ser abordado logo a seguir.

Enfim, mesmo o autor reconhecendo viver "ainda os estágios iniciais do desenvolvimento da tecnologia persuasiva",[172] a leitura do livro vale muito a pena, quanto mais não seja pelo didatismo e fartura de exemplos, muitos dos quais ainda hoje eloquentes. Importante é entretanto frisar sua ênfase na persuasão, sempre na persuasão.

Última e importante referência no esforço de evidenciar os componentes retóricos do atual ambiente digital é o conhecido artigo de Chris Ingraham, "Towards an Algortithmic Rhetoric" (2014). Assim como Boyle, Brown e Ceraso, Ingraham se serve da noção de retórica procedural, chegando a reservar um verbete ao final do artigo para o termo *procedurality*. Volta-se para "os algoritmos como os conhecemos hoje, de modo a principalmente mostrar que não os conheceremos tão bem como supomos até conhecê-los como retóricos".[173] A passagem abaixo retoma e expande os diagnósticos anteriores:

> Não é necessário avançar nenhum argumento para mostrar o quanto nossas vidas e sociedades são tecnologicamente mediadas. Isso é agora já

---

[171] Idem, p.21, nota 2.
[172] Idem, p.5.
[173] INGRAHAM 2014, p. 65.

bastante evidente. Mas, se os algoritmos são a força por trás de boa parte, se não de toda a ubiquidade da tecnologia computadorizada – se são eles que fazem funcionar os *apps*, que tornam a comunicação possível, que garantem acesso a um estoque incomensuravelmente grande de informação, que regulam as compras com cartões de crédito e as transações nas bolsas de valores, e assim por diante –, então a importância de ganhar ao menos um entendimento conceitual dos algoritmos deve ser igualmente aceita sem esforço. Com certeza, seria insuficiente apenas dizer que os *bots* são hoje influentes e deixar por isso mesmo. De crucial significância é não somente o fato de *que* eles importam. O que importa é *o que* eles tornam importante e *como* fazem isso.[174]

O artigo é interessante por identificar e rearticular as várias questões que se entrelaçam na experiência de vida num ambiente digital. Tomando como exemplo inicial os processadores de textos e suas hoje muito familiares sugestões de palavras e correções de escrita, Ingraham perscruta várias definições de algoritmo para explicar em que medida os entende como retóricos. A paráfrase é a de que algoritmos são "conjuntos de instruções, com passos específicos, que levam a certos resultados".[175] Podem nesse sentido ser proceduralmente pensados como "operações retóricas, porque suas instruções estabelecem as regras de como tomar decisões em qualquer circunstância concebível (ou ao menos plausível)".[176] Ainda que não seja momento de discutir o mérito ou a abrangência da explicação da retoricidade dos algoritmos dada pelo autor, interessa muito de perto chamar atenção para a relevância da discussão. Insofismável é que os algoritmos direcionam nossas escolhas e atos, sendo de suma importância entender como fazem isso, com o autor e para além dele.

Particularmente importante é o segundo passo a que a constatação da retoricidade dos algoritmos leva: a busca de uma definição de retórica a ela consonante. Um pequeno inventário, começando por Aristóteles, deságua numa definição muito recente, proposta em 2008 por Thomas Farrell, da retórica como "a arte, a fina e útil arte, de fazer as coisas importarem".[177]

---

[174] Idem, p. 67
[175] Idem, p. 65
[176] Idem, p. 66.
[177] FARRELL 2008, p. 470, APUD INGRAHAM 2014, p. 68.

Passe o fato de a definição aristotélica proposta pelo autor figurar aprisionada ao campo gravitacional da persuasão, o entendimento de Farrell se aproxima muito da ideia de convincência que estrutura este livro. Colocar as coisas diante dos olhos, dar-lhes destaque, fazê-las dignas de atenção, tudo isso equivale a torná-las importantes. Não é outra, enfim, a luta ética, política, ontológica, hermenêutica e retórica pelos destinos do mundo senão uma luta para definir o que tem importância e o que não tem – nas formas do verdadeiro e do falso; do útil, nocivo ou inútil; do justo e do injusto; do desejável e do indesejável; do razoável, do plausível, do louvável e do abjeto; do significativo e do insignificante.

Ainda digna de registro é a identificação por Ingraham, na sua tentativa de pensar uma retórica algorítmica, de três âmbitos de discussão interligados: macrorretórico, mesorretórico e microrretórico.

O primeiro desses âmbitos é o das razões, crenças, culturas e aspectos institucionais que nos levam a depositar tamanha confiança e delegar semelhante responsabilidade aos algoritmos. Trata-se do âmbito onde a priori se decide o que tem real importância e a partir de onde se definem as demais prioridades. A discussão é filosófica por excelência, retroagindo pelo menos até a querela entre filósofos e sofistas. Engloba, segundo o autor, tanto os grandes discursos (*big-D discourses*), políticos, jurídicos e econômicos, como a discursividade cotidiana (*small-d discourses*), onde se sedimentam os usos vernaculares e os costumes em geral. Vale a pena citar uma passagem mais extensa para tornar compreensível sobretudo essa última face do campo macro-retórico:

> Quando já os algoritmos escrevem artigos na AP News, quando nos auxiliam na compra de passagens de avião, quando ajudam os controladores de tráfego aéreo a mapear padrões de navegação e os pilotos a pilotar seus aviões, quando gerem nosso caminho através dos serviços de atendimento ao consumidor ("for English press one, para Espanhol prima el numero dos"), quando nos dirigem anúncios customizados na internet, quando recomendam filmes e livros que supostamente gostaríamos de assistir, quando predizem coisas que vão do clima a golpes de Estado e resultados de eventos esportivos – enfim, quando os deixamos fazer todas essas e outras coisas, não importando se apreciamos essas possibilidades ou a elas somos inteiramente alheios, nós contribuímos com o domínio macrorretórico que sustenta a influência dos algoritmos.[178]

---

[178] INGRAHAM 2014, p. 72.

A *RETÓRICA* E AS NOVAS TECNOLOGIAS

O segundo âmbito, mesorretórico, contempla a forma como interagimos com os algoritmos, o que já foi definido como HCI (*Human-Computer Interaction*). Ingraham dá como exemplo programas usados em lavanderias, que visam instruir as pessoas na escolha das regulagens adequadas às roupas que pretendem lavar. Um conjunto inicial de perguntas é dirigido ao cliente, como uma espécie de *inventio*, e lhe são devolvidas instruções sobre a temperatura da água, o tempo e o modo de lavagem, a quantidade de sabão, e assim por diante, instruções que os desenvolvedores esperam que o usuário acolha, embora possa não fazê-lo. A noção de interface resgatada no início deste terceiro capítulo volta aqui com força, sendo muito importante compreender em mais detalhe as tópicas interativas sobre as quais repousa a credibilidade desses discursos, afinal emulados por máquinas.

O terceiro âmbito é, por fim, o microrretórico. Ingraham se atém aos cinco cânones latinos, alegando que nos ajudam a pensar "a linguagem operacional dos bots, [...] a revelar num sentido mais amplamente comunicável que elementos axiológicos e praxeológicos determinam as escolhas retóricas com que, como seres humanos, lidamos e pelas quais somos influenciados no nosso dia a dia".[179] O exemplo escolhido é o do algoritmo da Amazon.com, que exibe as resenhas feitas pelos vários leitores segundo critérios que podem não transparecer a um olhar menos atento, mas que lá estão e podem ser constatados, mesmo que não se tenha qualquer acesso ao código do algoritmo, fechado por razões comerciais. A intenção não é, neste escopo, seguir o autor na sua aplicação do cânone latino ao exemplo, mas sugerir que o leitor examine as resenhas dispostas no referido site e perceba sua disposição, o estilo e a diagramação visual usados, além dos mecanismos de recolhimento de novos feedbacks ao final de cada resenha. Também nesse âmbito estão presentes elementos de interação humano-computador, mas a ênfase recai na intuição dos valores e decisões práticas necessariamente embutidas no algoritmo, por exemplo, parâmetros do que é uma resenha adequada aos propósitos da loja e de atribuição de prestígio aos resenhistas, o que, por sua vez, envolve variáveis complexas, como a frequência com que fazem suas resenhas, os livros que avaliam, o feedback que é obtido dos clientes, e assim por diante. Quão conscientes

---

[179] Idem, p.74.

são os desenvolvedores dos valores e premissas que embutem nos seus programas é assunto para mais discussão, sendo por ora importante não perder de vista que a presença de valores e premissas nos códigos de programação não se restringe a usos prosaicos como o descrito, sendo extensivo a questões judiciais, políticas, epidemiológicas e muitas outras de grande efeito social.

Tais diagnósticos são, enfim, suficientes para atualizar a ideia que desde o começo perpassa este livro: não nos ocupamos aqui de uma mera instrumentalidade de que podemos nos servir com bons ou maus propósitos, mas de uma hermenêutica da cotidianidade, do mundo ao qual estamos inexoravelmente lançados e no qual podemos, dentro de certos limites, projetar nossas vidas.

Ao mesmo tempo em que nos traz inúmeras inquietações e especulações quanto ao nosso futuro, a digitalização do mundo nos abre uma chance ímpar de nos darmos conta da formidável teia de remissões, orientações e significados que o constitui. O pressuposto é, afinal, rigorosamente o mesmo que animou a discussão sobre o ensino não presencial. O passo seguinte é discutir ilustrativamente as possibilidades dessa tomada de consciência. Os conceitos retóricos até aqui depurados, sobretudo no que transcendem os limites da persuasão, serão usados para melhor compreender nosso atual grau de condicionamento tecnológico e, a partir daí, descortinar formas de com ele lucidamente lidar.

Rigorosamente falando, a compreensão do referido condicionamento é tarefa infinita. Passa pelo menos pelos três âmbitos definidos por Ingraham, em outras palavras, por exame amplo e detalhado da atual algoritmização da vida, exame que abrange dos hábitos dos usuários aos grandes debates sobre a proteção dos seus direitos digitais, com passagem pela cozinha de desenvolvedores, empresas de hardwares e softwares, instaladores de cabos oceânicos de fibra ótica, e assim por diante.

Dados esses limites, os horizontes de finalização deste livro estarão restritos a análises de alguns casos emblemáticos, situações digitais frequentes e importantes político-pedagogicamente, que nos ajudem a pensar os grandes desafios deste nosso tempo e os possíveis caminhos para o seu enfrentamento.

3.3.2. Hackeabilidade e falência discursiva

Autores mais conhecidos e populares que os até aqui elencados têm chamado atenção de formas mais contundentes para o poder de condicionamento das subjetividades próprio das mídias digitais, inclusive com graus de eficiência persuasiva e produção de dependência que beiram o vício, a adicção.

Yuval Harari chega a redefinir o homem do ambiente digital como "animal hackeável".[180] A crescente disponibilidade de dados que, não bastasse os rastros deixados cotidianamente nas redes sociais, são já colhidos com sensores acoplados aos corpos dos indivíduos, proporciona às máquinas um desempenho retórico nada desprezível, concomitantemente a um poder de direcionamento de pensamentos, juízos e ações que acaba por atentar contra as próprias noções de livre-arbítrio e liberdade, muito caras ao autor israelense. Ele conjectura que não é difícil para um programa conhecer uma pessoa melhor do que ela mesmo se conhece, mesmo porque as pessoas em geral não se conhecem muito bem, podendo, assim, exercer sobre ela uma influência da qual a pessoa não se dá conta e não é capaz de se defender, agindo como se fosse responsável por suas escolhas quando, na realidade, apenas reproduz o que visam os discursos digitais a ela direcionados.

Deixando indicada a leitura de *21 Lições para o Século 21* (2018), a ideia é analisar o fenômeno à luz dos conceitos aqui trabalhados. Se todo discurso é discurso para certo público, em dada circunstância, o atual *data mining* proporciona às máquinas, na medida em que compõe perfis a partir dos dados disponíveis nas redes, uma visão de indivíduos, grupos e circunstâncias sem precedentes na história da civilização. Trata-se de uma *dinasthai theorein* muitíssimo hipertrofiada.

Não fosse o bastante, o "orador algorítmico" pode combinar esse conhecimento prévio com um repertório discursivo invulgar, oriundo de bibliotecas digitais, da psicologia social, das ciências comportamentais, das neurociências, e mesmo da história da retórica. O planejamento resultante tem à sua disposição recursos léxicos formidáveis e interfaces de fato multifárias. A capacidade de direcionamento dos discursos assim

---

[180] A expressão tem sido por ele usada em inúmeras entrevistas recentes. Figura textualmente, por exemplo, no artigo publicado no Brasil como o título de "O mito da liberdade", em tradução de Paul Geiger, pela Revista Veja, edição 2615, de 2/1/2019.

cirurgicamente elaborados a públicos pré-selecionados, via aplicativos como o Facebook, o WhatsApp e o Twitter, potencializa imensamente a sua eficácia. Não são outros, afinal, os bastidores dos episódios protagonizados pela Cambridge Analytica e sua efetiva influência em resultados de eleições ao redor do mundo.

Jaron Lanier é um segundo exemplo de autor de grande audiência. Publicou recentemente o livro de título bombástico *Dez Argumentos Para Você Deletar Agora Suas Redes Sociais* (2018). O título do primeiro argumento vai em direção similar a das preocupações de Harari: "Você está perdendo seu livre-arbítrio". A introdução, "com gatos", dá boa medida do incômodo de Lanier com o concomitante condicionamento. Gatos, ao contrário de cachorros, não podem ser treinados e por isso devem nos servir de inspiração num mundo digital altamente condicionante.

É em todo caso curioso que ele se valha da palavra argumento para estruturar o livro. A leitura mostra que se serve, num estilo muito livre e próprio, indistintamente de *pathos*, *ethos* e *logos* na sua argumentação, e que está bastante consciente de que não são exclusivamente, ou mesmo principalmente, as razões que prendem as pessoas às redes sociais. Os dez argumentos devem, por isso, ser entendidos num sentido ainda mais amplo que a racionalidade ampliada que anteriormente descrevemos.

Falamos, afinal, de vícios num sentido em busca de adequada precisão. O simples gesto de deixar o celular em casa por um dia, ou mesmo de desligá-lo às 19 horas para melhorar a qualidade do sono, pode evidenciar para quem a isso esteja atento o grau do condicionamento gerado por esses aparelhos. Por mais que seja soberana a decisão, as mãos os procuram e a alma sente os efeitos da momentânea abstinência, em graus decerto variados, que convidam a relativizar esse condicionamento de forma similar à negação do tabagismo pelos fumantes. Já se chamou atenção, enfim, para o fato de que a palavra "usuário" é aplicada, fora do mundo dos aplicativos, apenas a consumidores de drogas.

Recomendadas essas leituras mais populares, seus diagnósticos e persuasivos alertas, voltemos a uma das tópicas estruturantes deste livro: a de que o agravamento desse condicionamento e a eventual percepção de suas ameaças pode ser ocasião de descoberta de alguns sítios arqueológicos importantes e de tesouros por algum motivo esquecidos.

A *RETÓRICA* E AS NOVAS TECNOLOGIAS

Mesmo porque a falência discursiva que acompanha essa perda de autonomia não surge do nada, como um relâmpago em céu azul, sendo resultado de decisões, priorizações e sedimentações na esfera dos costumes, sobretudo discursivos e, no mais das vezes, invisíveis.

Um primeiro ponto a resgatar é que, desde o século passado, a ideia de crise vinha alternando rubricas como fim da metafísica, ruptura com o fio da tradição, pós-estruturalismo, podendo o momento que hoje responde pelo nome de pós-verdade ser pensado nessa mesma esteira de rupturas. Esse último nome é, aliás, bastante apropriado a essa filiação, na medida em que indica o esgotamento da noção de verdade como foro último de mediação de dissensos, solução de conflitos, legitimação de ações e definição de horizontes comuns.

Já foi sugerido, à eleição da verdade como ideal correspondeu simultaneamente a dilatação da importância e o estreitamente semântico da noção de *logos,* que tiveram como corolário o deslocamento da retórica para um limbo de onipresença e suspeição. Contudo, renovadamente incapaz de cumprir sua promessa, esse *logos* apodíctico, pautado pela demonstração, pela produção de evidência e, com o tempo, por uma noção de comprovação científica nunca pacificada em suas bases metodológicas, foi se esgotando em seu poder "olímpico" e criando o vácuo de referências e de autoridade no qual hoje crescem a pós-verdade, as *fake news*, os negacionismos e o animal hackeável.

Chega a ser curioso constatar a perplexidade de alguns *scholars*, sub-repticiamente agarrados a uma herança irremediavelmente dilapidada, com o fato de que argumentos, por melhores que sejam, simplesmente não funcionam com certos públicos e em certas circunstâncias, sentimento esse que só tem se amplificado à luz de consequências micro e macropolíticas tão recentes quanto desnorteantes.

É assustadora não somente a falta de senso político denunciado por personalidades jornalísticas como Carole Cadwalladr, após ouvir as razões de alguns ingleses para seu voto pela saída do Reino Unido da União Europeia.[181] É crescente, explícita e cada vez mais variegada a contestação da racionalidade científica em sua consubstanciação institucional.

---

[181] A referência aqui é pontualmente o TED Talk gravado em abril de 2019. Não somente o discurso, mas as imagens exibidas pela jornalista são retoricamente impressionantes. Disponível em https://www.youtube.com/watch?v=OQSMr-3GGvQ&t=263s, último acesso em 6/10/2020.

É que o mundo algorítmico não convida apenas aos videogames e à compra irracional de produtos vendidos pelas grandes empresas digitais, mas a outros tipos de adesão e comportamento com consequências profundas, que precisam ser discutidos em suas injunções retóricas.

Boa medida da atual confusão pode ser vista nas diatribes contra a "ciência oficial" perpetradas pelos terraplanismos,[182] cujas fileiras não cessam de crescer, restando saber até quando e até que ponto. Entre outros expedientes discursivos, os terraplanistas reivindicam para si praticarem a verdadeira ciência, baseada em investigações e testes de fato independentes e rigorosos. E não há evidências evocáveis ou razões metodológicas capazes de pôr fim às suas reivindicações de idoneidade e direito à contestação.

Talvez tenha chegado o dia de perguntar seriamente por que, afinal, o grande público haveria de acreditar em modelos científicos complicados e contra intuitivos, cujo mérito nem de longe é capaz de julgar. Quem sabe esteja na hora de cuidar para que a falta de acesso do grande público à caixa preta da produção científica[183] não se metamorfoseie em negacionismos que, a despeito de parecem bizarros aos "bem-pensantes", têm efeitos políticos tremendos. E esse é um problema clara e incisivamente retórico.

Não é acaso que um dos vídeos que circula hoje no Brasil convidando a examinar as teses terraplanistas[184] comece com um plano de entrevistas em que se pergunta a pessoas supostamente aleatórias "qual o formato da terra?". A resposta é unânime: "redonda". Pede-se às mesmas pessoas, logo em seguida, que justifiquem essas crenças. As réplicas variam entre "foi o que os professores me ensinaram", "foi o que a gente aprendeu desde criança", "a gente vê em livros", "pelas imagens que eu vejo", "a maioria dos livros mostra dessa forma", e assim por diante. A amostragem colhida pelo filme pode de fato ser questionada, mas peça-se a professores de ensino fundamental que reproduzam alguns

---

[182] O uso do termo no plural se deve ao fato de haver divergências entre os que contestam a esfericidade da Terra.

[183] Ver LATOUR 2012: *Ciência em Ação – como seguir cientistas e engenheiros sociedade afora*, para conferir o uso termo "caixa preta" da produção científica.

[184] Disponível em https://www.youtube.com/watch?v=mMQXMRqhLVs. O vídeo convida a assistir a outro de mais longa duração, intitulado *Terra Convexa: o documentário*, disponível em https://www.youtube.com/watch?v=rBE1VbjxPCU&t=2385s. Últimos acessos em 18/10/2020.

A *RETÓRICA* E AS NOVAS TECNOLOGIAS

dos argumentos histórico-científicos em que se baseia o atual modelo heliocêntrico. Ou seja, que justifiquem por que motivos eles mesmos acolhem o modelo oficial como cientificamente comprovado, como índice de esclarecimento e sanidade epistemológica.

Não se trata aqui, por óbvio, de defender o terraplanismo ou o geocentrismo, mas de chamar atenção para a indevida naturalização de modelos de construção complexa, estabilizados às custas de matemática avançada e base empírica tecnicamente custosa. Por que motivo, enfim, apresentar aos estudantes do ensino básico um desenho pronto de sistema solar, colorido e bem arrumado visualmente, mas inexplicavelmente privado de história, de experiências de acompanhamento dos movimentos dos planetas no céu ou de esclarecimento sobre tratar-se de um constructo, de uma hipótese bem corroborada, e não de uma fotografia tirada não se sabe de onde?

A percepção desse estado de iniquidade discursiva poderia, enfim, com um pouco de sorte, incentivar-nos a pensar séria e amplamente com que tipo de outras convincências poderia o público geral contar para manter-se aderido a visões de mundo que vão muito além de constatações imediatas ou triviais. Existem por certo periódicos seríssimos voltados para o ensino da ciência, como o centenário *Science Education*,[185] inaugurado em 1916 com o artigo de John Dewey de título "Method in Science Teaching"; ou o mais recente *Science & Education*,[186] cujo primeiro número data de 1992.

A citada publicação de Dewey é, na verdade, uma retomada do famoso discurso proferido para a American Association for the Advancement of Science em 1909 e publicado na revista *Science* no início de 1910.[187] Ele diagnosticava desde lá a excessiva atenção escolar à apresentação dos conteúdos científicos, em detrimento da familiarização dos alunos com os métodos de investigação e pensamento característicos da ciência, alertando, além disso, para os perigos cívicos ou políticos desse viés. Bem recentemente, John Rudolph publicou o artigo "Science as Method a Century Later" (2014), em que diz que "não estamos em nenhum

---

[185] Disponível em https://onlinelibrary.wiley.com/journal/1098237x. O periódico inicialmente se chamava General Science Quarterly.

[186] Disponível em https://link.springer.com/journal/11191/volumes-and-issues.

[187] DEWEY 1910: "Science as subject-matter and as method".

O ESQUECIMENTO DE UMA ARTE

sentido melhores do que estávamos em 1910" ou mesmo que "regredimos a esse respeito".[188]

Fato é que o cruzamento da atual complexidade das teses científicas com o déficit retórico-metodológico do seu ensino e divulgação tem produzido crescentes e insólitas contestações, e que isso não pode e não deve ser subestimado. Incomunicável para além de bastidores cada vez mais inacessíveis ao senso comum, a caixa preta técnico-científica transforma o grande público em legião de meros reprodutores de discursos, por extensão, de meros usuários de tecnologias, que não sentem a menor necessidade de colocá-las em questão. Não é demais esclarecer que o "grande público" de que aqui se fala tem contornos difíceis de precisar. Abrange não somente a multidão de iletrados, resultante da desigualdade social e de políticas públicas de educação perversas, mas também o segmento de escolarização média e mesmo a elite, no seu atual sentido econômico.

Mesmo dentro da academia esse esgarçamento discursivo encontra nutritivo caldo para proliferar. É comum que especialistas de determinada área não tenham acesso às caixas pretas vizinhas e vice-versa. Sequer são instados, pelos parâmetros de produtividade em vigência, a explicar o que pensam e fazem de forma que mais gente os entenda – a não ser em circunstâncias muito específicas.

Os hoje muito frequentes anelos de interdisciplinaridade são muito provavelmente sintomas de um mundo, citando Hannah Arendt, no qual "o discurso perdeu seu poder",[189] no qual físicos e químicos, por próximos que estejam, têm dificuldades de conversar numa linguagem que lhes seja comum. Que dizer de uma conversa pública sobre o clima, cujos dissensos podem depender de saberes produzidos no âmbito da paleontoclimatologia?

O relato de um episódio vivido durante um evento mundial de topologia matemática pode ilustrar o grau de especialização instalado em algumas áreas científicas mais "duras". Pesquisadores de vários países apresentavam em inglês seus resultados. Levantavam-se, iam à frente, faziam suas demonstrações e recebiam palmas dos colegas. O rito pareceu estranho a um filósofo presente no evento a convite de um dos

---

[188] RUDOLPH 2014, p.161.
[189] ARENDT 1998, p.4: "[...] a world where speech has lost its power".

A *RETÓRICA* E AS NOVAS TECNOLOGIAS

organizadores. Ao final do dia foram todos a um lugar turístico divertir-se. Depois de alguns drinques, encorajou-se o filósofo a perguntar a um dos matemáticos quantos deles "se entendiam". Apressou-se em explicar a pergunta: queria saber quantos deles se entendiam a ponto de julgarem o mérito do que o outro demonstrava e verem-se no direito de fazerem objeções, perguntas ou pontuações, como era comum, ainda que às vezes desastradamente, em eventos de ciências humanas. O pesquisador interrogado chamou um e mais outro, e mais outro topólogo, formando-se um pequeno colóquio no amplo bar ao qual tinham ido para se divertir. Anunciaram depois de uns quinze minutos o resultado: "cinco por cento!" Desconcertado, o filósofo pensou terem se ofendido com a pergunta e partido para a ironia, mesmo para o deboche. Preferiu não tensionar a cena, esperando o momento para narrar o episódio ao seu anfitrião que, respirando fundo, lhe disse: "Mas deve ser isso mesmo. Eu me espantaria se fosse muito mais."

A história é eloquente mesmo que não se trate de nenhuma pesquisa empírica, qualitativa ou quantitativa, baseada em entrevistas estruturadas, preenchimentos de formulários ou consulta a bases de dados. Que sejam quinze, e não cinco por cento os topólogos do mundo – não matemáticos ou geômetras em geral, mas topólogos – que compartilham lugares comuns suficiente próximos para julgarem o mérito do que fazem seus colegas. Que dirá serem capazes de explicar o que fazem ao público?

A citada Hannah Arendt recua ao século 17 em sua tentativa de compreender o descolamento entre o discurso comum e a linguagem da ciência, pontualmente ao momento de sedimentação da moderna ideia empírico-matemática de comprovação científica. Impossível nesse diapasão não se lembrar do terceiro dos ídolos de Francis Bacon, o ídolo do foro, prescritivo da necessidade de a ciência fazer-se em linguagem distinta do vulgo, unívoca e precisa em suas pretensões de descrição da verdade natural.

Sem simplificar as coisas a ponto de declarar Bacon culpado por nossas agruras, não é difícil correlacionar esse momento inaugural do método científico moderno com a especialização terminológica e os jargões com que hoje lidamos com se fossem a coisa mais natural do mundo. Para o biólogo, como biólogo, o mosquito se transforma taxonomicamente em *Culex quinquefasciatus*, *Anofeles darlingi* ou *aquasalis*,

Aedes aegipti, e por aí afora, em espécies que precisam diferenciar-se entre si e de outras famílias de Nematocera. O mesmo se dá com o parasitologista: lombriga é o nome vulgar dado aos indivíduos da família dos nematódeos, a que pertencem o *Ascaris lumbricoides*, o *Necator americanus* e a *Thicuris tricura*. Não seria problemático, enfim, se o público fosse desde a escola convidado a compreender a necessidade de biólogos e parasitologistas assim procederem ou se os partícipes dessas comunidades de produção de conhecimento entendessem que precisam adaptar seus discursos aos públicos que deles têm necessidade, por exemplo, através das famigeradas bulas.

Outro dos âmbitos onde talvez sejam nítidas as consequências práticas desse descolamento terminológico é o âmbito do direito, cujas linguagens processuais, contratos e sentenças são muitas vezes ininteligíveis fora dos seus âmbitos específicos de competência. O problema é ao mesmo tempo ético e retórico, e tende a se agravar com a utilização de inteligências artificiais para agilização dos trâmites jurídicos. É claro que essa utilização não é monolítica, e decerto juridicamente menos problemática em algumas situações que em outras, por exemplo, quando aplicadas a tarefas repetitivas e organização de dados, tendo a seu favor a promessa geral de aceleração das tramitações e redução dos concomitantes custos judiciais. Advertem alguns autores, entretanto, que, se artificializada a produção de sentenças, a opacidade dos algoritmos pode torná-las efetivamente inatacáveis e, dados os vieses neles sub-repticiamente embutidos, elevar o risco de perpetuação de erros.[190]

Seja como for, encontra-se com certeza fora do escopo deste trabalho uma releitura crítica e detalhada da história da ciência, assim como considerações aprofundadas sobre os métodos científicos hoje em uso (no singular ou no plural), mais ainda uma discussão sobre os efeitos dos algoritmos nas pesquisas mais recentes, via motores de buscas, metanálises, modelagens, *data science* e afins.

---

[190] Ver NUNES e MARQUES: Inteligência Artificial e Direito processual – vieses algorítmicos e os riscos de atribuição de função decisória (2018). A literatura sobre a presença de inteligências artificiais no poder judiciário vai se adensando, do que é exemplo a coletânea organizada por MULHOLLAND e FRAZÃO: *Inteligência Artificial e Direito – ética, regulação e responsabilidade* (2019); e os livros escritos por PEIXOTO e MARTINS DA SILVA, Roberta: *Inteligência Artificial de Direito* (2019) e PEIXOTO: *Inteligência Artificial e Direito – convergência ética e estratégica* (2020).

Importante é perceber a atualidade da afirmação aristotélica sobre a retórica, assim como a dialética, não estar restrita a âmbitos específicos, científicos, políticos, jurídicos, cerimoniais ou prosaicos, e sim presente onde quer que haja mediações discursivas. Não é outra, em suma, a motivação para aqui rediscutir a noção de convincência e restituir à retórica uma dignidade própria e necessária. Resta saber se já é suficientemente estridente a atual falência discursiva para, junto com a perda de liberdade e a desorientação que lhe acompanham, fazer com que essa restituição possa realmente importar.

3.3.3. Análises e encaminhamentos retóricos

Diversas outras questões agudas do atual momento civilizacional podem e devem ser ressignificadas retoricamente: não apenas mostrando que os conceitos retóricos são a elas aplicáveis, mas que descortinam direções para o seu enfrentamento. A lista dessas questões é por certo interminável, tendo sido selecionadas três delas para efeito de complementação do que já foi até aqui aduzido: interdisciplinaridade, explicabilidade de algoritmos e deseducação informal.

3.3.3.1. *Interdisciplinaridade*

Somos ainda muito disciplinares, numa medida que se tornou nociva em vários sentidos e precisa encontrar termo de mitigação. É disso que tratam os atuais anelos de interdisciplinaridade. Muito amplo, o problema atravessa searas que vão do currículo do ensino básico à formação de professores, da pesquisa de ponta às atuais vicissitudes políticas do discurso científico.

Assim como todas as questões de que se ocupa este livro, na medida em que chegam a se constituir como questões, os caminhos de mitigação da disciplinaridade são objetos de discussões mais ou menos recentes e visíveis. O *Congresso de Arrábida* e a *Carta da Transdisciplinaridade* (1994) são índices da existência desse debate,[191] cujas origens remontam

---

[191] Ver site do Centre International de Recherches et Études Transdisciplinaires, em https://ciret-transdisciplinarity.org/. A Carta, redigida por Lima de Freitas, Edgar Morin et Basarab Nicolescu, está alocada em https://ciret-transdisciplinarity.org/chart.php

O ESQUECIMENTO DE UMA ARTE

pelo menos a Jean Piaget (1896-1980). Não só isso, reformas curriculares, hoje por toda parte em curso, têm em conta, em maior ou menor monta, o problema pedagógico de uma formação inter ou transdisciplinar[192]. Não se trata, por conseguinte, de negar esforços existentes, e sim de mostrar em que medida a retórica possa com eles contribuir. Enfim dado esse propósito ilustrativo, será aqui contemplada apenas a inter-disciplinaridade universitária, com modesta ampliação de horizontes ao final da exposição.

O problema havia sido tangenciado no início deste livro, quando dizíamos que "dar aulas ou apresentar trabalhos para pós-graduandos ou colegas das nossas áreas de pesquisa é atividade em que a com-petência teórica costuma bastar-se", mas que o mesmo não acontece "quando a circunstância discursiva envolve círculos mais amplos de interlocutores" e que, "mesmo dentro da universidade, não é fácil a conversa com colegas e estudantes de outras áreas".[193]

Se aceitamos que, retoricamente falando, todo discurso é discurso dirigido a determinado público, o movimento de transcendência dos campos disciplinares há de se configurar também e de forma insigne como um problema retórico, mesmo que não seja assim *prima facie* percebido, o que tem historicamente a ver com a compreensão moderna da universidade como lugar de produção de conhecimento.

Dentre os escolhos a remover, a concepção mais usual da retórica como arte da persuasão está entre os mais importantes. Chega a ser difí-cil pensar a colaboração entre pesquisadores de diferentes áreas como exercício de persuasão – e não apenas quando referida ao plano opiniá-tico, mas mesmo como defesa de convicções acadêmicas lastreadas por pesquisas. Dada a caixa preta da produção científica, o problema passa justamente pela impossibilidade de julgamento do mérito daquilo que é produzido no departamento vizinho. Afigura-se, por isso, fundamental a retradução de *pistis* por convincência.

Melhor explicando, é razoável reivindicar que o movimento de apro-ximação interdisciplinar dependa da preexistência de algum interesse mútuo entre as áreas envolvidas, portanto de alguma compreensão prévia de objetos, métodos de investigação ou ambientes de trabalho

---

[192] Não faremos aqui distinção entre os termos inter e transdisciplinar, reconhecendo todavia a relevância da discussão que envolve a distinção.

[193] Ver p. 15 supra.

180

A *RETÓRICA* E AS NOVAS TECNOLOGIAS

de compartilhamento desejável, o que há de depender do modo como pesquisadores e comunidades científicas aparecem para além dos seus muros. Incoerente, todavia, seria imaginar que esse *ethos* possa valer-se de conhecimento em sentido estrito para respaldar-se – ou a interdisciplinaridade já estaria em efetivo curso.

A consolidação do trabalho colaborativo dependerá, assim, de outra condições e gestos, por exemplo, da consciência mútua de que as áreas têm arquiteturas próprias, inicialmente estranhas a quem a elas não pertence, e da percepção das distâncias a transpor. Zonas de familiaridade e intersecção de saberes, lugares-comuns mutuamente habitáveis, podem funcionar como primeiros canteiros de obras coletivos.

Mas a identificação desses lugares-comuns é apenas parte de um processo mais amplo, que envolve consideração de circunstâncias outras como ritos e linhas de força envolvidas na convivência acadêmica, sem esquecer a definição de objetivos exequíveis em cada momento da aproximação.

Primeiro momento do cânone retórico, a visão prévia necessária ao planejamento interdisciplinarizante tem como exigência a atenção às três dimensões da *pistis* – *logos, ethos* e *pathos* –, sempre envolvidas, assimetricamente que seja, na conquista e manutenção das atenções discursivas. É, nesse sentido, muito importante ir além do empenho, inegavelmente importante, na explicação e tradução das problemáticas de cada campo em linguagens acessíveis aos novos colegas.

Fato é que *pathos* e *ethos* são elementos da mais alta relevância discursiva, ainda que habitualmente considerados apenas de maneira intuitiva e periférica. Um exemplo ao mesmo tempo corriqueiro e decisivo pode dar ideia dessa relevância. O receio de parecer ingênuo por falta de familiaridade com as bases da nova área pode ser simplesmente interditante da formulação franca de dúvidas e da busca mais aberta de lugares-comuns discursivos. Pior, tende a dissimular-se de formas as mais inesperadas. Sobretudo na medida em que o meio acadêmico é lugar onde a reputação é vital, os riscos de sair das zonas de segurança conceitual não são pequenos. Mais geralmente falando, fatores patológicos como ressentimento, amizade e inimizade, confiança, desconfiança, vaidade e inveja, de resto bem contemplados por Aristóteles na *Retórica,* hão de ser cruciais nas políticas de construção de interdisciplinaridades. Não se perca de vista que a retórica tem um pé na dialética e o outro na política, portanto na necessária lida com a pluralidade dos seres humanos, costumes e circunstâncias da *polis*, nesse caso, da comunidade acadêmica.

Passando aos fatores éticos, a academia é ambiente em que hierarquias, protocolos e prestígios são muito presentes e visíveis, desempenhando papel importante na sedimentação de interesses e possíveis formas de trabalho. Não é diferente com a colaboração interdisciplinar. Seminal para pensar as interdisciplinaridades é, enfim, a noção de emulação, a que demos especial importância na análise do Livro II da *Retórica*, caracterizando-a como espécie de ligação entre as dimensões do *pathos* e do *ethos*. Ao contrário da inveja (*ftonos*), *a* emulação (*zelos*) envolve o desejo admirado e respeitoso de posse de algo que julgamos ao nosso alcance e direito – algo que nosso interlocutor possui, é ou sabe, e que pode nos ajudar a obter, pelo menos na medida em que disso julgamos precisar. Daí ser interessante não perder de vista que a palavra original *zelos*, precariamente traduzida por emulação, remete ao cuidado com alguma coisa. Trata-se de zelar por um ambiente em que trocas possam qualitativamente acontecer.

Inúmeras competências retóricas são necessárias a esse zelo. São inúmeras e sutis as linhas de força estruturantes dessas convivialidades, podendo sua tessitura pecar por formalismo interditante da criatividade e do exercício da diferença, ou, no extremo oposto, por maleabilidade excessiva, por falta de códigos de conduta que coíbam o agonismo destrutivo e a ofensa a sensibilidades e dignidades alheias.

Um último ponto a explorar nessa análise retórica da noção de interdisciplinaridade tem a ver com a concepção mesma de retórica que perpassa estas linhas. Ela reaproxima a retórica da dialética no nobre e específico sentido filosófico-pedagógico haurido por Platão, e a afasta da erística, campo das disputas por razão, prestígio ou autoridade. Resgatando o encaminhamento já levado a termo, essa dialética oposta à erística tem a ver com a experiência mútua e corajosa da incompletude e do não saber, em suma, com a ideia de que o diálogo pode ajudar ambas as partes na reformulação qualitativa dos problemas a elas comuns, reformulação que constitui a finalidade mesma dos diálogos capazes de "elevar as almas"[194].

---

[194] Incluídas nessa cooperação estão ações diversas: críticas construtivas, identificação de lacunas, pedidos de esclarecimento, etc..

Essa situação dialógica é, entretanto, bastante rara. Precisa ser conquistada às custas de exercícios retóricos nada triviais. São muitas as armadilhas a evitar em busca de situações de real troca e de cooperação interdisciplinar, num emaranhado que envolve mais uma vez as três *pisteis,* ora instanciadas como encapsulamentos conceituais e metodológicos (*logos*), presença de ambições, vaidades, temores e ressentimentos (*pathos*), enfim, arrogâncias, autoritarismos, oportunismos e frivolidades (*ethos*).

Finalizando, mesmo que se compreenda que aqui se fala de ritos de aproximação, que decerto não proscrevem a progressão para o trabalho técnico-científico em sentido estrito, há de causar estranhamento nesta discussão a presença tão incisiva de questões subjetivas, políticas e demasiado humanas. Muito mais eficaz e produtiva é a vida disciplinarmente limitada, pautada por objetivos bem definidos e resultados tangíveis. Mas é exatamente disso que se trata: de evitar que as formidáveis produções científicas e tecnológicas se reduzam, por incomunicabilidade, a conjunto de pixels constituintes de matriz digital definida não se sabe como, por quem ou com que propósitos.

3.3.3.2. *Explicabilidade de algoritmos*

Vem ganhando fôlego com o desenvolvimento das chamadas inteligências artificiais, sobretudo em tempos mais recentes, com o avanço do dataísmo e das redes neurais, a demanda pela explicabilidade das tecnologias de automação e informação e da forma como produzem seus resultados. Por tudo o que já foi exposto, essa demanda é mais que razoável, espantando verificar que não seja mais pujante e urgente. As inteligências artificiais, afinal, no sentido elástico e ubíquo que hoje imprecisamente as caracteriza, respondem pela lógica do ambiente no qual estamos todas e todos inseridos, não importando quão *geeks* ou tecnófobos sejamos.

A literatura sobre explicabilidade vai, enfim, ganhando corpo. Dois textos servirão de base a comentários retóricos comprometidos com outro dos motes deste livro: a necessidade nestes novos tempos de uma educação que irrigue a atual produção técnica com preocupações éticas e, se a ideia for ir além de meras preocupações, que priorize o desenvolvimento de capacidades retóricas e hermenêuticas.

O primeiro texto selecionado é um artigo do filósofo da tecnologia Mark Coeckelbergh, de título "Artificial Intelligence, Responsibility Attribution, and a Relational Justification of Explainability" (2020), que resume algumas das teses principais do livro *AI Ethics,* publicado no mesmo ano.

O segundo foi elaborado por um grupo de pesquisadores experientes da área da computação, uma das quais tenho o privilégio de ter como interlocutora e a quem devo não apenas a inclusão desta seção no livro, Clarisse Sieckenius de Souza.[195] O artigo se chama "Mediation Challenges and Socio-Technical Gaps for Explainable Deep Learning Applications". É assinado por Rafael Brandão (IBM), Joel Carbonera (UFRGS), Clarisse de Souza (PUC-Rio), Juliana Ferreira (IBM), Bernardo Gonçalves (IBM) e Carla Leitão (PUC-Rio).

Os dois textos se completam. O primeiro dá a entrada teórico filosó-fica; o segundo corrobora empiricamente as questões nele levantadas e evidencia alguns tópicos concretos relevantes para o seguimento da discussão. Coeckelbergh chama atenção, de início, para o problema da atribuição de responsabilidades por eventuais efeitos nocivos das atuais tecnologias. A quem responsabilizar se um carro autodirigido se envolve num acidente com mortes? Ou quando um avião como o Boeing 737 Max, da empresa aérea Lion Air, cai na Indonésia matando 189 pessoas, com suspeita de pane no seu conjunto de "inteligências de voo", sem que os pilotos conseguissem retomar o controle manual da aeronave.[196]

Esses acidentes se tornam paradigmáticos na medida em que ilustram casualidades extensivas a outros domínios – jurídicos, fisiológicos e psicológicos, políticos, ecológicos e por aí afora –, em escalas muitas vezes difíceis de precisar. Como atribuir responsabilidades por esses acidentes, na medida em que as cadeias de agências que suportam os respectivos ecossistemas tecnológicos são cada vez mais longas e complexas, caracterizando o que o autor chama de problema das *many*

---

[195] A própria sugestão de leitura e discussão do texto de Mark Coeckelbergh me foi feita Clarisse de Souza em grupo de Filosofia e Computação integrado por Flávia Santoro e Tito Palmeiro (UERJ), Matheus Barros, Renata Marinho e Waldyr Delgado (PUC-Rio).

[196] Apud COECKELBERGH 2020, p.2052: https://www.theguardian.com/world/2019/mar/20/lion-air-pilots-were-looking-at-handbook-when-plane-crashed Registre-se que o mesmo havia se dado pouco tempo antes, com aeronave similar da Ethiopian Airlines em voo para Nairóbi, com a morte de 157 passageiros.

hands e das *many things?*[197] No caso dos acidentes aéreos, a cadeia se distribui por pilotos, controladores de voo, engenheiros, fabricantes de peças, pessoal de manutenção, programadores e empresas de software. Concomitantemente envolvidos estão equipamentos diversos: instrumentos de cabine, sensores, circuitos, programas de computador, cada uma dessas "muitas coisas" ligadas a outras coisas e cadeias. Dada essa complexidade, o autor questiona mesmo a ideia de responsabilidade distribuída, proposta por Maria Tadeo e Luciano Floridi, em "How AI Can Be a Force for Good" (2018).[198]

Coeckelbergh vale-se de matriz ética aristotélica para descartar a possibilidade de responsabilização de coisas, restringindo-a aos seres humanos e às suas *many hands*, e insere na discussão o que chama de *perspectiva relacional*, isto é, o direito das pessoas afetadas – mediatamente também entes não humanos[199] – a explicações plausíveis para a decisões subjacentes às engenharias que as afetaram ou afetam. Mais do que isso, defende um direcionamento ético em que essas explicações sejam produzidas no próprio projeto e implementação da inovação tecnológica, não apenas a posteriori, quando da ocorrência de um acidente ou constatação de dano perene. Seria esse o imperativo da agência responsável e da possibilidade de se continuar falando de ética após o advento e disseminação das inteligências artificiais.

A exigida capacidade de responder por atos e escolhas (*answerability*) traz, por sua vez, inúmeros desdobramentos práticos: a começar pela questão do que seja uma boa explicação ou, nos termos aqui trabalhados, uma explicação convincente. Coeckelbergh pondera que

> [...] isso não significa que alguém explique *tudo* o que contribui para sua ação ou decisão, mas, preferencialmente, que consiga saber e selecionar o que é relevante para o que os outros (seres humanos) querem e precisam saber. No caso da IA e de outros sistemas avançados de automação, isso *pode* ser feito por humanos se e somente se: a) esses humanos forem suficientemente apoiados por sistemas técnicos transparentes *o suficiente*

---

[197] Idem, p. 2056-2057. O problema da "muitas mãos" é remetido a um artigo de VAN DE POEL et al.: The Problem of Many Hands – climate change as na example (2012); o das "muitas coisas" parece ter sido proposto pelo próprio Coeckelbergh.

[198] Apud idem, p. 2056.

[199] O autor esclarece que, embora animais e a natureza não possam receber explicações, outros humanos podem interceder por eles e elevá-los à sua dignidade própria.

para o propósito (primário) de explicação de coisas a outros humanos (não havendo nesse caso demanda de absoluta transparência); e b) que esses humanos estejam suficientemente empenhados, capacitados e educados para imaginar e compreender aquilo que os afetados pela tecnologia possam indagar e cobrar deles.[200]

Bem se vê, o encaminhamento ético proposto tem contornos fortemente retóricos. Envolve a consideração de público, circunstância, seleção de assuntos prioritários, repertório mobilizável e satisfatória definição de propósitos. Deve a esta altura estar claro que a retórica capaz de dar corpo à demandada explicabilidade não pode, em nenhuma hipótese, confundir-se com mera persuasão de pessoas tecnologicamente afetadas, visando a inocentar técnicos e empresas envolvidas na agência.

Esclarece ainda o autor que mesmo que a responsabilidade não possa ser pensada em termos absolutos, visto que muitas vezes estão envolvidos aspectos sociais, históricos e institucionais "que impedem um completo controle individual, e mesmo coletivo",[201] isso não pode significar a suspensão da busca por explicabilidade responsável. Pelo contrário, e com ainda mais razão, isso deve fomentar o debate amplo e público das concomitantes questões, incluindo a tragicidade que muitas vezes assombra a dimensão tecnológica.

Fica por discutir como esse compromisso prévio com a explicabilidade haveria de encontrar acolhida numa sociedade acelerada e tecnicista, pouco reflexiva e nada afeita a exercícios hermenêuticos dessa monta, sobretudo nos nichos mais duros de produção tecnológica. Parece insofismável que a esse acolhimento deva corresponder uma substancial reforma educacional e cultural, formal e informal. Enfim, visando estender a discussão às reais dificuldades e às chances de levar a termo semelhante reforma, entra em análise o segundo texto acima referido.

"Mediation Challenges and Socio-Technical Gaps for Explainable Deep Learning Applications" é, ao fim e ao cabo, um artigo sobre a explicabilidade das inteligências artificiais (*explainable artificial intelligence – XAI*), mais concretamente sobre o direito das pessoas à explicação das ações computacionais autonomizadas que sobre elas incidem. Sua principal contribuição ao campo é a chamada de atenção para os desafios de mediação envolvidos nessas demandas éticas e sociais.

---

[200] Idem p. 2063-64.
[201] Idem p. 2065.

Trata-se de um artigo lastreado em pesquisa empírica qualitativa, feita com desenvolvedores muito qualificados de laboratórios industriais de pesquisa e desenvolvimento de inteligências artificiais. Seus resultados apontam para a existência de assimetrias importantes entre o empenho na produção técnica e a reflexão sobre o seu significado social. O artigo demanda leitura integral, atenta a detalhes aqui impossíveis de restituir, sobretudo metodológicos.

O mais importante é contudo a caracterização – com todas as vênias – da referida assimetria. Foi pedido aos participantes da pesquisa que desenvolvessem um programa de leitura e contabilização de cédulas eleitorais preenchidas à mão, sendo a eles disponibilizado o acesso a ferramentas e bases de dados de amplo conhecimento e uso, mencionadas em questionários inicialmente aplicados ao grupo. Embora pudessem demandar outras ferramentas ou percorrer outros caminhos, mostraram-se todos muito à vontade com a tarefa proposta, qualificada como simples, fácil e bem lastreada por ações anteriores, sem necessidade de maiores considerações sobre possíveis consequências do reúso de base de dados e ferramentas em contexto diverso do original. Dada a variedade cultural de caligrafias, letramento e idiossincrasias políticas locais, não deixa de ser estranho já nesse ponto da pesquisa que o problema da representatividade da base de dados utilizada não tivesse sequer sido mencionado, a não ser por um único participante.

Fato é que esses indicadores de facilidade e familiaridade se inverteram drasticamente quando o grupo foi estimulado a refletir sobre possíveis pedidos de explicação por cidadãos, meios de comunicação ou partidos políticos, e sobre a confiabilidade dos sistemas por eles projetados. A síntese das respostas dadas nesse segmento da pesquisa foi de que o grupo não sabia como falar com os usuários sobre o seu trabalho, e que contava com alguém para fazer a eventual mediação.

Vale transcrever alguns depoimentos dessa fase da pesquisa:

> Se eu fosse o gerente do projeto, provavelmente demandaria alguém do marketing ou das vendas, alguém de outra divisão, que entendesse um pouco de estatística e preenchesse a lacuna entre quão longe se pode ir com essa explicação [...] e a outra ponta.[202]

---

[202] BRANDÃO et al 2019, p. 18.

Eu acho que seria possível apresentar algum resultado do tipo "esse é o número [na cédula], com tal e tal nível de confiança", certo? E então alguém seria responsável por aceitar a cédula ou não, em função da incerteza.[203]

Olhem, eu reuni todos esses dados, todas essas variáveis, e com elas eu atingi a melhor precisão possível.[204]

Assim, em vista dessas espécies de erros [potenciais], talvez nós pudéssemos trabalhar com a equipe [de desenvolvimento] e buscar um meio de entregar, junto com a computação dos votos, alguns índices de confiança.[205]

Nós sabemos como explicar o modelo. Mas é difícil para a gente explicar por que o modelo faz o que faz. Em alguns casos essa não é uma tarefa trivial.[206]

Que chato deve explicar isso para uma pessoa leiga, não é?[207]

A transcrição dessa seleção de depoimentos, mais que alguma insuficiência verbal insuperável dos desenvolvedores, aponta para sua falta de hábito, compromisso e incentivo em levar em consideração, ao longo do trabalho técnico, as alteridades sociais a que seu trabalho deve servir.

Os autores discutem os limites da pesquisa e as dificuldades de extrapolação dos resultados a outros segmentos do desenvolvimento de inteligências artificiais. Mas comparam seus resultados, sobretudo o diagnóstico da falta de hábito e incentivo, com literatura recente sobre competições bem premiadas de desenvolvimento de *machine learning*.[208] O entendimento é o de que também nesses certames a motivação é a de "trabalhar com problemas-tipo, abstratos, mais que com instâncias de problemas sociais em contexto."[209]

Uma última questão relevante trazida pelo artigo é a constatação de que os entrevistados foram significativamente afetados pela pesquisa, o que é claramente ilustrado pelo depoimento a seguir:

---

[203] Ibidem.

[204] Idem, p.19.

[205] Ibidem.

[206] Ibidem.

[207] Idem, p.20.

[208] O livro mencionado é o François Chollet: *Deep Learning with Python*. Manning Publications Co., 2017. Fazem referência igualmente ao Kaggle, site dedicado a competições dessa natureza (https://kaggle.com).

[209] BRANDÃO et al 2019, p.23.

A *RETÓRICA* E AS NOVAS TECNOLOGIAS

Quero apenas acrescentar que eu não estava de todo consciente do enviesamento da minha visão no que concerne à pesquisa por mim conduzida. É agora muito claro que todas as minhas respostas foram guiadas pelos aspectos técnicos do problema, e não tanto pelo impacto social que a pesquisa poderia ter.[210]

O depoimento deixa, ainda, entrever que o desenvolvedor não é impermeável, ou mesmo resistente, à incorporação de novas perspectivas ao seu trabalho. A conclusão dos autores foi a de que "o discurso coletivo do grupo mostrou também que seus valores e incentivos estão aparentemente descasados da sorte de iniciativas voltadas para pesquisas multidisciplinares, que seria requerida para transpor o fosso"[211] entre os desenvolvedores e a sociedade a que atendem. Ganhou evidência, enfim, que "a mediação foi um tema central no caso estudado, desde a mediação necessária para ajudar os especialistas a se comunicarem com os usuários, até aquela requerida para auxiliar os pesquisadores de inteligência artificial a reconhecerem os desafios científicos que os valores e significados sociais podem trazer para sua própria prática de pesquisa".[212]

Semelhantes conclusões aproximam-se muito do encaminhamento ético filosoficamente proposto por Mark Coeckelbergh. Retórica e interdisciplinarmente combinados, tais esforços e sinalizações podem dar ensejo a uma renovação da produção de novas tecnologias e de algoritmos em particular,

Avançando ao final do artigo para sinalizações mais propositivas, os autores demonstram interesse em pensar os referidos desafios de mediação a partir de uma "perspectiva semiótica".[213] O texto de referência é a coletânea organizada por Elizabeth Merz, de título *Semiotic Mediation – sociocultural and psycological perspectives,* cuja primeira edição é de 1985. O livro reúne linguistas diversos, de Pearce e Saussure a Chomsky e à Escola de Praga, em perspectivas principalmente antropológicas e psicológicas.

Precisa estar a esta altura claro que não há incompatibilidade ou conflito entre esse desejo de mediação semiótica e a perspectiva retórica

---

[210] Idem, p.26.
[211] Idem, p.27.
[212] Ibidem.
[213] Ibidem.

que anima este livro. Compreender os processos linguísticos de produção de sentido e significado nas suas formas e níveis de complexidade pode muito bem contribuir, com o devido zelo interdisciplinar, para o inteiro conjunto dos momentos retóricos, da invenção à performance, por conseguinte, para construção de discursos adequados a cada caso.

Reforçando esses horizontes simbióticos, cabe chamar atenção para o fato de que duas das autoras, Clarisse de Souza e Carla Leitão, assinam juntas o livro *Semiotic Engineering Methods for Scientific Research in HCI*, de 2009. O fato de essa referência não ter sido incluída no artigo analisado se deve, provavelmente, ao fato do seu interesse concentrar-se mais nas semioses observadas na fronteira humano-computador do que numa perspectiva de explicabilidade. Temos aí, em todo caso, novo filão a explorar na luta contra a alienação digital na qual nos achamos todos, usuários e desenvolvedores, imersos. Há de ser importante chamar atenção, por exemplo, para intenções e escolhas presentes em signos ubíquos como a barrinha que pisca na tela do computador, nos conhecidos menus de ajuda, nas representações da realidade implícitas na constituição do *data sets* ou, indo além, nas subversões espaciais que marcam os videogames em primeira pessoa.

Como bem sinaliza Coeckelbergh trata-se trabalhar já nos projetos de novas tecnologias o direito do usuário à explicabilidade, e não apenas atendê-lo a partir de demandas originadas de insatisfações e danos. As chances de acolhimento de semelhante direcionamento ético dependerão com certeza de fatores políticos, legislação e governança, mas igualmente de professores e de interação entre profissionais de várias áreas, industriais, jurídico-políticas e acadêmicas. A ideia é que a retórica possa ajudar na produção de espelhamentos e na reverberação das ações necessárias ao enfrentamento das nossas formidáveis demandas.

3.3.3.3. *Deseducação informal e reeducação retórica*

Há de ser evidente a esta altura que não se trata apenas de cuidar da explicabilidade de programas de leitura de cédulas eleitorais preenchidas a mão, ou mesmo de softwares de carros autodirigidos, mas de algoritmos de redes sociais, videogames, aplicativos médicos, algoritmos financeiros, policiais e judiciais, tecnologias de ensino e assim por diante. O latifúndio digital é vasto; a lista, interminável; e os efeitos sobre a vida cotidiana, ubíquos e profundos. Buscamos nas áreas de mídia digital e computação propriamente ditas estudos feitos por gente preocupada com os rumos de uma automação inteligente que vai a passos largos condicionando todas as dimensões da existência, a ponto de já literalmente se falar de um ambiente digital.

Todos esses aplicativos, é verdade, foram e continuam sendo criados por desenvolvedores humanos, pelo menos até que surjam os primeiros inteiramente criados por máquinas inteligentes. Ainda assim, sua ubiquidade condiciona também – e cada vez mais – os próprios desenvolvedores, num processo de "educação informal" que move desde o dedinho das crianças do nível pré-escolar sobre as telas de tablets e celulares até as almas dos profissionais de tecnologia e pesquisadores acadêmicos às voltas com ferramentas de busca.

Tampouco passe despercebido que a zona de distinção entre o trabalho dos desenvolvedores humanos e o das máquinas inteligentes é cada vez mais cinzenta, sendo difícil definir até onde pode ir a autonomia das inteligências artificiais. Autores como Nick Bostrom chegam ao extremo de discutir uma possível tomada de poder por uma superinteligência. Muito abreviadamente, a ideia é que a atual corrida mundial pela vanguarda das inteligências artificiais poderia resultar num *singleton* superinteligente, que cuidaria de eliminar os concorrentes e perpetrar-se planetariamente no poder, movido por propósitos que poderiam facilmente fugir à nossa imaginação e lógica.[214]

Sem ir tão longe, havíamos nos referido a Jaron Lanier, figura conhecida no Vale do Silício por sua preocupação com os rumos das redes sociais. Lanier tem destaque no elenco do filme recentemente produzido pela Netflix com o nome original de *The Social Dilema*, dirigido por Jeff Orlowski e traduzido em português como *Dilema das Redes*. Junto com ele figuram vários "dissidentes" com histórico de participação interna intensa no crescimento das principais redes sociais. Todos enfatizam que há algo de muito errado com o projeto de que fizeram parte, mas têm dificuldades em dizer pontual e claramente do que se trata, limitando-se durante o filme a apontar práticas sabidamente problemáticas e tecer conjecturas sobre suas causas e resiliências.

---

[214] Ver BOSTROM, Nick: *Superinteligência* (2018), capítulo 6.

Tristan Harris, antigo *design ethicist* do Google e cofundador do Center for Human Technology, é uma das vozes mais assíduas no documentário. Diz coisas como: "essas empresas estão competindo entre si pela sua atenção", "têm como modelo de negócios manter as pessoas conectadas à tela", e por aí afora. Lanier pontua que "o produto é a gradual, sutil e imperceptível mudança no seu próprio comportamento e percepção, [mudança] do que você faz e pensa que é". Esses alertas, é verdade, apenas reproduziriam discursos da época dos *mass media,* não fossem os algoritmos que cada vez mais autonomamente respondem pelas ações denunciadas.

Além de ex-funcionários muito graduados de empresas como Google, Facebook, Twitter, WhatsApp, Instagram, YouTube e outras fazendo comentários sobre os "truques" dessas corporações para expandirem seus negócios, o roteiro inclui encenações do grau de adicção que podem gerar essas tecnologias nos seus usuários, além de alegorias sobre como as respectivas inteligências artificiais conspiram para mantê-los cativos. Há também falas muito contundentes de entrevistados não ligados às referidas empresas, como a da professora emérita de Harvard, Shoshana Zuboff, de que estamos às voltas com "mercados que negociam em larga escala o futuro dos seres humanos", negócios que deveriam ser proibidos "como foram proibidos antes o mercado de órgãos e o mercado de escravos"; ou, como diz mais uma vez Tristan Harris, que se deve exigir das plataformas que mexem com os hábitos das crianças que protejam a saúde mental delas. O filme termina falando em "consertar a bagunça".

Há, todavia, muitos motivos para recear que não seja fácil "consertar a bagunça". Basta lembrar depoimentos como o de Sean Parker, ex--presidente do Facebook, que diz que "tínhamos consciência dessas questões e fizemos isso mesmo assim"; ou de Tim Kendall, ex-executivo do Facebook e do Pinterest, que se flagrou vítima dos aplicativos em cuja criação trabalhou, a ponto de não "conseguir parar" de utilizá-los; ou de Sandy Parakilas, ex-gerente do Facebook e da Uber, que entende que esses sistemas "têm mais controle sobre nós que nós sobre eles"; ou ainda, como afirma a cientista de dados Cathy O'Neal, autora de *Weapons of Math Destruction* (2016), que é mentira que se possa "resolver o problemas das *fake news* com inteligência artificial", como tem sugerido Mark Zuckerberg. Tanto pelas pressões de lucro próprias do capitalismo quanto pela crescente complexidade que caracteriza os atuais sistemas inteligentes, há muitos motivos para duvidar que o "conserto" possa vir exclusiva ou mesmo principalmente de uma autocrítica ou dissidência do Vale do Silício.

Zuckerberg, inclusive, defendeu-se das acusações. Apontou que o filme apresenta uma visão sensacionalista do problema, que atuais colaboradores da empresa não foram convidados a participar do filme, que não se reconhece o quanto tem sido feito para diminuir os problemas, arguindo, ainda, que todos os aplicativos com que diariamente lidamos agem da mesma forma, inclusive a própria Netflix – o que, pelo menos parcialmente, corrobora a visão do filme.[215]

É, de todo modo, paradigmático o episódio narrado por Harris no início do documentário. Ele teria enviado um e-mail aos colaboradores graduados do Google com uma apresentação anexa que explicitava a necessidade de agirem contra o rumo que a coisa vinha tomando. A apresentação circulou livremente entre os colegas e foi para ele motivo de muita apreensão. Muita gente afinal lhe deu razão, mas nada aconteceu. Tudo voltou à normalidade.

Fato é que o filme despertou atenção de gregos e troianos e recebeu muitas críticas logo após o seu lançamento, positivas e negativas. A mais incisiva entre as segundas – a bem dizer, apenas parcialmente justa – é a de que ele não toca no ponto central denunciado há tempos por ativistas como Julien Assange: a questão da regulação das redes e do uso dos dados. De fato, o documentário não prioriza essa discussão, assim como evita a exposição dos atuais responsáveis pelos negócios digitais.

A crítica tem, por conseguinte, alguma razão de ser, sendo todavia importante não perder de vista a real dificuldade de operar semelhante regulação, que tem que ser feita, pelo menos nos Estados Unidos, com amparo de um sistema jurídico-político cujo entendimento dos negócios digitais e de suas liberdades está longe de corresponder à visão dos defensores da simples e direta imposição de limites legais às redes.

Há de ser ilustrativo um episódio da indústria de videogames, decerto muito forte, mas não tão poderosa quanto a denunciada em *O Dilema das Redes*. Jamie Madigan, em seu livro *Getting Gamers: the psychology of videogames and their impact on the people who play them* (2016),

---

[215] O documento integral está disponível em https://about.fb.com/wp-content/uploads/2020/10/What-The-Social-Dilemma-Gets-Wrong.pdf, último acesso em 20/10/2020.

reconta a paradigmática tentativa californiana, em 2005, de proibição de venda de games violentos a menores de 18 anos.

Apoiada por gente do calibre de Arnold Schwarzenegger, a Lei AB1179 foi inicialmente aprovada, mas, previsivelmente, logo se tornou objeto de ações pedindo sua anulação.[216] Os recursos foram subindo até a Suprema Corte, onde foi definitivamente revogada. O primeiro argumento para a revogação foi o de inconstitucionalidade, por ferir a primeira emenda da Constituição norte-americana e a liberdade de discurso (*freedom of speech*) por ela garantido. Corroborando tudo o que vem sendo exposto, os videogames foram enquadrados na categoria de discursos. Seja como for, o resultado poderia ter sido outro se, como em caso anterior envolvendo pornografia, os juízes tivessem se convencido da "necessidade extrema de proteger as crianças dos perigos de jogar jogos violentos".[217] Madison transcreve o entendimento da maioria da Corte, redigido pelo juiz Antonin Scalia:

> A evidência do Estado não é convincente. A Califórnia se baseia primariamente na pesquisa do dr. Anderson e alguns outros pesquisadores da psicologia, cujos estudos pretendem mostrar a conexão entre a exposição a videogames violentos e efeitos nocivos sobre as crianças. Esses estudos foram rejeitados por cada corte que os examinou, e por boa razão: eles não provam que os videogames violentos *fazem* os menores *agirem* agressivamente. [os grifos são originais][218]

Algumas pontuações se fazem oportunas, a começar pela atenção ao imbróglio epistemológico presente na sentença, que envolve questões retoricamente tão centrais quanto as noções de convincência e prova. O caso daria uma análise longa, rica e necessária, quanto mais não seja como exercício de visualização do que poderia ser uma futura batalha judicial pela regulação das redes sociais.

Não fosse o bastante, o documentário exibe em seu rol de denúncias a curva de incidência de depressões e suicídios no EUA, que cresceu significativamente a partir de 2010 e 2011, momento aproximado em

---

[216] As ações foram impetradas pela The Entertainment Software Association e pela Video Software Dealer Association. Ver MADISON 2016, p. 231-232.

[217] Idem, p. 232.

[218] Ibidem. A frase final com os grifos é: "They do not prove that violent video games *cause* minors to *act* aggressively".

que as chamadas redes sociais conquistaram a notoriedade que hoje lhes é própria. Ao lado do *ethos* dos entrevistados, o *pathos* que acompanha essa denúncia é um dos vértices da convincência reivindicada pelo documentário. Sequelas e perdas de vidas, sobretudo se ocorridas em círculos afetivos de populações privilegiadas, formadores de opinião, grandes investidores e tomadores de decisão, pode ser que venham a catalisar alguma mudança mais importante nas atuais correlações de forças, cabendo revisitar a saga das políticas antitabagistas dos anos 1990 nos EUA, políticas que por muito tempo pareceram de implementação impossível. Há, de fato, quem entenda ser o caso de proibir smartphones em certos ambientes, ou mesmo obrigar alguns aplicativos a advertir seus usuários quanto aos riscos de adicção ou possíveis alterações nocivas de comportamento.

São decerto pensáveis estratégias diversas de enfrentamento do dilema – pedagógicas, empresariais, políticas, legais, midiáticas. O melhor que pode acontecer é combinarem-se de modo a produzir transformações qualitativas no atual estado de coisas; o pior é a produção de cacofonia impeditiva de qualquer reformulação do atual novelo de problemas. E essa também é uma questão retórica.

Voltando ao início desta seção, o que talvez dificulte as ações de regulação no caso de dados e algoritmos é a sua ubiquidade, de modo algum restrita às redes sociais, ou seja, sua presença nos sistemas financeiros, de serviços e transportes, de segurança, de saúde, de energia, enfim, onde quer que a atenção se fixe. Foi o que pretendemos mostrar recorrendo a análises de autores especializados como Brook, Boyle-Brown-Ceraso, Peters, Bogost, Fogg, Ingraham, Harari, Lanier, Cadwalladr, Coeckelbergh, Brandão-Carbonera-Souza-Ferreira-Gonçalves-Leitão.

Seja como for, é fato que aplicativos e redes sociais – jogos incluídos – constituem hoje fatores de educação informal nada desprezíveis, com consequências muito amplas e profundas, inclusive para o futuro da educação formal. Chega a ser difícil conceber equívoco maior que imaginar que uma juventude que passa seus dias, e mesmo noites, nos games e redes sociais, ou assistindo a vídeos sobre os quais não incide nenhum controle, com a excitação e o grau de absorção que lhes são característicos, se transforme em um público do século 19 ao cruzar os portões das escolas. Temos aí um círculo vicioso: a escola não consegue a atenção dos alunos porque essa atenção está sintonizada com o tempo-espaço das mídias digitais; e está cada vez mais acriticamente sintonizada com as mídias digitais porque a escola, incapaz de conseguir atenção dos seus novos sujeitos, não tem como trabalhar o senso crítico necessário a uma lida seletiva com o mundo digital. Além dessa correlação de forças suficientemente desfavorável, o próprio hábito de ir à escola foi duramente afetado pelo recente isolamento social, estando o balanço dessa mudança de rotina ainda por ser fechado e por se tornar público.

Não há dúvida que hoje, à luz dessas transformações e com maior ou menor fôlego, se discute a necessidade de repensar a educação, com posições que vão de linhas muito críticas às atuais formas de subjetivação até flertes variegados com "escolas tão interessantes quanto as redes sociais" ou com a aquisição de competências necessárias à sobrevivência no mundo digital. Mas a ideia de que a retórica possa representar elemento relevante nessa nova educação é, por enquanto, ainda bastante tímida, com exceções raras, como a prefigurada pelo já citado Wayne Booth.

Booth criou o neologismo *Rhet-Ed – rhetorical education*[219] – e o fez termo central do capítulo cinco do livro a que vimos nos referindo, *The RHETORIC of Rhetoric*. Irônico e imaginativo, o capítulo descreve uma ilha dos mares do sul chamada Rhetopia. A legislação educacional nela vigente foi implantada a duras penas por Sir Rhetrancer, um denodado primeiro-ministro. Tal legislação determina a equiparação dos salários dos professores à média dos profissionais de negócios e justiça; a exigência de especialização em "educação retórica" para gestores de universidades e escolas; a imposição, para a homologação de candidaturas a cargos políticos, de atuação por pelo menos um ano como professor em escolas públicas; o condicionamento das pós-graduações à realização, conforme o caso, de curso preparatório de retórica da economia, retórica da matemática, retórica da filosofia; enfim, última e mais irônica das imposições, a condenação de todo jornalista que use a palavra retórica em sentido depreciativo à imediata transferência para função em que não tenha que usar palavras. Essa última determinação, Booth assume, seria muito difícil de cumprir, na medida em que é difícil pensar num trabalho que independa totalmente de retórica. Recursos deveriam,

---

[219] O termo é de Booth, pelo menos no entendimento da resenhista MILLER, Carolyn, 2006.

A *RETÓRICA* E AS NOVAS TECNOLOGIAS

então, ser destinados ao amparo desses jornalistas desempregados e famintos durante os dois anos do seu treinamento "retorológico".[220]

A defendida retorologia, não é demais recapitular, é uma retórica da escuta, da busca de lugares-comuns e da diminuição de desentendimentos, nunca do uso da persuasão em busca de vitória discursiva, menos ainda dada à trapaça, à falácia e à mentira. Curioso é que, apesar de o livro ter sido escrito em 2004, portanto já em plena era da internet, os exemplos do autor se concentrem na promiscuidade retórica da grande mídia, e seus exemplos educativos enalteçam o exercício do verdadeiro diálogo, sem levar em conta fenômenos hoje seminais como as retóricas algorítmicas. Menos que uma desatenção do autor, essa constatação evidencia a velocidade com que as coisas vêm se transformando na era digital.

Tudo pesado, a finalização deste livro se volta para a possibilidade da retórica – hermenêutica ou topologicamente repensada – de encontrar atenções entre educadores, em sentido lato, e professores, em sentido estrito, especialmente de filosofia, açoitados por uma falência discursiva que já dispensa a escuta, o interesse pela ideia de mundo comum e mesmo o compromisso com a possibilidade de futuras reformulações conjuntas de problemas. Podem esses educadores e educadoras, com um pouco de sorte, perceber que essa falência há de definitivamente salgar a terra escolar e torná-la infértil a quaisquer possibilidades educativas não pautadas pelo binômio produtivismo-consumismo, ou seja, pela atualização constante e sem outro propósito que não a própria aceleração dos ciclos de produção e consumo.

Uma oitava abaixo de quaisquer soluções proselitistas ou revoluções retóricas, cabe aqui imaginar como possa ser diferente a vida que temos pela frente. Imaginemos, singela ou ingenuamente, que alguns desses educadores despertassem para a ideia de que "todo discurso é discurso sobre certo assunto, dirigido a determinado público, em dada circunstância e por determinado orador, capaz de mobilizar certo repertório para a consumação de certos propósitos".

Suponhamos que descobrissem que a retórica não se restringe aos tribunais, ao jornalismo, à propaganda, à prédica, aos debates políticos ou aos estudos estético-literários. Resgatando o mote inicial deste

---

[220] BOOTH 2004, p. 105-106.

livro, imaginemos que ganhasse corpo a ideia da retórica como uma espécie de hermenêutica da cotidianidade ou, na direção inversa, da percepção da cotidianidade como retoricamente estruturada. Seríamos todos retóricos a maior parte do tempo, dado que o mundo com o qual já sempre nos encontramos às voltas é primeiro um grande ambiente de remissões significativas, de sinalizações sobre o que mais imediatamente importa, só por atitude se transformando em conjunto de coisas ou objetos passíveis de problematização ou teorização. Dirigimos nossos carros, usamos nossos celulares, fazemos nossas compras, tomamos nossos remédios e também alguns de nós, em certos momentos mais ou menos prolongados, pensamos sobre as coisas que nos cercam e sobre seu sentido, com recortes, amplitudes e profundidades diversas. O jogo que hoje se joga tem a ver com a hipertrofia de uma cotidianidade cada vez mais acelerada e enclausurada em si mesma, concomitante com a atrofia da nossa capacidade de pensar e discutir esses destinos.

Como seja, os discursos e suas florestas de signos nos rodeiam e nos disputam. São outdoors e mídias instaladas em ônibus e vagões de metrô, estampas de camisas e grifes que as qualificam, cortes de cabelo vistosos e arrojados arranha-céus, placas de trânsito e design de objetos caseiros, palavras de vendedores ambulantes, livros acadêmicos e ficcionais físicos e digitais, filmes e anúncios televisivos, smartphones com telas coalhadas de aplicativos e notificações, enfim, a atual epítome da ambientação digital, a internet das coisas.

Quem sabe, atentos à retoricidade do mundo, poderíamos nós, educadoras e educadores, mesmo em meio à tamanha profusão de estímulos, perceber também os rostos, gestos, palavras e discursos de interlocutores próximos como nossos alunos e colegas, presencial ou não presencialmente? Quem sabe, percebendo que discursos envolvem não apenas audiências, mas também circunstâncias, repertórios, assuntos e propósitos diversos, habituemo-nos a diferenciar entre si os discursos que as máquinas diretamente nos dirigem, os discursos que as empresas nos dirigem através das máquinas, os discursos que as pessoas nos dirigem através das máquinas, enfim, os discursos que pessoas de carne e osso presencialmente nos dirigem?

Não há dúvida de que essa categorização discursiva é muito mais matizada, e que a imprensa escrita, o fausto dos palácios e os designs dos aviões de guerra já são há muito elementos de persuasão nada

A *RETÓRICA* E AS NOVAS TECNOLOGIAS

desprezíveis. Mas, apenas a título de exercício, comparemos os discursos que as empresas hoje nos dirigem através das máquinas inteligentes com o discurso que pessoas ainda nos endereçam presencialmente. Somos em ambos os casos o público, só que no primeiro caso nosso interlocutor nos conhece pelos nossos backups e rastros digitais. Somos, nesse caso, alguém que usa certo meio preferencial de pagamento de nossas contas e compras; que gosta de jogos em primeira ou terceira pessoa; que tem tal ou qual orientação sexual; que gosta de viagens, esportes, carros, livros ou doces; que vota em partidos mais à esquerda ou à direita; que tem ou não religião; que se comunica com fulano, sicrano e beltrano; que é infinitamente paciente ou tem pavio curto; que tem tal ou qual idade, condição econômica, civil, nível de instrução; e por aí afora.

Uma primeira pergunta que vem às nossas retóricas mentes, é: quando foi, em toda a história da humanidade, que algum orador soube tanto a respeito dos seus públicos, dos seus assuntos preferidos, do léxico que são capazes de compreender, dos propósitos que animam suas existências? Pergunta já formulada por gente como Yuval Harari, bom seria que fosse levada a sério, que encontrasse ecos retórico-pedagógicos.

Considerando um anúncio de vinho de tal ou qual preço, que nos chegue por e-mail, Facebook ou Instagram, talvez caiba uma pergunta correlata: quando foi que um vendedor soube tanto sobre nós, sobre nossos gostos, posses e momentos?; quando foi que dispôs de repertório tão variegado para nos apregoar seus produtos?; quando foi que pôde nos falar sem pedir licença? É muito certo que esses vendedores virtuais, ao contrário das pessoas de carne e osso, podem ser mandados embora com um clique, mas é também certo que voltarão a nos visitar, que perseverarão tanto quanto os algoritmos definirem que é razoável insistir, e sem qualquer fadiga ou constrangimento.

Não é que a retórica nos forneça soluções manualescas para lidar com esses mascates digitais, mas pode nos ajudar a distinguir os vários discursos, quem sabe a perceber quão assimétricas são algumas das atuais interlocuções, quem sabe mesmo a estranhar e contestar o direito dos desenvolvedores de aplicativos a tamanho acervo de informações sobre nós, coisa com que certamente nos indignaríamos se a descobríssemos em mãos do vendedor de uma loja.

Melhor ainda seria se essas percepções críticas nos encorajassem a buscar outras formas de relação discursivas com o mundo, novas

O ESQUECIMENTO DE UMA ARTE

plasticidades e formas de produção de sentido, sobretudo não restritas ao plano instrumental. Seria decerto a face mais difícil, mais artística e mais recompensadora da retórica.

Como seja, um segundo exercício mira nossas discussões nas redes sociais. Quem sabe possamos nos tornar retoricamente mais seletivos no uso e escolha dessas redes? Imaginemos uma conversa no Facebook. Abrimos um fórum com uma postagem aleatória, pública ou restrita à nossa lista de amigos. Qual seja a escolha da publicidade, não sabemos bem a quem chegará a mensagem, pois isso depende de algoritmo cuja lógica, prioridades e propósitos desconhecemos. Podemos decerto marcar alguns amigos na hipotética postagem, mas somente com as reações saberemos quem a leu ou visualizou. Mais uma pergunta retórica: quando foi que "conversamos" antes com tanta gente em tão pouco tempo? Quando foi que tivemos dois, três mil "amigos"? Sim, queremos que nossas mensagens tenham alcance, que despertem interesse, que gostem de nós e do que escrevemos. E isso vai certamente depender da adequação das nossas mensagens aos seus públicos, o que, como já sinalizado, será em grande medida definido por algoritmos. Vamos então imaginar que esses algoritmos, no afã de nos atenderem e nos fidelizarem ao aplicativo que gerenciam, direcionem nossas mensagens àqueles amigos da nossa lista mais propensos a se interessarem pelo que dizemos a cada mensagem. Temos aí, no mínimo, uma situação retórica inusitada. Escrevemos para um público que não sabemos com certeza qual será, que receberá nossas mensagens porque a máquina decidiu, com base no que entende ser seu perfil, que se interessaria pelo que escrevemos.

Caso curioso se dá quando a pessoa selecionada não nos conhece mais proximamente e, sem se dar conta da ação do algoritmo, pensa que a tivemos pessoalmente em mente ao disparar a mensagem. É como jogar ao vento palavras que podem atingir interlocutores inusitados, ou mesmo interlocutores conhecidos em momentos e de formas inusitadas. Convenhamos que a máquina tem que ser muito criteriosa para evitar ferir suscetibilidades ou causar constrangimentos. Ou será lícito imaginar que os usuários desses aplicativos sejam todos capazes de criteriosamente cuidar do que dizem? Ou, na outra ponta, de fazerem os devidos descontos ao lerem as mensagens que lhes chegam? Passe a formação das tais bolhas digitais, não é mesmo de se admirar o grau de violência discursiva e a cacofonia que hoje marcam esse esquisito espaço público de discussão, ou que nome se lhe prefira atribuir.

Ainda mais curioso é que sejam necessários filmes como *O Dilema das Redes* ou *Privacidade Hackeada*, talvez alguns episódios da série *Black Mirror*, para causar estranhamento a respeito dessa nova retoricidade digital, em que todo discurso é discurso em maior ou menor grau mediado por algoritmos cuja lógica, se é certo que não possa trair os propósitos das empresas a que servem, não parece comprometida com a elevação do nível geral da comunicação ou com tópicas como a preservação do estado democrático de direito. Ao contrário do tempo dos *mass media*, agora todos podem democraticamente falar – só que não, porque democraticamente falar não é apenas emitir opiniões que alcancem públicos mais ou menos amplos.

De novo, a plena percepção desse estado de coisas poderia, com sorte, nos proporcionar algum descolamento dos seus ditames, liberando-nos para procurar alternativas ao puro enquadramento técnico. Da mesma forma que os problemas postos pelas novas salas de aula digitais puderam nos indicar direções de ressignificação das nossas antigas práticas docentes, quem sabe o dilema das redes não possa nos ajudar com o reencantamento das nossas relações analógicas com as palavras e as coisas?

Voltando à questão da educação formal e sua relação com o atual ambiente digital, resultará retoricamente claro que não se trata apenas de preparar os alunos para debater civilizadamente com os colegas temas sensíveis e politicamente relevantes. Conquanto sejam benfazejas essas atividades de mais tempo levadas a termo em alguns colégios, falar de educação retórica no século 21 exige ir muito além.

É preciso ter em conta, por exemplo, o fato de que os alunos de hoje respiram um nível de exigência discursiva haurido de uma cotidianidade algoritmicamente mediada. Uma ilustração ao mesmo tempo comum e bizarra, capturada de uma dessas redes sociais, visa fazer estranhar a nova informalidade pedagógica juvenil. Um perfil especializado na produção de memes abriu a seguinte consulta: "Deposite aqui a sua melhor cantada". Seguiram-se milhares de comentários, como é corriqueiro nos perfis mais populares. O foco aqui não se fixará nas grosserias inenarráveis que marcam alguns desse comentários e suas réplicas, mas na completa falta de sentido de outras dessas "cantadas". Um dos usuários propôs: "Mina, teu pai é fazendeiro? É que eu quero tomar leite..." Registrado o fato de que as fotos de perfil nem sempre são fotos do usuário, a postagem seria de um menino muito jovem. Foi, não obstante, curtida aos milhares e comentada às centenas, destilando alguns desses comentários suspeitas de que o usuário seria gay. Entenderam os preconceituosos confrades que o menino – ou que *fake* fosse – queria, na verdade, usar a moça para chegar ao seu pai. Seja como for, cabe perguntar em que sentido essa seria uma "cantada" dirigida a uma "mina"? Salvo a relação ocasional entre fazendeiros e produção de leite, nada mais se liga com nada, seja a título de galanteio ou chacota. Mais razoável é imaginar que o usuário, pela idade, não soubesse exatamente o que seja uma "cantada", lembrando que saber do que se fala não é, em nenhum sentido, condição para opinar em redes sociais. O quadro é de qualquer modo insólito, sobretudo se lembrarmos que essa "melhor cantada" recebeu milhares de curtidas. Sua escolha como ilustração visa deliberadamente provocar desconforto ao chamar atenção para atual disseminação e naturalização de situações discursivas assemelhadas à que Kant, em raro momento de humor, comparou com um adágio antigo, que descreve cena de duas pessoas em que "uma ordenha o bode enquanto a outra apara com a peneira".[221] Pior mesmo só se essas cenas envolvessem crianças ou passassem a repetir-se em eleições ao redor do mundo.

Sem discutir cientificamente o nível de disseminação desse grau de exigência discursiva, o que demandaria formidáveis metodologias, bem se vê o tipo de sequela educativa que ele denota, espécie de consumação radicalizada dos temores de John Dewey na citada conferência de 1909. Claro esteja, não são apenas preocupações morais que originam essa ilustração, ainda que seja boa hora de nos darmos real conta de que os costumes dos nossos jovens, especialmente seus costumes discursivos, dependem das experiências que lhes sejam exemplar ou hegemonicamente franqueadas. Valeria a pena empreender pesquisa, por exemplo, buscando mapear as mudanças nos hábitos de leitura provocadas pelas novas visualidades digitais, por exemplo, pela exposição prolongada às dinâmicas de certos games cinéticos. Perceba-se que não se trata de discutir se as pessoas leem mais ou menos com o advento da internet, mas de investigar como percorrem visualmente os textos escolhidos, dadas

---

[221] Ver KANT 1994: *Crítica da Razão Pura,* B83.

as possíveis mudanças perceptivas e de orientação espacial ocasionadas pela imersão digital.

Tudo isso tem decerto importância retórica, na medida em que aí se joga a identificação dos lugares-comuns discursivos que os educadores precisam habitar junto com os estudantes, para a partir deles convidá-los a outras paisagens e experiências de sentido. Mas talvez o problema mais pervasivo, porque particularmente invisível e estrutural, seja mesmo o da atrofia do *logos*, da racionalidade ampliada, ilustrada pela anedota. Que importância tem que a cantada do pai leiteiro não tenha sentido algum se os costumes discursivos nada mais exigem que leituras aligeiradas e reações automatizadas? Necessário esclarecer, a falência discursiva aqui aludida não reedita o velho cisma entre padrão culto da língua e linguagem popular. É de outra ordem o fenômeno a seguir tentando desvelar e compreender.

Retoricamente falando, é plausível inferir que a falência do *logos*, *pistis* que Aristóteles teve em especial zelo no contexto da demagogia grega, implica na delegação da convincência discursiva exclusivamente a *ethos* e *pathos*. Incapazes de julgar o mérito do que quer que seja, de cobrar dos discursos com que lidam mínima consistência, coerência, plausibilidade, ou mesmo clareza, ficam os usuários destes tempos hiperinformados, ora entregues ao *ethos* de oradores em que por algum motivo confiam, ora a paixões célere e habilmente canalizadas pelos lubrificadíssimos canais digitais.

Se tudo o que importa é que haja público – com presença aferida por cliques e tempo de permanência nos ambientes digitais –, está autorizado o exercício de instrumentalidades realmente estreitas, quase que restritas a escolhas entre zeros e uns. Constitui-se um cenário em que é possível ser contra evidências históricas e científicas das mais estáveis; ou, na outra ponta, propor teorias da conspiração das mais inventivas, desde que sintonizadas com certos desejos coletivos e proferidas por oradores capazes de dar-lhes expressão, numa amplificação enorme e perversa da caricatura sofística a que Platão e Aristóteles tentaram se opor.

Outra lembrança necessária é que essa falência discursiva não está restrita às redes. Invade conversas familiares, salas de aula, comunidades religiosas e comerciais de televisão. Mais uma história comezinha, a cliente entra na loja e pergunta à vendedora se tem outros modelos de vestido de cor próxima à do que está exposto na vitrine. Explica que "as madrinhas do casamento combinaram todas vestir-se dessa cor". A vendedora responde que sim, "com certeza", e com largo sorriso traz vestidos de várias cores, de modelo idêntico ao da vitrine. Que sucedeu? Ela não ouviu o que disse a cliente? Ouviu, mas não prestou atenção? Prestou atenção, mas não compreendeu? Compreendeu, mas resolveu insistir na venda? Imaginou que a cliente, como as pessoas em geral, não tivesse compromisso com o que disse? Ou não soubesse dizer claramente o que queria? Difícil asseverar o que se passou. Situações como essa, em que o se diz não é de fato importante, são impressionantemente comuns e toleráveis, sendo quase constrangedor dar-lhes destaque. Bom seria que fossem mesmo meras exceções sem importância.

O evidenciamento desse esfarelamento do discurso logicamente articulado poderia, por sua vez, de novo com vento favorável e enquanto é tempo, levar-nos a refletir sobre nossas práticas discursivas anteriores à digitalização do mundo. Quem sabe esse evidenciamento poderia nos fazer pensar nos mistérios históricos das sedimentações e plasticidades discursivas? Quem sabe, com ainda mais sorte, poderia nos fazer estranhar o fato de falarmos uma língua em que há substantivos, verbos, adjetivos, preposições e conjunções? Quem sabe ainda – o que obviamente seria querer demais – não chegaríamos de repente a nos intrigar com o fato de que usamos o verbo ser de formas diversas, por exemplo, quando nos referimos ao modo de ser de uma pedra ou de um sonho? Que dirá nos intrigarmos com as formas com que outros entes experimentam o que chamamos de mundo?

Voltando à realidade, as consequência cívicas e políticas da nossa debacle retórica mostrou-se de forma paradigmática na campanha eleitoral de 2018 no Brasil. Circulou pelas redes sociais, principalmente pelo WhatsApp e pelo Facebook, a notícia de que o candidato do Partido dos Trabalhadores teria determinado a distribuição em creches de mamadeiras com o bico em forma de pênis. O candidato buscaria incentivar a sexualização precoce das crianças e influenciar sua orientação sexual, para escândalo das famílias brasileiras em geral, especialmente das mais conservadoras ou religiosas. A fotografia do pornográfico objeto, com legendas de indignado repúdio, chegou a grupos criteriosamente selecionados a partir de competente *data mining*. Era a prova inconteste da perfídia do inimigo a ser derrotado no pleito presidencial.

A *RETÓRICA* E AS NOVAS TECNOLOGIAS

Fato é que a distribuição da mamadeira precisou ser desmentida pelo partido político caluniado e por sites de combate às *fake news*, na verdade sem muito efeito.[222] A pergunta retórica da vez é a seguinte: como é possível que alguém receba semelhante denúncia e não desconfie da sua falsidade, não busque cruzamento com outras fontes, não considere a informação absurda demais para ser verdadeira? Incluída a má-fé, a resposta parece estar nos já referidos costumes discursivos. Aposentadas as exigências de coerência e validação das informações recebidas, fala muito alto o fato de a notícia vir de gente em que se acredita, além da sua capacidade de despertar paixões recônditas. Se é possível pensar em algo pior, o diabólico nome dado ao objeto – diabólico em sua sonoridade, diabólico ao reforçar a proximidade imagética entre pornografia e aleitamento – foi repetido *ad nauseam* por pessoas que, mesmo sem necessária simpatia pelo candidato ou partido caluniado, decididamente repudiam esse tipo de "maquiavelismo discursivo". Difícil interpretar essa disseminação involuntária da ignomínia senão como despreparo retórico.

Disse o escritor Umberto Eco (1932-2016), ao receber o título de doutor *honoris causa* em comunicação e cultura na Universidade de Turim, que "o drama da internet é que ela promoveu o idiota da aldeia a portador da verdade".[223] Passem os múltiplos sentidos de que pode se revestir a famosa afirmação, mais grave parece ser o fato de as aldeias digitalmente interligadas já não poderem identificar e repudiar a tempo e hora as suas tolices e maledicências mais evidentes. Difícil pensar num cenário mais propício aos negacionismos mais infames, em matéria científica, climática, histórica, educacional, política ou cultural. Difícil, enfim, pensar em tempos mais hostis a educadores, sobretudo se comprometidos com fazer pensar, com perguntar pelo sentido do mundo ao redor, quando perguntar pelo sentido do que quer que seja vai se tornando completamente sem sentido.

---

[222] Ver https://www.e-farsas.com/e-verdade-que-o-pt-de-haddad-distribui-mamadeira-erotica-nas-escolas.html ; https://politica.estadao.com.br/blogs/estadao-verifica/mamadeiras-eroticas-nao-foram-distribuidas-em-creches-pelo-pt/ ; https://www.facebook.com/MMPiroca/ ; último acesso em 20/10/2020.

[223] http://www.observatoriodaimprensa.com.br/jornal-de-debates/o-idiota-da-aldeia-e-o-portador-da-verdade/ último acesso em 20/10/2020.

O convite à redescoberta da retórica feito neste livro tem, em suma, não apenas o intuito de evidenciar nossas mazelas discursivas, mas sinalizar possibilidades novas de habitação do bioma mundo-linguagem, perpassadas por humores mais finos, por interrogações necessárias e sabedorias amenas, por metáforas inspiradas e deslocamentos tópicos capazes de descortinar paisagens novas.

Que não seja cuidado inútil, finalmente, zelar para que sobre este livro não pairem suspeitas de tecnofobia ou coisa parecida. Tudo terá sido em vão se a esta altura, em vez de estranharmos, interrogarmos e buscarmos compreender os plexos que hoje nos ligam ao mundo, perdermo-nos em simplórias identificações de inimigos e culpados, humanos, maquínicos ou de quaisquer outras naturezas.

EPÍLOGO

Esse livro foi escrito por um professor de filosofia às voltas com o seu tempo e com a necessidade de colocá-lo publicamente em questão, tão publicamente quanto possível. Trata-se de convidar mais gente a fazer o mesmo e a estender a conversa, convidando outros a perguntar pelo sentido do atual estado de coisas.

O livro teve primariamente em vista outros professores de filosofia e o propósito de levar o pensamento filosófico a âmbitos mais amplos que o da academia e da conversa entre pares. Quase como um corolário desse movimento e propósito, a filosofia aí prefigurada não se identifica ou se reduz à leitura e exegese dos clássicos, devendo abrir-se às demandas postas pelo nosso admirável mundo novo. Outros públicos além dos professores das filosofias de cátedra são, portanto, destinatários deste escrito, públicos de contornos decerto difíceis de precisar, sendo inclusive bom que assim seja.

Uma segunda delimitação dos horizontes do trabalho que ora se encerra, na verdade já contida na primeira, é dada pela preocupação educativa. Mas também a ideia de educação aí implícita é alargada, estendendo-se da educação formal ao ambiente da deseducação informal com que têm que lidar os novos educadores.

A hegemonia tecnológica funciona como um último delimitador desta releitura da *Retórica* aristotélica. O atual ambiente digital está com certeza atravessado por preocupações climáticas, sociais, políticas e econômicas de grande importância, respondendo, conforme a prioridade, pelos nomes de antropoceno, capitalismo tardio, capitalismo de vigilância, neoliberalismo e termos híbridos como "capitaloceno". A ideia de hegemonia tecnológica aqui escolhida para pensar o tempo presente não é antagônica ou conflitante com essas denominações, mas tampouco a elas se subscreve. Seu objeto é sobretudo o poder de agência e produção de subjetividades adquirido pelos atuais sistemas digitais. O propósito é dar visibilidade ao novo ecossistema digital planetário em suas tensões e complexidades, condição primeira para pensar formas de lidar responsavelmente com o fenômeno.

Professores e formadores de opiniões afeitos a interrogações mais radicais foram aqui entendidos como preferencialmente capazes de trabalhar nesse sentido e direção. E por que exatamente consumir tempo com uma proposta de releitura da *Retórica* de Aristóteles, texto do século 4 a.C.?

Um primeiro motivo é a persistência histórica da *Retórica* e o fato de mesmo as chamadas retóricas digitais ou algorítmicas não perderem Aristóteles de vista. Uma segunda razão remete ao contexto de surgimento das teorizações sobre a retórica, contemporâneo do advento da filosofia ocidental. Lutavam os filósofos gregos para pôr limites aos excessos verborrágicos que ameaçam perigosamente o apreço helênico pela palavra. Visava a filosofia, no seu compromisso com a verdade, fazer frente a uma espécie de eloquência selvagem e promotora de injustiça.

O problema é que esse horror filosófico à tagarelice e à demagogia acabou produzindo uma rejeição da retórica em todas as suas acepções, retendo dela, no máximo, certa instrumentalidade propedêutica ou de defesa doutrinária. Paralelamente, fora do campo filosófico a retórica seguiu pragmáticos caminhos, nos tribunais, no comércio, na diplomacia, na prédica, na política, na propaganda, na mídia em geral e, muito recentemente, embutida em códigos de programação.

A releitura da *Retórica* aqui compartilhada começou casualmente como busca de aprimoramento docente. Provocou em seguida um forte estranhamento: como era possível que Aristóteles, o mesmo filósofo que escreveu o *Órganon* e deu origem ao que ainda hoje chamamos de lógica, pudesse ter escrito uma retórica em moldes puramente instrumentais, quiçá furtivamente sofísticos? O texto alimentava esse estranhamento a cada linha.

Anos mais adiante, a leitura do volume 18 das *Obras Completas* de Heidegger trouxe fôlego e coragem a esse estranhamento. O autor de *Ser e Tempo* reputava a retórica aristotélica primeira hermenêutica sistemática da convivência cotidiana, resgatando-a de quaisquer acepções manualescas ou mesmo mais nobremente instrumentais. Elevava-a a

EPÍLOGO

uma condição ontológica – busca de compreensão da nossa lida mundana com outros entes dotados de fala.

Como tal lida cotidiana não havia de reduzir-se à persuasão – por mais que se possa dilatar a noção de persuasão –, foi proposta a retradução da noção de *pistis* por convincência e por aí aberto o campo para pensar em termos amplos os nossos processos de constituição e reconstituição de opiniões, assim como de busca de conhecimento e tomada de consciência do mundo circundante, processos da mais alta relevância no atual momento de digitalização do mundo e de hegemonia tecnológica.

Ofereceu-se essa retórica hermeneuticamente relida, enfim, como caminho de trato com um tempo de pós-verdade, crise de autoridade, fim da metafísica e hegemonia técnica. A aposta foi a de que os conceitos e articulações revistas pudessem representar auxílio significativo não só a uma melhor veiculação de ideias a professar, mas a um entendimento dos novos regimes discursivos capitaneados pelas novas retóricas algorítmicas. Na melhor das hipóteses, a atualização da *Retórica* aristotélica poderia aumentar nossas chances de convidar possíveis públicos a estranhar a atual dominação técnica, aceitar a vertigem de seriamente investigá-la e abrir veredas para outras relações com mundo e linguagem.

O primeiro capítulo do livro é uma história da retórica. Reivindica singularidade e plausibilidade para a interpretação feita, ao mesmo tempo em que identifica e reconhece possibilidades outras de fazer frente aos atuais desafios. Discute, ainda, a constituição histórica e arqueológica do texto e os motivos pelos quais suas explorações hermenêuticas e pedagógicas não receberam maiores atenções ao longo dos séculos.

O segundo capítulo é a releitura propriamente dita do texto aristotélico. Começa por uma apresentação da estrutura do tratado, seguida da atualização das suas noções principais, tanto quanto possível rebatidas contra um fundo de preocupações pedagógicas. Além do já referido conceito de *pistis,* a multifária noção de *topos* recebeu maiores atenções. Com efeito, além de hermenêutica e filosófico-pedagógica, a presente leitura da *Retórica* pode ser dita topológica. É o capítulo mais técnico do livro e aquele cuja leitura é mais trabalhosa, devendo ser cotejada com o texto aristotélico original ou com suas traduções, sobretudo de forma crítica e refletida.

O terceiro e último capítulo do livro discute retoricamente a hegemonia tecnológica. Começa com "A sala de aula do século 21" e incorpora a discussão pedagógica trazida pelo isolamento social adotado como reação à pandemia de coronavírus, chegada ao Brasil em março de 2020. O esforço seguinte foi o de mostrar que teóricos de várias origens compreendem a atual digitalização do mundo como retórica, a ponto de falarem em retóricas digitais e retóricas algorítmicas. Esse ambiente retórico digital funciona como uma espécie de segunda natureza, precisando ser percebido como tal por muitas razões, inclusive a preservação da autonomia humana em meio a condicionamentos que, na sua acelerada sofisticação, vão nos transformando em neurônios de uma grande e artificial inteligência, ficando sempre por rediscutir o sentido da palavra inteligência.

Não se trata em nenhum sentido de demonizar a atual hegemonia tecnológica, mas de percebê-la como destino que precisa ser encarado em seus ditames e possibilidades de transformação. Os momentos finais do livro voltam-se, por tudo isso, para uma discussão das possíveis relações com essa hegemonia, desde a luta pela regulação das concomitantes práticas e dispositivos até os desafios pedagógicos envolvidos nas interfaces entre a educação formal e a informal.

Mais que um projeto de transformação programática do mundo, o livro flerta com formas ao mesmo tempo singulares e compartilháveis de lida com o atual estado de coisas. Oxalá possam ser reconhecidas como tais pelos leitores que até aqui tiveram a coragem de vir.

REFERÊNCIAS

ARENDT, Hannah: *The Human Condition.* Chicago University Press, 1998. Trad. brasileira *A Condição Humana,* por Roberto Raposo, revista por Adriano Correa. Rio de Janeiro, Forense Universitária, 2016.

ARISTÓTELES: *Retórica.* Trad. Manuel Alexandre Júnior. Biblioteca de Autores Clássicos. Lisboa: Imprensa Nacional/Casa da Moeda, 2006.

_____: *Retórica.* Trad. Edson Bini. São Paulo: Edipro, 2011.

ARISTOTLE: *Art of Rhetoric.* Bilingual, transl. by J.H. Freese. Loeb Classical Library, Massachusetts: Harvard Press, 2006.

_____: *Rhetoric.* Trad. W. Rhys Roberts. In *The Complete Works of Aristotle,* ed. by John Barnes, vol. 2. New Jersey, Princeton, 1995.

ARISTOTELIS: *Ars Rhetorica,* edidit Adolphus Roemer. Leipsig, Teubneri, 1898.

_____: *Ars Rhetorica,* Sir David Ross. London, Oxford, 1959.

_____: *Ars Rhetorica,* edidit Rudolfus Kassel. Berlin, Walter de Gruyter, 1976.

ARISTÓTELES: *Poética,* bilíngue, trad. Paulo Pinheiro. São Paulo, Editora 34, 2015.

ARISTOTELES: *Poetica.* Bilingue, trad. por Juan David García Bacca. México, UNAM, 1946.

ARISTOTLE: *Poetics – introduction, commentary and appendixes by D.W. Lucas.* Oxford, Clarendon Press, 1980.

ARISTÓTELES: *Tópicos.* trad. Edson Bini. São Paulo, Edipro, 2005.

ARISTOTLE: *Topics,* transl. by W.A. Pickard, in *The Complete Works of Aristotle,* ed. by John Barnes, vol. 1. New Jersey: Princeton, 1995.

ARISTOTLE: *Topiques,* trad. Jacques Brunschwig. Paris, Les Belles Lettres, 2009.

ARISTÓTELES: *Política.* Bilingue, trad. Antônio Campelo Amaral e Carlos de Carvalho Gomes. Lisboa, Veja, 1998.

ARISTOTLE: *Ética a Nicómaco,* bilingue, trad. Julián Marías e María Araujo. Madrid, CEPC, 1959.

ARISTOTLE: *Nicomachean Ethics,* transl. by W.D. Ross, in *The Complete Works of Aristotle,* ed. by John Barnes, vol. 2. New Jersey, Princeton, 1995.

ARISTÓTELES: *Metafísica I e II, Ética a Nicômaco e Poética,* trad. de Vicenzo Cocco (Met), Leonel Vallandro e Gerd Bornheim (Et), e Eudoro de Souzo (Po). Coleção Os Pensadores, São Paulo, Abril Cultural, 1984.

BACON, Francis: *Novum Organum,* trad. José Aluysio Reis de Andrade. Col. Os Pensadores, São Paulo, Abril Cultural, 1973.

BANNELL, Ralph; MISRAHI, Mylene e FERREIRA, Giselle M. S.: *Deseducando a educação – mentes, materialidades e metáforas.* E-book inédito, a ser publicado pela Editora PUC-Rio.

BAYLLY, Anatole: *Dictionnaire Grec-Français.* Paris, Hugo-Chávez/Gérard Gréco, 2020.

BOBZIEN, Susanne: The Development of Modus Ponens in Antiquity – from Aristotle to 2ND century AD. Phronesis, vol. 47, no. 4 (2002), p. 359-394.

BOGOST, Ian: *Persuasive Games – the expressive power of videogames.* Massachusetts, MIT Press, 2007.

_____: *Play Anything: the pleasure of limits, the uses of boredom, and the secret of games.* New York, Basic Books, 2016 (e-Book).

BOOTH, Wayne: *The Rhetoric of RHETORIC – the quest for effective communication.* Malden, Blackwell, 2004.

BOSTROM, Nick: *Superinteligência.* São Paulo, Dark Side, 2018.

BOYLE, Casey; BROWN, James and CERASO, Steph: The Digital Rhetoric Behind and Beyond the Screen, Rhetoric Society Quarterly, 48:3, 251-259, 2018.

BRANDÃO, Rafael; CARBONERA, Joel; SOUZA, Clarisse; FERREIRA, Juliana; GONÇALVES, Bernardo e LEITÃO, Carla: Mediation Challenges and Socio-Technical Gaps for Explainable Deep Learning Applications. Journal CoRR, volume abs/1907.07178year 2019. Disp. em http://arxiv.org/abs/1907.07178

BRANDES, P. D.: *A History of Aristotle's Rhetoric – with a bibliography of early of Printing.* New Jersey, Scarecrow Press, 1989.

BROOKE, Collin Gifford: *Lingua Fracta – towards a rhetoric of new media.* New Jersey: Hampton Press, 2009.

CALVINO, Italo: *Por que Ler os Clássicos?* São Paulo, Cia. de Bolso, 2018.

CASSIN, Barbara: *O Efeito Sofístico.* São Paulo: Editora 34, 2005.

CECCARELLI, Leah: *Shaping Science with Rhetoric – the cases of Dobzhansky, Schrodinger and Wilson.* Chicago: University of Chicago Press, 2001.

CHANTRAINE, Pierre: *Dictionnaire Etymologique de la Langue Grec – histoire des mots.* Paris, Éditions Klincksieck, 1968.

CICERO. *De Oratore* (books I e II): Bilingual, transl. by H. Rackam. Loeb Classical Library. Massachusetts: Harvard Press, 1967.

REFERÊNCIAS

[CICERO]. *Rhetorica ad Herennium,* transl. by Harry Caplan, Massachusetts, Harvard Press, 1964.

COECKELBERGH, Mark: Artificial Intelligence, Responsibility Attribution, and a Relational Justification of Explainability. Science and Engineering Ethics (2020) 26: 2051-2068.

COMPANHIA DE JESUS: *The Jesuit Ratio Studiorum of 1599,* transl., introduction and explanatory notes by Allan Farrell, S,J. Washington, Conference of Major Jesuits, 1970.

COPI, Irving: *Introdução à Lógica.* São Paulo, Editora Mestre Jou, 1981.

DAHAN, Gilbert et ROSIER-CATACH, Irène (orgs): *La Rhétorique d'Aristote – traditions et commentaires de l'antiquité au XVIIe siècle.* Paris, Vrin, 1998.

DECUYPERE, Mathias and SIMONS, Maarten: Relational thinking in education – topology, sociomaterial studies, and figures. Pedagogy, Culture & Society, 24:3, 371-386, 2016.

DEWEY, John: Science as subject-matter and as method. Science, 31(787), 121-127, 1910.

_____: Method in Science Teaching, Science Education, vol.1, n.1, 1916.

DOUAY-SOUBLIN, François: Le Jésuites et l'Autorité de la Rhétorique d' Aristote. In DAHAN; ROSIER-CATACH, op. cit., p. 331-346.

EZZAHER, Lahcen Elyazghi: *Three Arabic Treatises on Aristotle's Rhetoric: the commentaries of al-Farabi, Avicenna, and Averroes.* Illinois, Southern Illinois University Press, 2015.

EYMAN, Douglas: *Digital Rhetoric – theory, practice, method.* University of Michigan Press, 2015.

FARRELL, Thomas: The Weight of Rhetoric: Studies in Cultural Delirium. Philosophy & Rhetoric, Volume 41, Number 4, 2008, pp. 467-487.

FOGELIN, Robert (1985). The Logic of Deep Disagreements. *Informal Logic,* 7.1, p.1-8. Reprinted in *Informal Logic* (2005), 25.1, p. 3-11.

FOGG, B.J: *Persuasive Technology – using computers to change what we can think and do.* San Francisco, MPK, 2003.

FONTANIER, Pierre: *Les Figures du Discours.* Paris, Flamarion, 1977.

FRANCA S.J., Leonel: *O Método Pedagógico dos Jesuítas – o Ratio Studiorum, introdução e tradução.* Rio de Janeiro, Livraria Agir Editora, 1952.

FREIRE, Paulo: *Pedagogia da Autonomia.* São Paulo, Paz e Terra, 2002.

FUMAROLI, Marc: *Histoire de la rhétorique dans l'Europe moderne.* Paris, PUF, 1999.

GONÇALVES, Soraia: Contributos para a Definição do Orador Ideal – estudo e tradução do *ORATOR,* de Cícero. Tese orientada pelo Professor Doutor Luís Cerqueira, Universidade de Lisboa, 2017.

GRIMALDI, William: *Aristotle, Rhetoric I – a commentary*. New York, Fordham University Press, 1980.

HEIDEGGER, Martin (1924). *Grundbegriffe der Aristotelischen Philosophie*. Klostermman, Frankfurt A.M., 2002, GA 18. English: *Basic Concepts of Aristotelian Philosophy*, transl. Robert Metcalf and Mark Tanzer. Indianapolis: Indiana University Press, 2009.

_____ (1927): *Sein und Zeit*. Tübingen, Max Niemeyer, 1993.Trad. brasileiras *Ser e Tempo*, por Márcia Sá Cavalcante, Petrópolis, Vozes, 2006; e por Fausto Castilho (bilingue), Campinas, Editora UNICAMP, 2012.

_____: Die Frage nach der Technik (1954), in *Vorträge und Aufsätze*. Pfullingen, Neske. Trad. brasileiras "A Questão da Técnica", por Emanuel Carneiro Leão, in *Ensaios e Conferências*, Petrópolis, Vozes, 2002; e por Marco Aurélio Werle, in *Scienciae Studia*, vol.5, n.3, 2007, p. 375-398.

HERRICK, James: *The History and Theory of Rhetoric*. Allyn & Bacon, 2008.

HOURDAKIS, Antoine: *Aristóteles e a Educação*. São Paulo, Loyola, 2001.

INGRAHAM, Chris: Toward an Algorithmic Rhetoric, in VERSHULDONCK, G. and LIMBU, M.: *Digital Rhetoric and Global Literacies – Communication Modes and Digital Practices in the Networked World*, IGI Global, 2014.

ISÓCRATES: Against the Sophists, in *Isocrates*, vol. I, transl. by David Mirhady and Yun Lee Too. Austin Texas University Press, 2000.

JOSEPH, Miriam: *O Trivium – as artes liberais da lógica, da gramática e da retórica*. Trad. Henrique Dinyterko, São Paulo, É Realizações, 2018.

KANT, Immanuel: *Crítica da Razão Pura*. Lisboa, Gulbenkian, 1994.

KASSEL, Rudolf: *Der Text der Aristotelischen Rhetorik*. Berlin, Walter de Gruyter, 1976.

KENNEDY, George A.: *A New History of Classical Rhetoric*. New Jersey, Princeton University Press, 1994.

KUHN, Thomas: *A Estrutura das Revoluções Científicas*. São Paulo, Perspectiva, 2003.

LATOUR, Bruno: *Ciência em Ação – como seguir cientistas e engenheiros sociedade afora*. São Paulo, UNESP, 2012.

LOCKE, John: *Ensaio sobre o Entendimento Humano*, trad. Eduardo Abranches de Soveral, 2 volumes. Lisboa, Calouste Gulbenkian, 2014.

LUMET, Sidney: *Doze Homens e uma Sentença*. EUA, United Artists, 1957.

LYRA, Edgar: Contribuição da *Retórica* para o Ensino de Filosofia. Sofia, Vitória (ES), V.6, N.3, P. 94-105, JUL./DEZ. 2017.

REFERÊNCIAS

_____: A Atualidade da *Gestell* Heideggeriana ou a Alegoria do Armazém, in *Heidegger: a Questão da Verdade do Ser e sua Incidência no Conjunto do seu Pensamento*. FAJE/Via Verita, Rio de Janeiro, 2014.

_____: Jornalismo e Retórica na Era das Subjetividades. Alceu, Rio de Janeiro, v. 14 – n.27 – p. 149 a 161 – jul./dez. 2013.

_____: Hannah Arendt e a Ficção Científica. O que nos Faz Pensar, n.29, maio de 2011, p. 97-122.

MADIGAN, Jamie: *Getting Gamers: the psychology of videogames and their impact on the people who play them*. London, Rowman&Littlefield, 2016.

MATEUS, Samuel: *Introdução da Retórica no Séc. XXI*. Covilhã, LABCOM. IFP, 2018.

Mc COY, Marina (2008). *Platão e a Retórica de Filósofos e Sofistas*. São Paulo: Madras, 2010.

McCOY, Marina: *Platão e a Retórica de Filósofos e Sofistas*. São Paulo, Madras, 2010.

MEERHOFF, Kees: À la Renaissance – rhétorique, éthique et politique, in DAHAN et ROSIER-CATACH, op.cit, 1998

MEYER, Michel: *What is Rhetoric,* London, Oxford, 2017.

_____ (2004): *A Retórica*. Ática, São Paulo, 2007.

_____ (1986): *De la Métaphysique à la Rhétorique*. Belgique, Éditions de l'Université de Bruxelles.

MILLER, Carolyn: Book review of The Rhetoric of RHETORIC – the quest for effective communication, by Wayne Booth. Philosophy & Rhetoric, Vol. 39, No. 3 (2006), pp. 261-263.

MULHOLLAND, Caitlin e FRAZÃO, Ana (orgs): *Inteligência Artificial e Direito – ética, regulação e responsabilidade*. Rio de janeiro, Revista dos Tribunais, 2019.

MONTANARI, Franco: *The Brill Dictionary of Ancient Greek*. Leiden, Brill, 2015.

NIETZSCHE, Friedrich: *Curso de Retórica,* trad. Thelma Lessa da Fonseca. Cadernos de Tradução n.4, DF/USP, 1999.

_____: Sobre a Verdade e a Mentira no Sentido Extra-moral. São Paulo, Hedra, 2007.

NUNES, Dierle e MARQUES, Ana Luiza P.C.: Inteligência Artificial e Direito processual – vieses algorítmicos e os riscos de atribuição de função decisória. Revista de Processo | vol. 285/2018 | p. 421 – 447 | Nov / 2018

PEIXOTO, Fabiano e MARTINS DA SILVA, Roberta: *Inteligência Artificial de Direito*. Curitiba, Alteridade, 2019.

PEIXOTO, Fabiano: *Inteligência Artificial e Direito – convergência ética e estratégica.* Curitiba, Alteridade, 2020.

PERELMAN, Chaïm & OLBRECHTS-TYTECA, Lucie: *Tratado de Argumentação – a nova retórica.* São Paulo, Martins Fontes, 2005.

PISCHETOLA, Magda: Aula inaugural do Departamento de Educação da PUC-Rio, Set 2020, disponível em https://www.youtube.com/watch?v=R5hwyrP9suc&t=2290s, último acesso em 20/10/2020.

PORFÍRIO: *Isagoge.* São Paulo, Attar Editorial, 2002.

QUINTILIANO: *Institutio Oratoria.* 4 vols, bilingue. Campinas, Editora UNICAMP, 2015.

PERNOT, Laurent: *New Chapters in the History of Rhetoric.* Brill, 2009.

PETERS. John Durham: *The Marvelous Clouds – towards a philosophy of elemental media.* University of Chicago Press, 2015.

PINTO, Rosalice: Como Argumentar e Persuadir – prática política, jurídica e jornalística. Lisboa, Quid Juris Sociedade Editora, 2010.

PLATO. *Euthyphro, Apology, Crito, Phaedo, Phaedrus,* bilingual, transl. Harold North Fowler, Loeb Classical Library. Massachusetts, Harvard Press, 2001.

PLATÃO. *Fedro,* bilingue, trad. Carlos Alberto Nunes. Belém, EDUFPA, 2011.

_____. *Górgias.* Bilingue, trad. Daniel Lopes. São Paulo, Perspectiva, 2011.

POPPER, Karl: *Conjecturas e Refutações.* Brasília, Editora UNB, 1972.

RAPP, Christof: "Dialektik und Rhetorik. Über Dialektische und Topische Elemente in Aristoteles *Rhetorik.* Méthexis XVI (2003), p. 65-81.

REBOUL, Olivier: *Introdução à Retórica.* São Paulo: Martins Fontes, 2004.

RICKERT, Thomas: *Ambient Rhetoric – the attunements of rhetorical being.* Pittsburg, University of Pittsburg Press, 2013.

RUBINELLI, Sara: *Ars Topica – the classical technique of constructing arguments from Aristotle to Cicero.* Springer, 2009.

RUDOLPH, John L.: "Science as Method" a Century Later. American Educational Research Journal 51(6):1056-1083, 2014.

SÃO VITOR, Hugo: *Didascálion.* Petrópolis, Vozes, 2001.

SCATOLIN, Adriano: *a Invenção no Do Orador de Cícero – um estudo à luz de Ad Familiares* I,9, 23. Tese de doutorado, USP, 2019 – com tradução dos 3 livros do *De Oratore,* de Cícero, ao final.

SHUTE, Richard (1888): *On the History of the Process by Which the Aristotelian Writings Arrived at Their Present Form: an essay.* Franklin Classics, 2018. (fac-símile do original)

SLOANE, Thomas (editor): *Encyclopedia of Rhetoric.* Oxford University Press, 2006.

REFERÊNCIAS

SOFISTAS. *Testemunhos e Fragmentos.* trad. Ana Alexandre de Souza e Maria José Vaz Pinto. Lisboa: Imprensa Nacional/ Casa da Moeda, 2005.

TUGENDHAT, Ernst. *Lições sobre Ética.* Petrópolis, Vozes, 1997.

UNTERSTEINER, Mario. *A Obra dos Sofistas – uma interpretação filosófica.* São Paulo: Paulus, 2012.

WALTON, Douglas, N. *Lógica Informal: manual de argumentação crítica.* São Paulo: Martins Fontes, 2012.

WITTGENSTEIN, Ludwig: *Tratado Lógico-Filosófico e Investigações Filosóficas,* trad. de M. S. Lourenço, Lisboa, Calouste Gulbenkian, 1995.

WOERTHER, Frédérique (ed.): Commenting on Aristotle's Rhetoric, from Antiquity to the Present. International Studies in the History of Rhetoric, vol. 11. Boston, Brill, 2018.

ÍNDICE REMISSIVO

Adorno, Theodor, 46
Agostinho, 39
Agricola, Rodolfo, 42
Alcuíno de York, 39
Alexandre de Afrodísia, 36
Al Farabi, 40
Algoritmo, algorítmica, 13, 19, 34, 153, 167-171, 174, 178, 197, 200, 201, 208-210
Andrônico, 35-37
Arendt, Hannah, 176,177
Aristóteles, 8, 9, 13, 15, 17-19, 21-24, 30-45, 48, 50-54, 57, 58, 61-72, 74, 79, 80, 82-84, 87, 89-96, 99-102, 104, 106-111, 114-117, 120, 122-126, 128-131, 133, 136-138, 140, 142, 146, 147, 151, 155, 163, 167, 181, 203, 208, 211
Arte, 13, 22, 25, 26, 30, 38, 44, 46, 48, 61, 62, 64, 69, 71, 88, 96, 126, 150, 153, 164, 167, 180
Austin, John, 55
Averróis, 40
Avicena, 40

Bacon, Francis, 43, 177
Bannell, Ralph, 157
Bailly, Anatole, 139, 142
Barthes, Rolland, 47

Bobzien, Susanne, 93
Boécio, 38
Bogost, Ian, 164, 195
Booth, Wayne, 46, 160, 196, 197
Bostrom, Nick, 191
Boyle, Casey, 163, 166, 195
Brandão, Rafael, 184, 195
Brandes, Paul, 13, 35, 37, 61
Brooke, Collin, 22, 48, 150, 151, 158, 159, 162
Brown, James, 163, 166, 195

Calvino, Italo, 23
Carbonera, Joel, 184, 195
Cassin, Barbara, 24, 55
Ceraso, Steph, 163, 166, 195
Chantraine, Pierre, 119
Chomsky, Noam, 47
Cicero, 16, 21, 35-39, 45, 54, 96, 126, 133
Coeckelbergh, Mark, 184, 185, 189, 190, 195
Convincência, convincente, 8,9, 17-19, 22, 31-33, 41, 61-63, 66, 69, 69, 79, 82, 84-87, 92-96, 99, 101, 103-105, 107, 108, 115, 124-130, 132-134, 138-143, 146, 152, 154, 159, 161, 168, 179, 180, 185, 194, 195, 203
Copi, Irving, 80
Córax, 21, 38

Dahan, Gilbert, 35, 36, 42, 45

Decuypere, Mathias, 157

Derrida, Jacques, 55

Demóstenes, 37, 38, 102

Descartes, René, 43, 78

Deslocamento tópico, 9, 17, 22, 63, 64, 76, 77, 136, 165, 206

Dewey, John, 175, 202

Dialética, 9, 13, 14, 19, 28, 32, 37-39, 41, 43, 44, 46, 49, 61-63, 68, 70, 72-75, 77-79, 82-84, 96, 98-100, 183, 151, 179, 181, 182

Digital, digitalização, 8, 10, 48, 53, 104, 128, 132, 149, 150, 151, 155, 158, 161-163, 165-167, 170-172, 183, 190, 191, 196-198, 201, 203-205, 207-210

Discurso, 5, 8, 9, 13-15, 17, 18, 21, 24, 25, 29-31, 33, 41, 44, 47, 50-53, 60-65, 67, 69, 71, 74, 75, 78-84, 86, 92, 93, 96, 98 100, 102, 104, 106, 107, 121, 122, 124-126, 128-131, 133, 134, 138-142, 144-146, 151, 152, 154, 159-162, 168, 169, 171, 173, 175, 180, 189, 190, 192, 194, 197-199, 201, 203, 204

Douay-Soublin, François, 45

Dynamis, 53, 73, 137

Dynasthai theorein, 19, 68, 126, 147, 152, 153

Educação, educacional, etc, 13, 20, 38-40, 46, 107. 146, 151, 153, 156, 157, 160-162, 164, 176, 179, 183, 186, 190, 195, 196, 201, 205, 207, 210

Engels, Friedrich, 44

Ensino não presencial, 10, 149, 155, 170

Entimema, 41, 67, 79-84, 91, 93, 94, 97, 100, 134

Erasmo de Rotterdam, 42

Estilo, 13, 21, 29, 47, 60, 69, 78, 133, 158, 169, 172

Ethos, 18, 50, 62, 63, 65, 69, 79, 86, 92, 93, 101101, 104-108, 115, 116, 118-122, 124, 125, 134, 143-145, 161, 166, 172, 181-183, 195, 203

Explicabilidade, 179, 183, 186, 190

Ezzaher, Lahcen, 40

Falácia, 67, 72, 73, 84-86, 101, 102, 197

Falência discursiva, 8, 26, 161, 171, 173, 179, 197, 203

Farrell, Thomas, 167, 168

Fenomenologia, 51, 54, 110, 135, 139

Ferreira, Giselle, 157

Ferreira, Juliana, 184, 195

Fogelin, Robert, 21, 48

Fogg, Brian, 165, 195

Fontanier, Pierre, 133

Franca, Leonel, 45

Frazão, Ana, 178

Freire, Paulo, 53

Fumaroli, Marc, 16, 45

Gadamer, Hans-Gerog, 55

Gesto, 19, 37, 67, 70, 115, 121, 127, 134, 142, 167, 172, 181, 196, 198

Gonçalves, Bernardo, 184, 195

Gonçalves, Soraia, 39

Górgias, 21, 24-30, 33, 61, 71, 151

Grimaldi, William, 71

Habermas, Jürgen, 55

Hegel, Friedrich, 44

ÍNDICE REMISSIVO

Heidegger, Martin, 16, 17, 51-54, 73, 104, 106, 151, 208
Hermenêutica, 9, 17, 19, 35, 52-54, 70, 104, 106, 107, 135, 139, 146, 160, 168, 170, 197, 198, 208, 209
Hermógenes, 39
Herrick, James, 38
Hobbes, Thomas, 44
Horkheimer, Max, 46
Hume, David, 44
Husserl, Edmund, 51
Hypocrisis, 68, 69, 126, 127, 155

Indução, 66, 79, 85-87, 90, 100
Ingraham, Chris, 166-170, 195
Inteligência artificial, 178, 189, 192
Interdisciplinaridade, 32, 176, 179-182
Ira, 59, 65, 95, 107-118, 123
Isócrates, 21, 38, 125, 151

Jackobson, Roman, 47
Jesuíta, 45
Joseph, Miriam, 14, 39, 40

Kant, Immanuel, 43, 44, 202
Kassel, Rudolf, 30, 58, 109
Kennedy, George, 39
Kuhn, Thomas, 85

Ladrière, Jean, 49
Latour, Bruno, 174
Leitão, Carla, 184, 195
Lexis, 44, 69, 125, 133-135, 137, 145, 147
Locke, John, 43
Logos, 18, 21, 29, 31, 51, 62, 63, 65, 67-69, 72, 76, 78-80, 84, 86, 87, 93, 96, 100, 101, 103, 107, 108, 116, 124, 125, 128, 134, 172, 173, 177, 178, 181-183, 203
Lumet, Sidney, 88, 89

Madigan, Jamie, 193
McCoy, Marina, 24
Marques, Ana Luiza, 178, 215
Martins da Silva, Roberta, 178, 215
Marx, Karl, 44
Mateus, Samuel, 150
Meerhoff, Kees, 42
Mélanchton, Philippe, 42
Metáfora, 92, 104, 133-137
Meyer, Michel, 16, 21, 48-51, 54
Miller, Carolyn, 196
Miller, Tomas, 44
Misrahi, Mylene, 157
Moerboecke, Gulhermo, 42
Monfasani, John, 42
Montanari, Franco, 17
Mulholland, Caitlin, 178

Nietzsche, Friedrich, 44, 78
Nunes, Dierle, 178, 215

Olbrechts-Tyteca, Lucie, 48, 21

Peixoto, Fabiano, 178
Pereira, Luiz Carlos, 21, 93
Perelman, Chaïm, 14, 18, 21, 48-50, 54, 72
Pischetola, Magda, 156
Porfírio, 38, 39
Pandemia, 10, 138, 139, 149, 151, 152, 158, 159, 209
Pathos, 18, 50, 62, 65, 69, 79, 86, 92, 93, 101, 104-108, 115, 116, 118, 124, 125, 134, 143-145, 172, 181-183, 195, 203

Peirce, Charles, 47
Peters. John Durham, 164, 195
Pistis, 9, 16-18, 22, 31, 33, 61-63, 65, 68, 69, 78, 79, 84, 86, 87, 92, 93, 96, 100, 101, 103-105, 108, 115-116, 120, 122, 125, 127-131, 145, 146, 180, 181, 183, 203, 209
Platão, 21, 24-26, 28-31, 33, 38, 54
Popper, Karl, 85
Procedural, 164, 167

Quadrivium, 39
Quintiliano, 21, 37, 38, 48, 125, 127, 133

Ramus, Petrus, 42
Reboul, Olivier, 46, 49, 64, 72, 73
Retórica – presente em todo o texto
Rickert, Thomas, 163
Ricoeur, Paul, 49, 55
Ritmo, 60, 69, 70, 126, 134, 135, 141--145, 157
Rosier-Catach, 35, 36, 42, 45
Rousseau Jean-Jacques, 44
Rubinelli, Sara, 87, 95-98, 100
Rudolph, John, 175, 176
Ryle, Gilbert, 55

Sausurre, Ferdinand, 47
Scatolin, Adriano, 37
Searle, John, 55
Sexto Empírico, 38
Shute, Richard, 35
Silogismo, 32, 41, 67, 79-82, 87, 95, 134
Silogismo dialético, 32
Silogismo retórico, 67
Simons, Maarten, 157
Schopenhauer, Arthur, 44

Sócrates, 24-29, 33, 38, 54, 71, 76, 80-83, 85, 90, 125, 151
Sofistas, 21, 24, 29, 31, 35, 168
Souza, Clarisse, 20, 46, 184, 190, 195
Sturm, Jean, 42

Taxis, 69, 128, 131
Técnica, 26, 32, 36, 38, 50, 53, 57, 59, 62, 63, 67, 70-74, 76, 77, 79, 83, 88, 124, 129, 143, 147, 149, 155, 161, 166, 175, 176, 183, 185-189, 201, 209
Tecnologia, 8, 20, 48, 122, 149, 150-153, 155, 156-161, 163, 165-167, 169, 171, 173, 175-175, 179, 181, 183-187, 189-193, 195, 197, 199, 201, 203, 205
Tekhne, 26, 38, 53, 71, 140
Tomás de Aquino, 40
Topologia, topológico, 9, 19, 41, 54, 87, 93, 100, 103, 107, 127, 128, 135, 146, 147, 152, 157, 159, 160, 176, 197, 209
Topos, topoi, 9, 18, 19, 32, 54, 63, 64, 79, 87, 92, 94-101, 103, 104, 124, 145-147, 209
Toulmin, Stephen, 55
Transdisciplinaridade, 179, 180
Trivium, 14, 39
Tugendhat, Ernst, 66

Untersteiner, Mario, 24

Vico, Giambattista, 44
Vivès, Jean Louis, 42

Walton, Douglas, 21, 48, 72
Wittgenstein, Ludwig, 47
Woerther, Frédérique, 36, 37